ENZYKLOPÄDIE
DEUTSCHER
GESCHICHTE
BAND 80

ENZYKLOPÄDIE
DEUTSCHER
GESCHICHTE
BAND 80

HERAUSGEGEBEN VON
LOTHAR GALL

IN VERBINDUNG MIT
PETER BLICKLE
ELISABETH FEHRENBACH
JOHANNES FRIED
KLAUS HILDEBRAND
KARL HEINRICH KAUFHOLD
HORST MÖLLER
OTTO GERHARD OEXLE
KLAUS TENFELDE

DIE SOZIAL-GESCHICHTE DER BUNDESREPUBLIK DEUTSCHLAND BIS 1989/90

VON
AXEL SCHILDT

R. OLDENBOURG VERLAG
MÜNCHEN 2007

Bibliografische Information der Deutschen Nationalbibliothek
Die Deutsche Nationalbibliothek verzeichnet diese Publikation in der Deutschen
Nationalbibliografie; detaillierte bibliografische Daten sind im Internet
über <http://dnb.d-nb.de> abrufbar.

© 2007 Oldenbourg Wissenschaftsverlag GmbH, München
Rosenheimer Straße 145, D-81671 München
Internet: oldenbourg.de

Das Werk einschließlich aller Abbildungen ist urheberrechtlich geschützt. Jede
Verwertung außerhalb der Grenzen des Urheberrechtsgesetzes ist ohne Zustimmung des Verlages unzulässig und strafbar. Das gilt insbesondere für Vervielfäl-
tigungen, Übersetzungen, Mikroverfilmungen und die Einspeicherung und Bear-
beitung in elektronischen Systemen.

Umschlaggestaltung: Dieter Vollendorf
Umschlagabbildung: Bildarchiv Schricker
Gedruckt auf säurefreiem, alterungsbeständigem Papier (chlorfrei gebleicht)
Satz: Oldenbourg:digital GmbH, Kirchheim
Druck: MB Verlagsdruck, Schrobenhausen
Bindung: Buchbinderei Klotz, Jettingen-Scheppach

ISBN 978-3-486-56603-1 (brosch.)
ISBN 978-3-486-56604-8 (geb.)

Vorwort

Die „Enzyklopädie deutscher Geschichte" soll für die Benutzer – Fachhistoriker, Studenten, Geschichtslehrer, Vertreter benachbarter Disziplinen und interessierte Laien – ein Arbeitsinstrument sein, mit dessen Hilfe sie sich rasch und zuverlässig über den gegenwärtigen Stand unserer Kenntnisse und der Forschung in den verschiedenen Bereichen der deutschen Geschichte informieren können.

Geschichte wird dabei in einem umfassenden Sinne verstanden: Der Geschichte der Gesellschaft, der Wirtschaft, des Staates in seinen inneren und äußeren Verhältnissen wird ebenso ein großes Gewicht beigemessen wie der Geschichte der Religion und der Kirche, der Kultur, der Lebenswelten und der Mentalitäten.

Dieses umfassende Verständnis von Geschichte muss immer wieder Prozesse und Tendenzen einbeziehen, die säkularer Natur sind, nationale und einzelstaatliche Grenzen übergreifen. Ihm entspricht eine eher pragmatische Bestimmung des Begriffs „deutsche Geschichte". Sie orientiert sich sehr bewusst an der jeweiligen zeitgenössischen Auffassung und Definition des Begriffs und sucht ihn von daher zugleich von programmatischen Rückprojektionen zu entlasten, die seine Verwendung in den letzten anderthalb Jahrhunderten immer wieder begleiteten. Was damit an Unschärfen und Problemen, vor allem hinsichtlich des diachronen Vergleichs, verbunden ist, steht in keinem Verhältnis zu den Schwierigkeiten, die sich bei dem Versuch einer zeitübergreifenden Festlegung ergäben, die stets nur mehr oder weniger willkürlicher Art sein könnte. Das heißt freilich nicht, dass der Begriff „deutsche Geschichte" unreflektiert gebraucht werden kann. Eine der Aufgaben der einzelnen Bände ist es vielmehr, den Bereich der Darstellung auch geographisch jeweils genau zu bestimmen.

Das Gesamtwerk wird am Ende rund hundert Bände umfassen. Sie folgen alle einem gleichen Gliederungsschema und sind mit Blick auf die Konzeption der Reihe und die Bedürfnisse des Benutzers in ihrem Umfang jeweils streng begrenzt. Das zwingt vor allem im darstellenden Teil, der den heutigen Stand unserer Kenntnisse auf knappstem Raum zusammenfasst – ihm schließen sich die Darlegung und Erörterung der Forschungssituation und eine entsprechend gegliederte Auswahlbibliographie an –, zu starker Konzentration und zur Beschränkung auf die zentralen Vorgänge und Entwicklungen. Besonderes Gewicht ist daneben, unter Betonung des systematischen Zusammenhangs, auf die Abstimmung der einzelnen Bände untereinander, in sachlicher Hinsicht, aber auch im Hinblick auf die übergreifenden Fragestellungen, gelegt worden. Aus dem Gesamtwerk lassen sich so auch immer einzelne, den jeweiligen Benutzer besonders interessierende Serien zusammenstellen. Ungeachtet dessen aber bildet jeder Band eine in sich abgeschlossene Einheit – unter der persönlichen Verantwortung des Autors und in völliger Eigenständigkeit gegenüber den benachbarten und verwandten Bänden, auch was den Zeitpunkt des Erscheinens angeht.

Lothar Gall

Inhalt

Vorwort des Verfassers XI

I. *Enzyklopädischer Überblick* 1
   1. Kriegsfolgen – die Nachkriegszeit 1
      1.1 Kriegstote und Schicksalsgruppen 1
      1.2 Materielle Schäden 7
      1.3 Soziale Not 8

   2. Eine Gesellschaft im Wiederaufbau – die frühen Jahre der Bundesrepublik 12
      2.1 Bevölkerungsentwicklung und Wohnungsbau . . . 13
      2.2 Erwerbssystem und Milieus 17
      2.3 Wohlstand, Konsum und Freizeit 22
      2.4 Jugend und Bildung 28

   3. Auf dem Weg in die postindustrielle Gesellschaft – die „langen 60er Jahre" 30
      3.1 Wirtschaftlicher und sozialer Strukturwandel . . . 30
      3.2 Ehe, Familie und Frauenerwerbstätigkeit 35
      3.3 Tendenzen des Wohnungs- und Städtebaus 39
      3.4 Konsum und Freizeit 41
      3.5 Massenmedien 47
      3.6 Jugendkultur 51

   4. Die letzte Phase der „alten" Bundesrepublik (1973/74–1989/90) 54
      4.1 Bevölkerung, soziale Strukturen und Milieus . . . 54
      4.2 Wohlstand und Konsum 59
      4.3 Mediale Revolution 62
      4.4 Jugend und Bildung 64

II. Grundprobleme und Tendenzen der Forschung 67

1. Phasen der sozialhistorischen Erforschung der Bundesrepublik. 67

   1.1 Die Bundesrepublik als Gegenstand sozialhistorischer Forschung 67
   1.2 Die Folgen des NS-Regimes und des Krieges . . . 71
   1.3 Die 1950er und 1960er Jahre 77
   1.4 Sozialwissenschaftliche Deutungsversuche der jüngsten Zeitgeschichte. 82

2. Forschungsfragen. 87

   2.1 Soziale Strukturen und Milieus 87
   2.2 Konsumgeschichtliche Studien 96
   2.3 Staatliche Planung und Wertewandel 99

3. Pluralisierung der Perspektiven 101

III. Quellen und Literatur 111

1. Dokumentationen und Statistiken 111
2. Ausgewählte zeitgenössische Analysen bis zum Ende der 1960er Jahre 112
3. Handbücher, Überblicksdarstellungen und allgemeine Sammelbände. 113
4. Theoretische Ansätze, wissenschaftsgeschichtliche Skizzen und Literaturberichte 117
5. Bilanz des Zweiten Weltkrieges 121
6. Kriegsgefangene, Flüchtlinge, Vertriebene und andere Kriegsopfer 121
7. Soziale Probleme der Nachkriegszeit. 124
8. Entnazifizierung und soziale Integration von nationalsozialistisch belasteten Personen 125
9. Wiederaufbau, Wohnen. 126
10. Sozialpolitik und staatliche Planungsprozesse 127
11. Soziale Strukturen, Milieus und Gruppen 128
    11.1 Allgemeines. 128
    11.2 Lokale Milieus und Vereinskultur 129

  11.3 Arbeiter und Angestellte, proletarische Milieus,
     Arbeiterkultur. 130
  11.4 Handwerk, Landwirtschaft und dörfliche
     Milieus 131
  11.5 Mittelstand, Unternehmer, Wirtschaftseliten . . . 131
  11.6 Adel, Bürgertum, Bürgerlichkeit und
     Akademiker. 132
  11.7 Kirchlichkeit und kirchliche Milieus 132
  11.8 Beamtenschaft, Militär, Polizei. 132
12. Zuwanderung von Gastarbeitern und neue Formen der
   Immigration. 133
13. Geschlechterordnung und Familie 134
14. Generationen, Generationalität, Jugendrevolten 136
15. Bildung, Ausbildung und Forschung 138
16. Regionen, Regionalität 139
17. Konsum und Lebensstile 139
18. Medien, Öffentlichkeit, kulturelle Trends 141
19. Mentalitäten und Wertewandel 143

Register. 145

  1. Personenregister 145
  2. Ortsregister 148
  3. Sachregister 149

Themen und Autoren. 153

Vorwort des Verfassers

Das schwierigste Problem für die Abfassung des Buches war die Definition von Sozialgeschichte, die zugleich bestimmte, welche Themenbereiche einbezogen werden mussten oder ausgeklammert werden konnten. Sozialgeschichte bedeutet jedenfalls mehr als das Nachzeichnen sozialer Strukturen (und selbst dieser Begriff ist soziologisch vieldeutig), sondern hängt evident zusammen mit wirtschaftlichen Prozessen und kulturellen Ausdrucksformen im weitesten Sinne, d. h. letztlich mit der menschlichen Praxis; die Verbindungen zur Politik wiederum beschränken sich nicht auf jenen Bereich, der als Sozialpolitik firmiert. Entscheidungen etwa in der Städteplanung oder zum öffentlichen Nahverkehr modellieren Siedlungs- und Wohnweisen, die für die Entwicklung von Milieus und Lebensstilen relevant sind. Sozialgeschichte öffnet sich insofern zur Gesellschaftspolitik, in der es nicht um die Strukturen allein, sondern um die Ordnung des Sozialen geht. Angesichts dieser unscharfen Ränder ist es nicht einfach, den Kern einer Sozialgeschichte zu umreißen, die weitgehende Ausklammerung der Ebene des politischen Systems erfolgt lediglich aus pragmatischen Gründen.

Angesichts der Fülle von Themenbereichen musste dem „Enzyklopädischen Stichwort" etwas mehr Platz als in der Reihe im Allgemeinen üblich im Verhältnis zur Darstellung der Grundprobleme und Tendenzen der Forschung eingeräumt werden. Die empirische Forschung ist nahezu unüberschaubar, zumal für die Sozialgeschichte im Raum der Zeitgeschichte grundsätzlich auch die Ergebnisse der sozial- und kulturwissenschaftlichen Nachbardisziplinen zu berücksichtigen sind. Dies ist auch der Grund dafür, dass das Literaturverzeichnis – wiewohl erzwungen selektiv – recht umfangreich ausfällt.

Innerhalb des Enzyklopädischen Stichworts wird die Darstellung in Form von vier chronologisch angeordneten Kapiteln vorgenommen, die folgende Phasen abgrenzen: die unmittelbare Nachkriegszeit bis zur Gründung der Bundesrepublik, den Wiederaufbau der 1950er Jahre, die Transformationszeit der („langen") 1960er Jahre und schließlich die 1970er und 1980er Jahre bis zum Ende der „alten" Bundesrepublik. Für den letztgenannten Zeitraum besteht für die Zeitgeschichtsschreibung als nach vorn offener Subdisziplin der Geschichtswissenschaft das Problem, dass zwischen bereits diskutierter Zeitgeschichte – die Forschung hat mittlerweile gerade die 1970er Jahre erreicht – und der Gegenwart ein Niemandsland existiert, für das kaum historiographische Deutungsmuster zur Verfügung stehen, so dass einzelne Aussagen nicht den gleichen Status beanspruchen können wie für die vorhergehenden Phasen. Es wurde jeweils versucht, die wichtigsten Dimensionen sozialer Strukturen den chronologischen Abschnitten zuzuordnen, wenngleich sich dadurch geringe Überschneidungen nicht vermeiden ließen. Aber dieses Verfahren hilft eher den Eindruck von Festgefügtheit zu vermeiden, kennzeichnen doch die enormen gesellschaftlichen Wandlungsprozesse in der Bundesrepublik insgesamt den entscheidenden Kontrast zur relativ ruhigen politischen Entwicklung des westdeutschen Staates und zugleich deren entscheidende Voraussetzung.

Herzlich bedanken möchte ich mich bei den Herren Prof. Dr. Lothar Gall und Prof. Dr. Klaus Tenfelde für kritische Lektüre und die Aufnahme in diese Reihe, bei Frau Sarah Gottschalk und Frau Nora Helmli für technische Arbeiten am Manuskript, bei Frau Gabriele Jaroschka für die ausgezeichnete Arbeit mit dem Oldenbourg Verlag.

Hamburg und Göttin (Ostholstein), im Herbst 2005

I. Enzyklopädischer Überblick

1. Kriegsfolgen – die Nachkriegszeit

Eine Sozialgeschichte der Bundesrepublik hat mit der Bilanz des Zweiten Weltkriegs einzusetzen, war doch die westdeutsche Gesellschaft zuerst eine Nachkriegsgesellschaft. In der unmittelbaren Nachkriegszeit waren die von den USA, Großbritannien und Frankreich verwalteten Zonen ein Teil des unter alliierter Besatzung stehenden Deutschlands, das im Osten noch bis zur Oder reichte. Eine langfristige Spaltung des in vier Besatzungszonen geteilten verbliebenen Gebiets war bei Kriegsende nicht absehbar, sondern zeichnete sich erst allmählich im Kalten Krieg ab. Spätestens seit 1948 wurden die Weichen zur Staatsgründung der Bundesrepublik gestellt.

Eingebüßt hatte Deutschland 24 Prozent seiner Fläche von 1937, auf der mit ca. 10 Millionen Menschen etwa ein Siebtel der Vorkriegsbevölkerung gelebt hatte. Preußen, das, von Köln bis Königsberg reichend, zwei Drittel der Fläche des Deutschen Reiches umfasst hatte, wurde durch alliierten Kontrollratsbeschluss am 25. Februar 1947 förmlich aufgelöst.

1.1 Kriegstote und Schicksalsgruppen

Anteilsmäßig an der Bevölkerung hatten zwar einige osteuropäische Staaten, Polen, die Sowjetunion, Jugoslawien, höhere Verluste als Deutschland aufzuweisen, aber auch die deutsche Bilanz war schrecklich. Mehr als sieben Millionen Menschenleben bzw. 10 Prozent der Bevölkerung hatte der Krieg hier gekostet. In den Verlusten enthalten sind 4,5 Millionen Wehrmachtstote aus dem Deutschen Reich in den Grenzen von 1937 (bei insgesamt 5,3 Millionen gefallener Angehöriger der Wehrmacht); 3,5 Millionen davon stammten aus dem Gebiet der späteren Bundesrepublik. Mehr als die Hälfte der deutschen Soldaten fiel an der Ostfront, mehr als die Hälfte bei Rückzugsgefechten im letzten Kriegsjahr, nahezu ein Viertel bei den Endkämpfen der letzten Kriegsmonate. Den höchsten Blutzoll hatten die Geburtsjahrgänge

Wehrmachtstote

1906–1927 zu entrichten, beim Soldaten-Jahrgang 1920 betrug die Verlustrate 41,1 Prozent.

Zivile Opfer — Die meisten der Opfer unter den Zivilpersonen stellten – nach halbamtlichen Schätzungen – bis zu zwei Millionen Flüchtlinge und Vertriebene dar, die mit ihren Trecks zwischen die Fronten des Endkampfes gerieten, erfroren oder die Strapazen der Flucht nicht überlebten.

Durch Bombenangriffe auf deutsche Städte wurden – die Schätzungen differieren stark – mindestens 400 000 Menschen getötet, und auch in den Kämpfen auf deutschem Boden in den letzten Kriegsmonaten gab es zivile Opfer. Hinzu kamen 165 000 ermordete deutsche Juden und 100 000 nichtjüdische deutsche Opfer weltanschaulicher und politischer Verfolgung; in den „Verbrechen der Endphase" wurden auch viele unpolitisch eingestellte Menschen ermordet, die in aussichtsloser Lage Kriegsmüdigkeit zu erkennen gegeben hatten. Schließlich gehen Schätzungen von 100 000 Selbstmord-Fällen angesichts des Herannahens alliierter Truppen, vor allem der Roten Armee, aus.

Kriegsbeschädigte — Als überlebende Schicksalsgruppe sind zuerst die verwundeten Opfer von Kampfhandlungen zu nennen. Das Bild – dies ist wörtlich zu nehmen – der Nachkriegsgesellschaft wurde sehr stark bestimmt von den Kriegsbeschädigten des Zweiten (und auch noch des Ersten) Weltkriegs. 1,5 bis 2 Millionen Kriegsbeschädigte, Soldaten und Zivilpersonen des Zweiten Weltkriegs lebten 1950 auf dem Gebiet der Bundesrepublik. Wohl kaum ein Kind dürfte in den 1950er Jahren die Schule besucht haben, ohne auch von einem kriegsversehrten Lehrer unterrichtet worden zu sein.

Kriegsgefangene — Eine andere Schicksalsgruppe waren die Kriegsgefangenen. 1,7 Millionen von ihnen hatten das Kriegsende überlebt, nach der Kapitulation stieg ihre Zahl sprunghaft um 9 Millionen an, die allerdings bis auf 2 Millionen bis zum Frühjahr 1947 entlassen wurden. Die Entlassung der übrigen Kriegsgefangenen vollzog sich zum überwiegenden Teil bis 1950, aber Ungewissheit über vermisste Wehrmachtsangehörige, von denen die täglichen Suchmeldungen des Roten Kreuzes in Zeitungen und im Rundfunk zeugten, belasteten viele Menschen noch mehr als ein Jahrzehnt nach dem Krieg.

Entnazifizierung — Zu starken Spannungen zwischen den Besatzungsmächten und wohl der Mehrheit der Bevölkerung führte die Entnazifizierung, neben der Entmilitarisierung, der wirtschaftlichen Entflechtung und der Demokratisierung eines der zentralen Ziele der Alliierten, das die Rückkehr Deutschlands in die internationale Völkergemeinschaft ermöglichen sollte. Die wachsende Unpopularität der Entnazifizierung lag zum einen an ihrer bürokratischen Handhabung, die eher die kleinen Mitglieder und Mitläufer benachteiligte, über die zuerst verhandelt wurde, während die hohen Funktionäre und Nutznießer, deren Fälle in der Regel später entschieden wurden, oft gelinde davonkamen, so dass von einer „Mitläuferfabrik" (L. Niethammer) gesprochen wurde. Zum anderen gab es die verbreitete Auffassung, dass es den Siegern, die den Luftkrieg gegen die deutsche Zivilbevölkerung geführt hatten, gar nicht zukäme, über Deutsche zu Gericht zu sitzen. Entgegen mancher Legenden von der Wirkungslosigkeit der Entnazifizierung ist allerdings festzuhalten, dass diese durchaus erhebliche Dimensionen annahm. In die Internierungslager der westlichen Besatzungszonen waren insgesamt mehr als 170 000 höhere NS-Funktionäre, Beamte und Manager großer Betriebe zum *automatical arrest* eingeliefert worden. Lediglich ein kleiner Teil dieser Personengruppe hatte sich dem Zugriff der Alliierten durch die Flucht nach Spanien oder Lateinamerika entzogen. Zunächst die Angehörigen des öffentlichen Dienstes, dann auch anderer Berufs- und Personengruppen, hatten anhand eines detaillierten Fragebogens Rechenschaft über ihre Karrieren im „Dritten Reich" abzulegen. Aufgrund der Auswertung wurden in der US-Zone bis zum Frühjahr 1946 immerhin 210 000 Personen aus ihren Stellungen entlassen, 73 000 Personen wurde eine An- oder Wiederanstellung verweigert. Die Bilanz in den beiden anderen westlichen Besatzungszonen war ähnlich wie in der US-Zone, allerdings gab es dort keine Pflicht zur Registrierung für die gesamte Bevölkerung, und es wurde mehr Rücksicht auf die Belange der Verwaltung und wirtschaftlicher Schlüsselbereiche genommen, die letztlich die „Grenzen eines Elitenrevirements" (C. Rauh-Kühne) markierten.

Insgesamt mehr als 3,6 Millionen Verfahren wurden in den Westzonen 1945–1949 zunächst vor alliierten, dann mit Deutschen besetzten Spruchkammern und Gerichten verhandelt. 1667 Personen wurden als Hauptschuldige und rund 23 000 als Belastete zumeist mit Haft- oder hohen Geldstrafen belegt, weitere 150 000 kamen als Minderbelastete mit geringen Geldstrafen davon, während die restlichen 95 Prozent als Mitläufer galten, als entlastet eingestuft oder von der Einstellung ihrer Verfahren, zum Teil infolge weitreichender Amnestien, begünstigt wurden. Auch wenn dies letztlich keine übertrieben harte Bilanz darstellte, mag die zeitweilige Existenzunsicherheit vieler durch ihre Tätigkeiten für das NS-Regime belasteter Personen als Warnung vor weiterem Engagement in dieser politischen Richtung gewirkt haben.

Bilanz der Entnazifizierung

Spruchkammerverfahren

Flüchtlinge und Vertriebene

Die zahlenmäßig größte Gruppe besonders hart vom Krieg betroffener Menschen waren die Flüchtlinge und Vertriebenen. Der „Flüchtling" als umgangssprachlicher Oberbegriff für – in der amtlichen Statistik sehr differenziert ausgewiesen – diejenigen, die ihre Heimat infolge des Krieges verließen oder verlassen mussten, avancierte in der zeitgenössischen Soziologie zur „Gestalt einer Zeitenwende" (E. Pfeil), zum Sinnbild des Menschen schlechthin. Die erste Volkszählung hatte in den Westzonen 1946 eine Einwohnerzahl von 46,2 Millionen (gegenüber 43,0 Millionen 1939) ermittelt. Bei der ersten Volkszählung in der Bundesrepublik 1950 hatte sich diese Zahl auf 50,2 Millionen erhöht. Davon waren 7,9 Millionen Vertriebene – Deutsche, die bei Kriegsbeginn in den östlichen Gebieten des Deutschen Reiches ihren Wohnsitz hatten, die nicht mehr zu Deutschland gehörten – und 1,5 Millionen aus der SBZ/DDR Zugewanderte; die meisten wurden zunächst in agrarisch geprägten Regionen von Schleswig-Holstein (Vertriebenen- und Flüchtlingsanteil an der Bevölkerung im September 1950: 33,2 Prozent), Niedersachsen (27,3 Prozent), Bayern (21,2 Prozent) und Hessen (16,6 Prozent) heimisch, wo sie in etlichen Regionen sogar die Mehrheit der Bevölkerung ausmachten. Die Angehörigen der ehemaligen deutschen Minderheit in der Tschechoslowakei (Sudetendeutsche) siedelten sich vor allem in Bayern an.

Integration der Flüchtlinge

Die Integration der Flüchtlinge und Vertriebenen in Dorfgemeinden verlief keineswegs problemlos. Viele Bauern betrachteten sie nicht als gleichberechtigte Mitbürger, sondern als Fremde, bestenfalls als willkommene billige Arbeitskräfte, die einen Ersatz für die nach Kriegsende abgewanderten Zwangsarbeiter darstellten. Auch die hohe Fluktuation der Flüchtlinge und Vertriebenen, die etwa auf der Suche nach Angehörigen ihren Arbeitsplatz und Aufnahmeort wieder verließen, erschwerte ihre rasche Integration. Die größten Konfliktpunkte ergaben sich aus der Zwangseinweisung in bäuerliche Wohnungen und aus der Enttäuschung vieler Bauern, dass die von ihnen Aufgenommenen sich häufig nicht als anstellige Arbeitskräfte erwiesen, weil sie aus ganz anderen Berufen kamen.

Die bevorzugt erfolgende Aufnahme von Vertriebenen und Flüchtlingen in agrarisch geprägten Regionen und die – im Krieg erfolgte – Evakuierung vieler Großstadtbewohner sorgten für eine beträchtliche Veränderung der siedlungsstrukturellen Muster. Gegenüber 1939 wiesen die Großstädte in der Britischen und in der US-Zone 1946 einen Bevölkerungsverlust von 18,6 Prozent, Gemeinden unter 10 000 Einwohnern einen Gewinn von 41,0 Prozent aus; Bevölkerungsgewinne verzeichneten auch die dazwischen liegenden Gemeindegrößenklassen.

1. Kriegsfolgen – die Nachkriegszeit

Ein weiterer Effekt des Zuzugs von Vertriebenen war die konfessionelle Durchmischung zahlreicher Gemeinden – ein „tiefer Einschnitt für das Religionssystem" (K. Gabriel). Zuvor rein evangelisch oder katholisch geprägte Regionen und Orte wurden bikonfessionell – mit erheblichen Folgen nicht nur hinsichtlich des kirchlichen Lebens; die „Prägekraft konfessionshomogener Gebiete" (P. Erker) wurde insgesamt geschwächt. Beide großen Kirchen unternahmen erhebliche Anstrengungen zur Integration der Neubürger, die Flüchtlings- und Vertriebenenarbeit stellte für zwei Jahrzehnte einen wichtigen Schwerpunkt kirchlicher Sozialpolitik dar, wobei evangelische Pastoren und katholische Pfarrer örtlich häufig eine sehr wichtige Rolle spielten. *(Konfessionelle Durchmischung)*

Einbezogen in die Migrationswelle der mit einem Sammelbegriff auch mitunter als „Entwurzelte" (A. von Plato/A. Leh) bezeichneten Schicksalsgruppen, die nicht erst mit der Flucht und Vertreibung am Ende des Krieges, sondern bereits mit den Luftangriffen begonnen hatte, waren neben Flüchtlingen und Vertriebenen auch etwa sechs Millionen Ausgebombte und aus besonders gefährdeten Großstädten Evakuierte – die meisten im rheinisch-westfälischen Großraum. Im Frühjahr 1947 gab es in den drei westlichen Besatzungszonen nach unterschiedlichen Schätzungen zwischen 2,4 und 3,3 Millionen Evakuierte. Sie wanderten nicht selten „zwischen alter und neuer Heimat" (O. Groehler) hin und her. Erst nach Gründung der Bundesrepublik wurden gesetzliche Grundlagen zur Unterstützung dieser Opfergruppe geschaffen. *(Evakuierte)*

Nach der Kapitulation warteten in großen Lagern zudem Millionen von ehemaligen ausländischen Zwangsarbeitern und andere Displaced Persons(DPs), unter ihnen auch jüdische Überlebende, auf ihre Repatriierung in anderen, meist osteuropäischen Ländern, auf die Möglichkeit der Auswanderung nach Israel oder in überseeische Länder. Der überwiegende Teil der DP's hatte Deutschland bis zur Gründung der Bundesrepublik verlassen, nur wenige blieben. *(DPs)*

Lediglich ein Bruchteil der etwa 300000 aus dem „Dritten Reich" geflohenen jüdischen und aus politischen und weltanschaulichen Gründen gefährdeten emigrierten Bürger kehrte, meist aus politischen Motiven, zusammen mit den alliierten Truppen oder im Laufe der Besatzungszeit bzw. nach der Gründung der Bundesrepublik aus ihrem Exil zurück. Einige Remigranten erhielten wichtige gesellschaftliche Positionen, vor allem im Bereich der Medien, der Wissenschaft, vereinzelt auch in der Landespolitik; allerdings begegneten sie häufig Ressentiments in der Bevölkerung und thematisierten ihre eigene Biographie zurückhaltend und selten. *(Remigranten)*

Alterskohorten als Schicksalsgruppen

Unter die Schicksalsgruppen der Nachkriegszeit sind auch die Angehörigen bestimmter Alterskohorten zu zählen, etwa der Jahrgänge nach 1920, die ihre schulische Ausbildung nicht beenden konnten, weil sie zur Wehrmacht eingezogen waren und häufig erst ein Jahrzehnt später in die Heimat zurückkehrten, sowie die Angehörigen der so genannten HJ- und Flakhelfergeneration der Jahrgänge um 1930, die nach dem Krieg vielfach in Familien ohne Väter aufwuchsen oder diese nach der Rückkehr als fremd empfanden. Nach repräsentativen Befragungen Mitte der 1950er Jahre unter Jugendlichen war der Vater bei ca. drei Vierteln Soldat gewesen, bei einem Viertel gestorben. Lebte der Vater, war er bei mehr als der Hälfte der befragten Jugendlichen seit deren Geburt mindestens vier Jahre abwesend gewesen. Das Aufwachsen in vaterlosen Familien und die Übernahme der tragenden Rolle bei der Lebenssicherung der Familie prägten auch die Jugendkultur der ersten Nachkriegsjahre.

„Überschüssige Frauen"

Ein hartes „Kohortenschicksal" erlitten die „überschüssigen" Frauen, die aufgrund des kriegsbedingten Männermangels keinen Ehepartner fanden. Jeweils 100 Frauen im Alter von 25 bis 39 Jahren standen in der Bundesrepublik 1950 nur 81 Männer gegenüber. Dies hatte zur Folge, dass Frauen im Durchschnitt sehr viel ältere Männer heirateten als in „normalen" Zeiten, jede vierte Frau blieb ungewollt unverheiratet. Als 1946 die Zivilgerichte ihre Arbeit, die häufig seit 1943 geruht hatte, wieder aufnahmen, kam es zudem zu einer Scheidungswelle, die bis 1950 (84000 Scheidungen; 16,9 Scheidungen je 10000 Einwohner) anhielt. Die Macht der Demographie bewirkte in den 1950er Jahren sogar Lebensgemeinschaften, die quer zur konventionellen Moral standen. Etwa 100000 Paare lebten in der frühen Bundesrepublik nach Schätzungen in einer „Onkelehe", vor allem, um der Frau den privilegierten Status als Kriegerwitwe zu erhalten. Dies war allerdings nur eine kleine Minderheit der 1,7 Millionen 1950 registrierten verwitweten Frauen zwischen 16 und 65 Jahren und der 700000 verheirateten, aber getrennt von ihren vermissten oder in Gefangenschaft befindlichen Ehemännern lebenden Frauen.

Individuelle und familiäre Probleme

Jenseits statistischer Bilanzen liegend, aber gleichwohl von erheblicher Bedeutung für die gesellschaftliche Entwicklung, waren tiefgreifende individuelle und familiäre Probleme, die der Nachkriegsgesellschaft ihren Stempel aufprägten. Auseinandergerissene Familien, der Tod von nahen Angehörigen oder engen Freunden, Entfremdung zwischen Ehepartnern nach kriegsbedingter Trennung, Traumatisierungen durch Bombenkrieg, Flucht und Vertreibung, Vergewaltigungen durch alliierte Soldaten, eine tiefsitzende Angst vor einem neuen Krieg, neuer Not, wirkten unter der Oberfläche von Wiederaufbauerfolgen noch lange nach. Von einer „stummen Generation" wurden traumatisierende Kriegsfolgen zunächst privatisiert und mitunter sogar erst öffentlich artikuliert, als sich nach 1989/90 die politischen Rahmenbedingungen fundamental veränderten.

1.2 Materielle Schäden

Zwischen 1,3 und 2 Millionen Tonnen Bombenlast wurden im Zweiten Weltkrieg über Deutschland abgeworfen, schätzungsweise 400 bis 600 Millionen Kubikmeter Schutt und Trümmer bildeten in den Städten bizarre Landschaften. Aber der äußere Eindruck totaler Zerstörung trog. Neben schwerst zerstörten Großstädten – Zerstörungsgrad z. B. von Kassel: 63,9, Duisburg: 64,8, Dortmund: 65,8, Köln: 70,0, Würzburg 74,3 Prozent; der durchschnittliche Zerstörungsgrad lag bei ca. 40 Prozent – gab es gänzlich oder nahezu unzerstörte Orte wie Heidelberg, Herne, Oldenburg und Celle. Innerhalb der von Bombenangriffen besonders betroffenen Städte wiederum lagen ausgebrannte innenstadtnahe und ehemals dichtbesiedelte Arbeiterquartiere neben großbürgerlichen Villenvierteln, die unversehrt geblieben waren. Die Trümmer verbargen unter sich die verbliebenen intakten Netze, unterirdische Gas-, Elektro- und Wasserleitungen. Die Existenz dieser „zweiten Stadt" war auch der Grund dafür, dass Visionen einer Aufforstung der Trümmerflächen und räumlichen Verlagerung von Städten – etwa Münchens an den Starnberger See – nicht zur Realität wurden. [Zerstörungsgrad]

Die Planung des Wiederaufbaus folgte vielmehr – mit erheblichen Variationen – dem seit der Zwischenkriegszeit international akzeptierten Leitbild der in Nachbarschaftseinheiten gegliederten und durch Grünzüge aufgelockerten Stadt – im Rahmen dieses Leitbilds dominierten gegenüber rekonstruktiven Elementen allerdings Ideen einer mitunter sehr radikalen Modernisierung, vor allem hinsichtlich der Überplanung vorhandener Bausubstanz. Eine der wenigen konzeptionellen Debatten drehte sich um die Frage, ob man die gegliederte und aufgelockerte Stadt, so die Mehrheit, in Form einer „Stadtlandschaft" mit Häusern von geringer Geschosshöhe realisieren sollte, oder ob, so eine modernistische Minderheit, noch mehr Grün durch eine „vertikale Gartenstadt" unter Einbeziehung von Hochhäusern zu gewinnen sei. Die erste Wohnhochhaussiedlung in Deutschland wurde von 1946 bis 1956 in Hamburg errichtet und war ursprünglich zur Aufnahme britischen Besatzungspersonals bestimmt. Abgesehen von der Kontroverse um Wohnhochhäuser einte die gemeinsame Gegnerschaft gegen die [Wiederaufbauplanung] alte, dicht bebaute Mietskasernenstadt des 19. Jahrhunderts die Modernisten und Traditionalisten unter den Architekten und Städteplanern.

Schadensbilanz — Mittlerweile hinlänglich bekannt ist die Tatsache, dass der Bombenkrieg weniger die Zerstörung industrieller Anlagen als die Desorganisation des gesamten gesellschaftlichen und wirtschaftlichen Lebens sowie eine Auflösung der Moral an der „Heimatfront" hatte bewirken sollen. Diese Strategie spiegelte sich in der Schadensbilanz wider. Die Vernichtung von Wohnraum, Schulen, Krankenhäusern und anderen öffentlichen Gebäuden sowie der Verkehrsinfrastruktur von Straßen, Eisenbahnlinien und Brücken über Flüsse und Täler hatten zu einer weitgehenden Lähmung des privaten und gewerblichen Verkehrs geführt.

Lähmung des Verkehrs — Nach groben Schätzungen wurde etwa ein Fünftel bis ein Viertel des gesamten Wohnraums im Gebiet der drei westlichen Zonen Deutschlands total zerstört, etwa im gleichen Anteil andere Gebäude. Die Unterbrechung der Verkehrsverbindungen kann man sich gar nicht radikal genug ausmalen. Von 958 Flussbrücken der amerikanischen und britischen Zone waren 740, darunter alle Brücken über den Rhein, zerstört worden. Die Binnenschifffahrtswege und Häfen waren fast alle zunächst durch Wracks blockiert. Vor allem die Eisenbahn, wichtiges Verkehrsmittel für Güter und Menschen, war schwer betroffen. Zahlreiche Lokomotiven und Wagons, zum Teil während des Krieges aus anderen Ländern geraubt, wurden nun zurückgeführt und aus Reparaturwerken Maschinen entnommen. Von den noch vorhandenen Lokomotiven waren nur 39,1 Prozent betriebsbereit. Wegen des Ausfalls zahlreicher Fernmelde- und Signalanlagen mussten die Züge zunächst mit geringer Geschwindigkeit „auf Sicht" fahren. Hinzu kam, dass die tiefgreifende Mobilisierung großer Teile der Bevölkerung ein erhöhtes Verkehrsaufkommen bewirkte. Selten verkehrende, aber völlig überfüllte Züge waren die Folge. Nur noch notdürftig funktionierte auch der städtische öffentliche Nahverkehr, weil Trambahnen und Busse zu einem großen Teil nicht mehr zur Verfügung standen.

1.3 Soziale Not

Drei existenzielle Sorgen belasteten die deutsche Bevölkerung in den ersten drei Nachkriegsjahren: Hunger, Kälte und eine desolate Wohnraumsituation. Schon die Flüsterpropaganda in der Agonie des „Dritten Reiches" hatte die Bevölkerung auf schreckliche Notzeiten vorbereitet: „Genießt den Krieg, der Frieden wird furchtbar!" Bekanntlich hatte die Führung des NS-Regimes fast bis zuletzt eine ausreichende Versorgung der Heimatfront sicherstellen können – auf Kosten der brutalen Ausplünderung besetzter Gebiete und der Zwangsarbeit ausländischer Arbeiterinnen und Arbeiter in der deutschen Industrie und Landwirtschaft. Zu Beginn des Krieges wurden ca. 2700 Kalorien pro Tag an die deutsche Bevölkerung ausgegeben, im Frühjahr 1945 waren es noch ca. 2100.

Die Alliierten setzten im ersten Nachkriegsjahr – für Normalverbraucher – einen Tagessatz von ca. 1500 Kalorien fest. Davon konnte niemand auf Dauer leben, aber in Verbindung mit der durch Auslandshilfe zumindest in den westlichen Zonen ermöglichten Massenspeisungen für Schulkinder, dem Anbau von Gemüse in Kleingärten, „Hamsterfahrten" der Städter aufs Land, um Schmuck, Kleider und andere Habseligkeiten gegen Lebensmittel zu tauschen, oder dem riskanten Besuch des – selbstverständlich verbotenen, mitunter aber auch geduldeten – Schwarzmarkts reichte es knapp zur Fristung der Existenz. Die Warenpalette, die auf dem Schwarzmarkt, der sich vor allem in den Städten in bestimmten Straßen oder auf Plätzen konzentrierte, angeboten wurde, war weit umfangreicher als das offizielle Warenangebot und umfasste neben Lebens- und Genussmitteln Hausrat und Gebrauchsgegenstände, Textilien und Schuhe, Baumaterial und Industrieerzeugnisse. Nach Schätzungen vom Herbst 1947 wurden in der Französischen Zone nahezu die Hälfte aller Umsätze außerhalb des offiziellen Bewirtschaftungssystems abgewickelt. Im kollektiven Gedächtnis geblieben ist zugleich eine temporäre Machtstellung des Dorfes gegen die Stadt aufgrund der günstigen Tauschbedingungen für landwirtschaftliche Produkte, für die Bauern nicht selten Schmuck und vormals teure Industriegüter fordern konnten.

Während die Schwarzmarktpreise den realen Konsumbedarf widerspiegelten, blieben die Löhne niedrig. Anreize zur Arbeit boten allerdings Schwer- bzw. Schwerstarbeiter-Lebensmittelkarten – nicht zuletzt im Bergbau, der für die Kohleversorgung der Industrieanlagen und der Städte von zentraler Bedeutung war. Allgemein sank die Arbeitsleistung, auch die Zahl der geleisteten Arbeitsstunden, aufgrund von schlechter Ernährung und Wohnungslage. Die Anweisungen alliierter Behörden hinsichtlich der Arbeitsbedingungen und Produktionsziele wurden häufig nicht eingehalten. Gegenüber den Betriebsleitungen, die mit Problemen der Entnazifizierung konfrontiert waren, hatte die Arbeiterschaft, vertreten durch Gewerkschaften und Betriebsräte, beträchtlich an Macht gewonnen. Dies erstreckte sich auch auf Tauschbeziehungen, die mit den Produkten des eigenen Betriebs geknüpft werden konnten. Hier vermischte sich die Loyalität mit dem eigenen Betrieb, mit dem man sich identifizierte und der die langfristige Basis der

Mangelhafte Ernährung

Schwarzmarkt

eigenen Existenz bilden sollte, mit privaten Geschäften, die in nicht geringem Maße der Einübung marktwirtschaftlichen Verhaltens dienten.

Hungerkrisen 1946/47 — Die Ernährungslage spitzte sich dramatisch zu, als im Frühjahr 1946 die Rationen in der US-Zone auf 1330, in der Britischen Zone auf 1050 und in der Französischen Zone auf 900 Kalorien gekürzt wurden; dies entsprach nur noch etwa einem Drittel bis der Hälfte des Vorkriegsstandards. Zudem sank aufgrund geringer Fleischzuteilungen der tägliche Fett- und Eiweißgehalt der Nahrungsmittel. Zwar gab es nicht wie nach dem Ersten Weltkrieg größere Seuchen und Epidemien, vor allem wegen der von den Alliierten sofort veranlassten Schutzimpfungen. Aber die zu geringe und nährstoffarme Nahrung, unzureichende Kleidung und Schuhe führten zu einem allgemeinen Absinken der Arbeits- und Leistungsfähigkeit und zu erhöhter Krankheitsanfälligkeit, etwa einer beträchtlichen Zunahme der Tuberkulose gegenüber der Vorkriegszeit, aber auch von Krankheiten, die vordem nur noch marginale Bedeutung gehabt hatten, wie Typhus, Diphterie und Ruhr. Die Säuglingssterblichkeit stieg stark an. Die Verschlechterung der Gesundheitsverhältnisse war auch auf das zweite große Problem der frühen Nachkriegszeit zurückzuführen, auf Brennstoffmangel und längere Stromabschaltungen in den sehr kalten und langen Wintern, vor allem 1946/47, als Hunderte von Menschen erfroren. In zahlreichen Städten organisierten Parteien und Gewerkschaften Hungermärsche und -demonstrationen.

Wohnungsnot — Während die existenzielle Notsituation Ende der 1940er Jahre grundsätzlich überwunden war, nicht zuletzt dank amerikanischer Importhilfen nach der Währungsreform, hatte sich die Wohnungssituation teilweise sogar verschlechtert. So nahm der Wohnungsbestand in den ersten Nachkriegsjahren sogar noch weiter ab, weil durch die Witterung mehr teilzerstörte Wohnungen endgültig unbewohnbar wurden, als gleichzeitig instandgesetzt werden konnten. Nach amtlichen Berechnungen fehlten 1950 etwa 6,3 Millionen Wohnungen. Der Wiederaufbau kam zunächst nur mühsam in Gang, und völlig verfehlt wäre es, ihn sich als stetigen Progress von der Talsohle des Kriegsendes aus zu denken. Bevor an einen Wiederaufbau im eigentlichen Sinne zu denken war, mussten im Übrigen zunächst Straßen und Wege von Trümmer und

Trümmerräumung — Schutt befreit werden. In zahlreichen Städten waren bereits während des Krieges KZ-Häftlinge, Zwangsarbeiter und Kriegsgefangene für die gefährliche Arbeit der Bombenentschärfung herangezogen worden. Die verbliebenen Räumarbeiten waren – entgegen symbolträchtiger Legenden – hauptsächlich maschinell mit schwerem Gerät und nicht manuell von „Trümmerfrauen" zu bewerkstelligen. Zusätzlich zu den Bombenschäden, der völligen Vernichtung von etwa einem Fünftel bis einem Viertel aller Wohnungen (für das Gebiet der späteren Bundesrepublik differieren die Angaben zwischen 18 und 24 Prozent), erschwerten weitere Faktoren die Situation: Schon vor dem Zweiten Weltkrieg hatte es einen auf mehr als eine Million geschätzten Fehlbestand gegeben; während des Baustopps für zivile Vorhaben seit 1939 war die Bautätigkeit nahezu zum Erliegen gekommen; zudem hatte der Zustrom von Vertriebenen die Bevölkerungszahl aller Zonen beträchtlich erhöht. In der Summe der verschiedenen Faktoren ergaben sich ähnliche Wohnraum-Ziffern: In der Französischen Zone standen 1946 demnach durchschnittlich 9,4 qm pro Person zur Verfügung, in der SBZ 9,0, in der US-Zone 7,6 und in der Britischen Zone 6,2 qm. Die administrative Verwaltung des Mangels durch kommunale Wohnungsämter nach wechselnden Kriterienkatalogen schuf nicht unbeträchtliche Konflikte. Der weitgehende Verlust der Privatsphäre prägt die Erinnerung vieler Menschen an diese Zeit. Nicht in die Steinzeit, aber ins Mittelalter war Deutschland hinsichtlich der Wohnstandards zurückgebombt worden.

In der Situation sozialer Not der Kriegszeit, anfangs sogar einer Hungerkrise, war von einer „Volksgemeinschaft", so stellten zeitgenössische Soziologen wie spätere Zeithistoriker fest, wenig mehr zu merken. Allerdings gab es auch keinen Kampf aller gegen alle, sondern eine klare Orientierung des Einzelnen auf die Familie, die sich als „Fels in der Brandung" (B. Willenbacher) der sozialen Gefährdungen erwies. Das Erreichen einer halbwegs akzeptablen Wohnsituation für die Familie bildete bei vielen Menschen das Zentrum aller Wünsche, Wohnen und Familienleben wurden zu Synonymen. Die vor allem in repräsentativen Umfragen in der US-Zone konstatierte Hierarchisierung der Opfer, der zufolge die Empathie der Bevölkerung zunächst jeweils der eigenen Familie, den Verwandten, danach den Arbeitskollegen, ausgebombten Nachbarn und erst weit dahinter den fremden Flüchtlingen und Vertriebenen oder gar den überlebenden Verfolgten des NS-Regimes galt, lässt sich wohl auf die Bevölkerung in allen deutschen Zonen beziehen.

Erosion der „Volksgemeinschaft"

Im Rückblick überrascht die Geschwindigkeit, mit der inmitten existenzieller Not der kulturelle Alltag wieder einsetzte. Kultur im weitesten Sinne erwies sich – wie schon im Krieg – als wichtiges moralisches Überlebensmittel. Innerhalb des ersten Nachkriegsjahres etablierten sich mit allliierter Lizenz herausgegebene Tageszeitungen, Zeitschriften und der Buchmarkt, das Radio strahlte oft nach nur wenigen Stunden oder Tagen der Unterbrechung wieder Programme aus, Theater- und Konzertveranstaltungen, Filmvorführungen, Kunstausstellun-

Kultureller Alltag

gen erfreuten sich sofort großer Beliebtheit, der Sportbetrieb setzte im Sommer 1945 ein, die Schulen öffneten im Frühherbst wieder ihre Pforten, die Hochschulen folgten wenig später. Entgegen späterer Verklärung handelte es sich allerdings nicht um einen klassenübergreifenden „Kulturhunger", der dann nach der Währungsreform und durch die „Normalisierung" des gesellschaftlichen Lebens wieder in konventionelle Bahnen der Trennung von hoher und niederer Kultur übergegangen sei; die Muster der „feinen Unterschiede" (P. Bourdieu) der Aneignung von Kultur und ästhetischer Präferenzen lassen sich auch für die Ausnahmejahre nach 1945 nachweisen.

Währungsreform

Die Überlagerung sozialer Strukturen durch Schicksalslagen in der „Zusammenbruchsgesellschaft" (C. Kleßmann) hatte zur Wahrnehmung eines unterschiedslos verarmten Deutschland geführt. Die Währungsreform im Juni 1948, die jeden Einwohner der Westzonen und West-Berlins mit einer Kopfquote von 60 DM ausstattete, die Altgeldguthaben aber nur im Verhältnis von 10:1 gegen die neue Währung eintauschte (bei mehr als 5000 RM waren es 10:0,65), benachteiligte die breiten Massen der Sparer – bei Kriegsende hatte das Geldvolumen der Sparguthaben 300 Milliarden RM ausgemacht. Die Sachwertbesitzer hingegen, nicht zuletzt die Besitzer von Industrieunternehmen, hatten beträchtliche Vorteile und gute wirtschaftliche Startbedingungen. Die Umrisse gewohnter sozialer Ungleichheit wurden rasch wieder sichtbar; auf der einen Seite übervolle Auslagen in den Geschäften, auf der anderen Seite eine bis 1950 auf ca. 10 Prozent ansteigende Arbeitslosigkeit. Aber erst aus dem Abstand von einem oder zwei Jahrzehnten ließ sich unterscheiden, inwiefern jeweils reale Verarmungsprozesse, etwa bei Flüchtlingen und Vertriebenen, vorlagen und welche Vermögen in die Gesellschaft der Bundesrepublik übertragen werden konnten. Eindeutig zeigt dagegen der statistische Vergleich von 1939 und 1950 hinsichtlich der Erwerbspersonen nach der Stellung im Beruf, dass der Zweite Weltkrieg und die nachfolgenden Jahre keinen sozialen Strukturbruch bewirkt hatten.

2. Eine Gesellschaft im Wiederaufbau – die frühen Jahre der Bundesrepublik

Der Ende der 1940er Jahre einsetzende Wiederaufbau gewann unter günstigen weltwirtschaftlichen Voraussetzungen ein hohes Tempo. Zunächst orientierte sich die Bevölkerung an einer „Normalisierung" der

2. Eine Gesellschaft im Wiederaufbau

Gesellschaft, die im Kontrast zur katastrophalen Not der unmittelbaren Nachkriegszeit stand und gemessen wurde an der Wiedergewinnung zivilisatorischer Standards, wie sie „im Frieden", also vor Beginn des Zweiten Weltkriegs, schon erreicht worden waren. Die letzten Lebensmittelkarten für einzelne Produkte wurden 1950 ausgegeben, die Werbung für vertraute Markennamen von Konsumgütern drückte ebenso sinnfällig wie die Popularität von Filmschauspielern aus der Ufa-Zeit das Zurücktasten zum Altvertrauten aus. Statistischen Kennziffern zufolge gilt für das Wohlstandsniveau und den Grad der Modernität der Bundesrepublik, dass sie bereits in ihrem Gründungsjahr den höchsten Stand der Zwischenkriegszeit (1938/39) eingeholt und überholt hatte, so dass der Wiederaufbau immer mehr in einen noch ungekannten volkswirtschaftlichen und gesellschaftlichen Ausbau überging, der neue gesellschaftliche Horizonte eröffnete.

2.1 Bevölkerungsentwicklung und Wohnungsbau

Die Bevölkerung der Bundesrepublik wuchs insgesamt von 1950 bis 1960 um ca. 11 Prozent auf 55,4 Millionen. Demographisch markant waren die beträchtlichen Wanderungsgewinne durch Vertriebene und Flüchtlinge. Hinzu kam – bis zur Mitte der 1960er Jahre – ein beträchtlicher Überschuss der Geborenen gegenüber den Gestorbenen. Das Aufbaujahrzehnt der Bundesrepublik war gekennzeichnet durch besonders zahlreiche Eheschließungen, eine bis 1961/62 stetig steigende Heiratsneigung und eine Senkung des Heiratsalters im Laufe der 1950er Jahre von 28,1 auf 25,9 Jahre bei Männern und von 25,4 auf 23,7 bei Frauen. Dies war nicht zuletzt auf die Verbesserung der materiellen Verhältnisse zurückzuführen. Einen historischen Tiefststand erreichte die Zahl der Ehescheidungen am Ende der 1950er Jahre. Der wichtigste Grund für die Hochzeit eines Paares war der Kinderwunsch, bei etwa drei Vierteln aller Eheschließungen war die Braut bereits schwanger. Ausweislich aller demoskopischen Erhebungen verstärkte sich in der Ehe der Trend zur gleichberechtigten Partnerschaft zwischen den Ehepartnern und gleichzeitig zur Abkehr von einer hauptsächlich auf Gehorsam und Unterordnung orientierten Erziehung der Kinder, die nun mehr Zuwendung erhielten und deren Selbständigkeit und freier Wille stärker beachtet wurden. An die erste Stelle der Erziehungsideale rückten während der 1950er Jahre allerdings Ordnungsliebe und Fleiß.

Die gesellschaftliche „Normalisierung" im Sinne eines sich Einrichtens und Wiedereinrichtens in zivilen Lebensumständen war nicht zuletzt wegen der vielen Neubürger ein komplizierter Prozess. Flücht-

Demographische Trends

Eheschließungen

Erziehungsideale

Flüchtlinge, Vertriebene, Aussiedler

linge und Vertriebene stellten 1950 einen Anteil von einem Fünftel, durch den anhaltenden Zustrom von Flüchtlingen aus der DDR – von der Staatsgründung bis zum Mauerbau 3,6 Millionen – 1961 sogar von einem Viertel der Bevölkerung der Bundesrepublik. Von 1951 bis 1959 kamen zudem über 400 000 Aussiedler aus den ehemaligen deutschen Gebieten in Osteuropa, zwei Drittel davon aus den nun polnischen Gebieten. Im Übrigen wechselten auch etwa eine halbe Million Menschen in den 1950er Jahren von West- nach Ostdeutschland, viele davon waren Rückwanderer.

Auswanderung

Während dies ein Zeichen dafür war, dass die beiden deutschen Gesellschaften noch nicht hermetisch voneinander getrennt waren wie nach dem Mauerbau 1961, zeugte die hohe Zahl von 780 000 deutschen Auswanderern (1946–1961), 90 Prozent davon in die USA, nach Kanada und nach Australien, vom Wunsch vieler Menschen, der Kargheit und vermeintlichen Perspektivlosigkeit der frühen Bundesrepublik in überseeische Länder zu entkommen. Wie eine repräsentative Umfrage 1952 ergab, hatten nahezu 40 Prozent der Jugendlichen in den Jahren nach dem Zweiten Weltkrieg über Auswanderung nachgedacht. Die höchste Zahl westdeutscher Auswanderer wurde mit 90 000 Personen 1952 registriert, nach 1956 ging die Zahl rasch zurück. Die Auswanderungswelle der 1950er Jahre ist ein weitgehend vergessener Aspekt der durch den Krieg ausgelösten geographischen Mobilisierung.

Für die Integration der Flüchtlinge und Vertriebenen, aber auch anderer durch und nach dem Krieg entwurzelter Personengruppen waren zwei wesentliche ökonomische Voraussetzungen unabdingbar: ihre zufriedenstellende Unterbringung und die Eingliederung in das Erwerbssystem.

Wohnverhältnisse

Die Situation des Jahres 1950 unterschied sich hinsichtlich der Wohnverhältnisse noch nicht grundlegend von derjenigen der unmittelbaren Nachkriegszeit. Auf 100 Personen kamen 20 Wohnungen (1939 waren es 27 gewesen). Jeweils drei private Haushalte teilten sich zwei Wohnungen, das Untermieterdasein war zum Massenschicksal geworden. Von den 14,6 Millionen Haushalten in „Normalwohnungen" – vor allem in den Großstädten hausten viele Menschen noch in Notunterkünften aller Art – verfügten 1950 nur ca. 60 Prozent über eine Kochstelle zur alleinigen Benutzung, vier Millionen Haushalte hatten nur eine behelfsmäßige oder gar keine Kochgelegenheit. Noch schlechter war die Wohnsituation für insgesamt 2,2 Millionen Personen in der Bundesrepublik 1950, davon 900 000 Flüchtlinge und Vertriebene, die – häufig sehr beengt – in Notwohnungen und Notunterkünften lebten. Aufgrund des stetigen Zustroms an Flüchtlingen gab es noch 1955 insgesamt 1.907 Lager mit 185.750 Personen (die letzten dieser Lager wurden 1971 aufgelöst). Ein Drittel der repräsentativ befragten Bevölkerung hielt (1955) eine sofortige Veränderung ihrer Wohnungssituation für erforderlich.

Der Wohnungsbau wurde vor diesem Hintergrund zu einem der wichtigsten sozial- und wirtschaftspolitischen Tätigkeitsfelder des Staates. Das im Bundestag einvernehmlich verabschiedete Erste Wohnungsbaugesetz von 1950 sah vor, innerhalb von sechs Jahren 1,8 Millionen staatlich subventionierte Sozialwohnungen zu erstellen. Die im Grundriss sehr knapp bemessenen Wohnungen – für eine vierköpfige Familie, Eltern und zwei Kinder, waren anfangs ca. 45 qm vorgesehen – wurden durch lokale Wohnungsämter nach differenzierten Kriterienkatalogen vergeben. Voraussetzung der Zuteilung war ein Einkommen unterhalb einer festgelegten Einkommensgrenze (bis 1953 musste es unterhalb der Versicherungspflichtgrenze für Angestellte liegen). Der bezugsberechtigte Personenkreis besaß allerdings keinen Rechtsanspruch auf die Zuteilung einer Sozialwohnung, die auch nicht strikt nach Wartezeit und Bedürftigkeit vergeben wurde. Zahlreiche Sonderregelungen – etwa die Privilegierung von Flüchtlingen und Vertriebenen aufgrund des Lastenausgleichsgesetzes – sorgten bei der einheimischen Bevölkerung mitunter für Unzufriedenheit. Allerdings musste die Mehrheit der Flüchtlinge und Vertriebenen zunächst Verschlechterungen ihrer Wohnsituation im Vergleich zum Stand von 1939 hinnehmen. Häufig hatten gerade diese Personengruppen erhebliche Eigenleistungen beim Bau neuer Siedlungshäuser zu erbringen.

Der Bauherr, z. B. gemeinnützige Wohnungsbaugesellschaften, konnte in der Regel unter mehreren vorgeschlagenen Bewerbern aussuchen und, je nach Kapitaleinsatz, weitere Interessenten berücksichtigen, die einen Baukostenzuschuss anboten, in der Regel 20 Prozent des steuerpflichtigen Jahreseinkommens; im Zeitraum 1950 bis 1960 zahlte ein Fünftel, in vielen Städten mehr als ein Drittel der Bezieher einer Sozialwohnung einen solchen Baukostenzuschuss; häufig waren es Unternehmen, die für ihre Mitarbeiter das Geld aufbrachten, um sie damit an sich zu binden. Dieser Mechanismus und die hoch angesetzte Versicherungspflichtgrenze, die doppelt so hoch lag wie das durchschnittliche Einkommen eines Arbeiterhaushalts, bewirkten, dass, wie schon in den 1920er Jahren, innerhalb der einheimischen Bevölkerung überproportional Angestellte und gut verdienende Facharbeiter vom mittelständisch orientierten Massenwohnungsbau profitierten, während sozial schwächere Schichten der Bevölkerung zunächst in sehr viel beengteren und dürftigeren Wohnverhältnissen, im Altbaubestand oder Not-

Massenwohnungsbau

wohnungen, verblieben. Insgesamt ergaben sich dadurch sozialräumliche Segregationsprozesse in den Städten.

Ergebnisse des sozialen Wohnungsbaus

Die Zielvorstellungen des Ersten Wohnungsbaugesetzes wurden weit übertroffen. Mehr als fünf Millionen Wohneinheiten wurden im ersten Jahrzehnt der Bundesrepublik errichtet – mehr als ein Drittel aller 1960 registrierten Wohnungen, davon ca. 60 Prozent im sozialen Wohnungsbau. Während der Anteil des sozialen Wohnungsbaus an der Bautätigkeit während der 1950er Jahre zurückging, stiegen die Anteile des so genannten steuerbegünstigten Wohnungsbaus, der großzügiger bemessene Grundrisse und eine etwas bessere Ausstattung zuließ, und des frei finanzierten Wohnungsbaus, bei dem der Bauherr gleichwohl von verschiedenen Steuerentlastungen profitierte. Durch das Zweite Wohnungsbaugesetz („Familienheimgesetz") von 1956 wurde zudem der Eigenheimbau in kleineren Gemeinden besonders gefördert.

Städtischer Wiederaufbau

Der Massenwohnungsbau der 1950er Jahre konzentrierte sich gleichwohl auf die Großstädte. Priorität hatte die Errichtung mehrgeschossiger Mietwohnungshäuser, zunächst im Wiederaufbau von als besonders wertvoll angesehener Substanz des Reformwohnungsbaus der Zwischenkriegszeit, dann vor allem in zeilenförmig angeordneten Neubausiedlungen. 1950 hatten die meisten der infolge des Bombenkriegs entvölkerten Städte noch nicht wieder die Einwohnerzahl von 1939 erreicht, 1961 gab es nur noch drei Großstädte – Kassel, Saarbrücken, Wilhelmshaven – mit weniger Einwohnern als vor Kriegsbeginn. Während der Anteil der Bevölkerung in Großstädten mit 33,4 Prozent (1961) zwar verglichen mit 1950 kräftig, aber gegenüber 1939 kaum zugenommen und derjenige der Gemeinden unter 2000 Einwohnern von 30 (1939) und 27,5 (1950) auf 22 Prozent (1961) beträchtlich abgenommen hatte, konnten kleinere Städte zwischen 2000 und 20 000 und mittlere Städte zwischen 20 000 und 100 000 Einwohnern einen wachsenden Bevölkerungsanteil verbuchen.

Binnenwanderung

Am Zug zurück in die Großstädte, der das Wanderungsgeschehen innerhalb der Bundesrepublik in den 1950er Jahren charakterisierte, waren Vertriebene und Flüchtlinge besonders stark beteiligt. Von ihren meist auf dem Land gelegenen ersten Aufnahmeorten wurden sie im Rahmen großer Regierungsprogramme ökonomisch funktional umgesiedelt oder wanderten selbst in industrielle Zentren ab. Eigene Ortschaften von Vertriebenen wurden allerdings nur ausnahmsweise gegründet; Neu-Gablonz ist als Neugründung vor allem deshalb bekannt geworden, weil in diesem Fall die Tradition der Glas- und Schmuckwarenindustrie des nordböhmischen Gablonz in einem eigenen Stadtteil des bayerischen Kaufbeuren fortgeführt wurde. Durch die zweite Wanderung, nicht selten ein Abschied aus feindseliger Dorfatmosphäre, veränderte sich die Verteilung der Vertriebenen nach Gemeindegrößen beträchtlich. In Gemeinden mit weniger als 2000 Einwohnern wurde 1950 ein Vertriebenenanteil von 24,7 Prozent registriert, in Großstädten von 9,2 Prozent. 1956 betrugen die Anteile dagegen 19,2 und 14,9 Prozent.

2.2 Erwerbssystem und Milieus

Das enorme Tempo des Wiederaufbaus führte in den 1950er Jahren zu einem Anstieg der Zahl der Erwerbstätigen um 30 Prozent von ca. 20 auf ca. 26,5 Millionen. Die Erwerbsquoten (Anteil der Erwerbstätigen an der gesamten Bevölkerung und an der erwerbsfähigen Bevölkerung von 14 bis 65 Jahren) stiegen dabei auf in der Zwischenkriegszeit nie erreichte Höhen. Gleichzeitig sank die Arbeitslosenquote, die 1950 noch 11 Prozent erreicht hatte, auf 1,3 Prozent 1960. Die rasante Eingliederung der westdeutschen in die expandierende Weltwirtschaft und das Erreichen der „Vollbeschäftigung" wurden, im Kontrast zur Ausgliederung aus dem Wirtschaftsleben in der Weltwirtschaftskrise, zu einem entscheidenden Merkmal der Sozialentwicklung der frühen Bundesrepublik. Die nahezu restlose Integration der Vertriebenen – zunächst häufig auf vergleichsweise niedriger Qualifikationsstufe – und Flüchtlinge in den Arbeitsprozess war zum einen nur möglich durch den anhaltenden Wirtschaftsboom, zum anderen aber war der ständige Zustrom von Arbeitskräften, insbesondere von gut qualifizierten Fachkräften aus der DDR, eine Grundbedingung für die wirtschaftliche Expansion. Der beruflichen Position nach waren 1950 fast drei Viertel der Erwerbstätigen unter den Vertriebenen Arbeiter, gegenüber weniger als der Hälfte in der übrigen Bevölkerung – diese krasse Überrepräsentanz verschwand erst in den 1970er Jahren.

<small>Wirtschaftliche Entwicklung</small>

Die virulente politische und gesellschaftliche Vertretung der Vertriebenen durch eigene Verbände und Parteien prägte vor allem die 1950er Jahre. Der Erfolg der von ihnen selbst geforderten und geförderten sozialen Integration, generationeller Wandel und die außenpolitische Entwicklung, die Hoffnungen auf eine Rückkehr in die einstige Heimat zunichte machten, führten zu einer stetigen Erosion dieser besonderen politischen Teilkultur. Im Übrigen war die Integration von Vertriebenen und Flüchtlingen mit der Verbesserung der Wohnsituation und der Eingliederung in den Arbeitsprozess zwar weitgehend vollzogen, zum Teil hatten Vertriebene und Flüchtlinge sich der westdeutschen Aufbaukultur sogar besser angepasst als die einheimische Bevöl-

<small>Integration der Vertriebenen und Flüchtlinge</small>

kerung, aber es lassen sich Benachteiligungen gegenüber dieser noch in der dritten Generation feststellen.

Frauenerwerbstätigkeit

An der Ausweitung der Beschäftigung in den 1950er Jahren hatten die Frauen – ganz im Gegensatz zu zähen Legenden einer Rückkehr an den Herd nach der heroischen Trümmerzeit – einen überdurchschnittlichen Anteil. Von 4,3 auf 6,8 Millionen stieg ihre Zahl unter den beschäftigten Arbeitnehmern. Dabei hatte sich der Anteil der Erwerbstätigen an allen Frauen, in einer langen Reihe betrachtet, aber kaum verändert. 1925 hatte er 35,6 Prozent betragen, 1933 lag er bei 34,2, 1939 bei 36,1, 1950 bei 31,3 und 1961 bei 33,4 Prozent. Beim Anteil der erwerbstätigen Frauen an den Frauen im erwerbsfähigen Alter fiel der Anstieg von 1950 bis 1961 etwas stärker aus – von 44,4 auf 48,9 Prozent. Von den verheirateten 20- bis 29-jährigen Frauen waren 1950 27,3 und 1961 43,1 Prozent erwerbstätig, bei den 30- bis 39-jährigen stieg der Anteil von 26,0 auf 37,1 Prozent.

Gleichzeitig veränderte sich die Form weiblicher Erwerbstätigkeit qualitativ. Während 1950 nur die Hälfte der erwerbstätigen verheirateten Frauen einer außerhäuslichen Beschäftigung nachging, fiel die andere Hälfte unter die „mithelfenden Familienangehörigen", eine Kategorie, deren Anteil sich bis 1960 auf ungefähr ein Viertel und bis zum Anfang der 1980er Jahre auf 7 Prozent verringerte. Die Rationalisierung der Landwirtschaft, das Schwinden kleiner Kaufläden, die Verbesserung der beruflichen Ausbildung von Frauen und das größer gewordene Angebot an geeigneten Arbeitsplätzen waren einige der Gründe dafür. Der steile Anstieg der Erwerbstätigkeit bei den 20- bis 40-jährigen verheirateten Frauen ging einher mit einer Verminderung der Erwerbsquote von 15- bis 20-jährigen Frauen von über drei Vierteln (1957) auf unter ein Drittel Anfang der 1980er Jahre – Teil einer revolutionären Veränderung des Verhältnisses von schulischer und beruflicher Bildung und Berufstätigkeit, die Ende der 1950er Jahre einsetzte. Während der weibliche Anteil unter den Arbeitern in der Phase des Wiederaufbaus leicht zurückging, stieg er unter den Angestellten und Beamten stark an, so dass sich insgesamt eine stärkere Beteiligung von Frauen am Erwerbsleben ergab.

Sektorale volkswirtschaftliche Verschiebungen

Die Eingliederung der Arbeitslosen in den Produktionsprozess, Arbeitsimmigration und -integration der Flüchtlinge und Vertriebenen sowie die zunehmende Beschäftigung von Frauen verbanden sich mit tiefgreifenden inneren Wandlungsprozessen und sektoralen volkswirtschaftlichen Verschiebungen, die in den 1950er Jahren weniger auf Basis von technischer Innovation als auf verstärkter Anwendung vorhandener Technik beruhten. In keinem Zeitraum der deutschen Wirtschaftsgeschichte des 19. und 20. Jahrhunderts vollzogen sich die sektoralen Verschiebungen des Arbeitskräfteanteils derart rasch wie in den 1950er Jahren: eine Halbierung des primären Sektors, der Land- und Forstwirtschaft, von 26,0 (1950) auf 13,8 Prozent (1961) bei gleichzeitiger Ausweitung des sekundären Sektors (Handwerk und Industrie) von 41,7 auf 49,0 Prozent und des tertiären Dienstleistungssektors von 32,2 auf 37,2 Prozent. Wichtige Trends der Arbeitskräfteverteilung lassen sich folgendermaßen skizzieren:

– Die spektakulärste Entwicklung bildete die Freisetzung von ca. 2 Millionen landwirtschaftlichen Arbeitskräften in den 1950er Jahren. Bei den Betriebsinhabern und ihren mitarbeitenden Angehörigen betrug der Rückgang knapp ein Drittel, bei den Gesinde- und Lohnarbeitskräften zwischen der Hälfte und zwei Dritteln. Die Abwanderung betraf vor allem die kleineren landwirtschaftlichen Betriebe. Die Existenzform des „Arbeiterbauern", der in der Industrie oder im Handwerk sein hauptsächliches Einkommen hatte und seinen kleinen landwirtschaftlichen Betrieb im Nebenerwerb bewirtschaftete, nahm zu. Die in den 1950er Jahren noch häufig anzutreffende Kinderarbeit wurde durch die Rationalisierung der Landwirtschaft allmählich zurückgedrängt. Zwischen 1950 und 1960 stieg allein der Bestand an Traktoren von 139 000 auf 824 000; noch stärkere Steigerungsraten wiesen die Zahlen der Melkmaschinen und Mähdrescher aus.

Landwirtschaft

– Die 1950er Jahre bildeten hinsichtlich des Arbeiteranteils an den Erwerbstätigen, der „Arbeiterschaft als Erwerbsklasse" (J. Mooser), den Abschluss einer sozialhistorischen Einheit seit den 1920er Jahren (nach den Volkszählungen 1925, 1939, 1950 und 1961 hatte der Anteil jeweils etwa die Hälfte ausgemacht). Vorher hatte er höher gelegen, danach ging er zurück. Charakteristikum der 1950er Jahre war die Steigerung des Anteils der Industrie- und Handwerksarbeiter um 9 auf 72 Prozent, während im Bergbau seit Mitte der 1950er Jahre ein Arbeitskräfteabbau begann und die Zahl der Landarbeiter rapide sank. Nach Schätzungen war 1955 (wie 1939) knapp die Hälfte der erwerbstätigen Bevölkerung in primär manuellen Berufen beschäftigt. Die Expansion der Industriearbeit gestaltete sich vor allem im Blick auf die Wachstumsindustrien, Maschinen- und Automobilbau, Chemie und Pharmazie sowie Erdölverarbeitung, äußerst dynamisch.

Arbeiterschaft

– In der Industrie kam es im Zuge von Rationalisierungsmaßnahmen zu einer Veränderung der Relation von Angestellten und Arbeitern von 1:3,2 (1950) auf 1:2,5 (1958) und 1:1,8 (1965); eine exakte Abgrenzung der Tätigkeit von Arbeitern und Angestellten wurde zunehmend schwierig – ein Phänomen, das als „Entbürgerlichung der Ange-

Angestellte

stellten" (J. Mooser) bezeichnet werden kann. Dies ging mit einer beträchtlichen intergenerationellen Mobilität einher. Es wuchsen die Quoten in der Gruppe der Facharbeiter, die aus Beamten- und Angestelltenfamilien kamen, während gleichzeitig die Beamten- und Angestelltenschaft ihre Exklusivität verlor. Allerdings blieben die Umrisse sozialer Klassen erhalten, und es gab neben der Zunahme sozialer Mobilität zwischen den unselbständig beschäftigten Gruppen aus kohortenanalytischer Perspektive sogar eine „Verhärtung der ‚Klassenlinie'" (P. A. Berger).

Handwerk — Im Handwerk kam es zu einem beträchtlichen Rückgang der Zahl der Betriebe von 862 915 (1949) auf 658 858 (1963). Die Betriebsdichte (Betriebe je 100 Einwohner) sank von 18,1 auf 11,9; zugleich stieg die Zahl der Beschäftigten in diesem Zeitraum von 3,06 Millionen auf 3,88 Millionen. Die höchsten Wachstumsraten wiesen Gebäudereiniger, Kfz-Mechaniker, Radio- und Fernsehmechaniker sowie Mosaik-, Platten- und Fliesenleger auf, während die Branchen der Schneider, Wäscher, Bäcker, Maler und Glaser hinter dem Anstieg zurückblieben. Dies bildete Trends der Modernisierungsprozesse in den 1950er Jahren ab, darunter zum einen betriebliche Rationalisierung und die Verlagerung von handwerklichen Tätigkeiten in die Sphäre der Häuslichkeit, zum anderen die gesteigerte Nachfrage nach handwerklichen Spezialisten angesichts des Wohnungsbaubooms, der Automobilisierung und Medialisierung.

Tertiärer Sektor — Extrem divergierende Prozesse kennzeichneten die Arbeitskräfte-Entwicklung im tertiären Sektor. Die hauswirtschaftlichen Berufe registrierten die stärkste Abnahme an Beschäftigten unter allen Berufen in den 1950er Jahren. Kreditinstitute und Versicherungsgewerbe sowie Dienstleistungen des Personen- und Nachrichtenverkehrs, die eine besondere Nachfrage nach weiblichen Arbeitskräften charakterisierte, verzeichneten dagegen eine Verdoppelung des Personalbestands. Eine Ausweitung erfuhr auch der öffentliche Dienst von 10,8 (1950) auf 11,4 Prozent aller Erwerbstätigen (1960), wobei sich der Anteil der Beamten und Angestellten gegenüber den Arbeitern erhöhte. Allerdings war 1960 erst ein Drittel der Beschäftigten im gehobenen oder höheren Dienst tätig (gegenüber zwei Dritteln Ende der 1990er Jahre).

Die sozialstrukturellen Trends hatten beträchtliche Auswirkungen auf überkommene Milieus, vor allem das Schrumpfen der bäuerlichen Dorfgesellschaft und klassischer Arbeitermilieus, wobei jeweils verschiedene Faktoren zusammenwirkten. Auf dem Land hatte der Wandel vom alten, agrarisch geprägten Dorf zur „entbäuerlichten Landgemeinde" (P. Exner) zwar bereits am Ende des 19. Jahrhunderts begon-

Dörfliche Milieus

2. Eine Gesellschaft im Wiederaufbau 21

nen, aber die endgültige Transformation setzte in den 1950er Jahren ein. Das „agrarische Milieu" löste sich zwar nicht vollständig auf, aber durch die Aufgabe kleinerer Höfe, für die Investitionen in den Betrieb nicht lohnend waren, durch Gewerbeansiedlung und Pendlermobilität, das Verschwinden von Läden und Gastwirtschaften aufgrund neuer Einkaufsmöglichkeiten durch die Motorisierung und nicht zuletzt durch die bald lückenlose Versorgung mit dem Hörfunk veränderte sich das dörfliche Leben tiefgreifend.

Während Vertriebene und Flüchtlinge zunächst auf dem Lande aufgenommen worden waren, gab es infolge ihrer Weiterwanderung in industriell-urbane Zonen und aufgrund kriegsbedingter generationeller Verwerfungen eine dramatische Diskontinuität in der Zusammensetzung betrieblicher Belegschaften in der Industrie. Zudem führten die raschen Veränderungen der Arbeitswelt und eine ausgeprägte Konzentration auf die private und familiäre Sphäre im Vergleich mit der Zwischenkriegszeit in den 1950er Jahren zum allgemeinen Rückgang von Geselligkeit, in der sich soziale Milieus ausdrücken.

Hinsichtlich der Kirchlichkeit – in der Bundesrepublik waren die beiden großen christlichen Konfessionen (Katholiken 1950 und 1960 ca. 45 Prozent) gleichgewichtig vertreten – waren die 1950er und frühen 1960er Jahre ausweislich aller statistischen und demoskopischen Befunde eine Zeit ungewöhnlicher Stabilität. Der Anteil der regelmäßigen Gottesdienstbesucher betrug 1952 auf katholischer Seite 51 Prozent und stieg bis 1963 auf 55 Prozent gegenüber 15 Prozent auf evangelischer Seite. In die kirchliche Ritualpraxis – von der Taufe bis zur Bestattung – war jeweils die große Mehrheit der Bevölkerung einbezogen, die Austrittszahlen befanden sich auf einem historischen Tiefpunkt. Lediglich die steigende Zahl von Mischehen, die besonders von der katholischen Kirche nicht gern gesehen wurden, störte das Bild der engen Verbindung von Volksreligiosität und Kirchlichkeit. 1951 war jede vierte Ehe eine Verbindung zwischen einem evangelischen und einem katholischen Partner; 100 rein katholischen Paaren auf dem Standesamt standen 1962 bereits 71,9 gemischt-religiöse Paare gegenüber. Vor allem in dörflicher und kleinstädtischer Umgebung entfaltete das katholische Gemeindeleben ebenso wie das protestantische Pfarrhaus ansonsten weiterhin eine große integrative Wirkung.

Nach der Unterdrückung proletarischer Milieus durch das NS-Regime und dem Aufbrechen homogener Strukturen im Zweiten Weltkrieg war „politisches Klassenbewusstsein" zwar nur noch in einzelnen industriellen Zentren bei kleineren Teilen der Arbeiterschaft anzutreffen. Vorherrschend blieben aber in den 1950er Jahren durchaus vage

Kirchlichkeit

Klassenbewusstsein

Vorstellungen vom „oben" und „unten" der Gesellschaft, einer „Dichotomie als kollektives Schicksal" (H. Popitz); dies verband sich in Betrieben mit einem hohen Anteil an manueller Arbeit mit einer körperlich-männlichen „Arbeiteridentität" (D. Süß). Besonders in handwerklichen Kleinbetrieben mischte sich dies mit einem Weltbild, das zünftlerische Vorstellungen und antiliberale Wertbestände enthielt. Das Misstrauen gegenüber den Arbeitgebern, von sich aus Verbesserungen für die Belegschaften vorzusehen, sank Meinungsumfragen zufolge in der zweiten Hälfte der 1950er Jahre. Aufgrund der wirtschaftlichen Aufwärtsentwicklung konnten die Löhne beträchtlich erhöht und Arbeitszeiten verkürzt werden, ohne dass es zu Arbeitskämpfen kam. In der zweiten Hälfte des Jahrzehnts lag die Zahl der an Streiks beteiligten Arbeitnehmer jeweils unter 50 000. Eine Ausnahme bildete das Jahr 1958, als um die Verbesserung der Lohnfortzahlung für Arbeiter im Krankheitsfall gestritten wurde, mit über 200 000 an Streiks Beteiligten. Auch der gewerkschaftliche Organisationsgrad der abhängig Erwerbstätigen sank bei stagnierender Mitgliederzahl von ca. 5 Millionen von 38,6 (1951) auf 31,4 Prozent (1960).

2.3 Wohlstand, Konsum und Freizeit

Wohlstandssteigerung

Im Wiederaufbau der 1950er Jahre – zwischen 1950 und 1960 verdoppelte sich das Bruttosozialprodukt – erreichte die gesamte Gesellschaft ein neues Wohlstandsniveau, während statistische Kennziffern das Fortbestehen bzw. sogar die Verstärkung sozialer Ungleichheit signalisieren. Das Lohngefälle innerhalb der Arbeiterschaft blieb bis in die 1960er Jahre hinein relativ stabil, erst danach ergab sich eine leichte Annäherungstendenz; dagegen verstärkte sich die Heterogenität in der Angestelltenschaft vor allem durch die „geschlechterspezifische Unterschichtung" (J. Mooser). Die vermehrt in Dienstleistungsberufe drängenden Frauen rückten vornehmlich in untere, weniger qualifizierte und schlechter bezahlte Positionen ein. In den unteren Leistungsgruppen der Angestellten IV und V waren 1951 36 Prozent der männlichen und 78 Prozent der weiblichen Angestellten beschäftigt, 1962 betrugen die entsprechenden Ziffern 22 bzw. 73 Prozent.

Ungefähre Hinweise auf die relative Verteilung des Volkseinkommens vermitteln die Daten zur Einkommensentwicklung. Während die Bruttoeinkommen aus selbständiger Unternehmertätigkeit – hierbei werden allerdings auch mithelfende Familienangehörige eingerechnet – sich von 1950 bis 1960 real nahezu verdreifachten, verdoppelten sich die Arbeitnehmereinkommen lediglich. Die bereinigte Lohnquote – die Zahl der Selbständigen stagnierte in den 1950er Jahren bei 3,2 Millionen, während die Zahl der abhängig Beschäftigten von 14 (1950) auf 20,3 Millionen (1960) zunahm – sank von 65,6 (1950) auf 60,4 Prozent (1960) ebenso wie der Anteil der Arbeiter, Angestellten und Rentner am Volksvermögen. Auch das Einkommensteuerrecht, das mit niedrigen Steuersätzen und großzügigen Abschreibungsmöglichkeiten zur Kapitalbildung beitragen sollte, hatte daran seinen Anteil.

Gleichwohl ging es fast allen Teilen der Bevölkerung der Bundesrepublik immer besser, je länger die wirtschaftlich günstige Konjunktur andauerte. Eine „Wohlstandsexplosion" ließ die „Wohlstandsschere" in den Hintergrund rücken (R. Geißler). Die Löhne und Einkommen aus unselbständiger Arbeit entsprachen um 1950 ungefähr dem Stand von 1938/39, und dieses Niveau wiederum war vorher lediglich zu zwei Zeitpunkten erreicht worden: 1913/14 am Ende eines lange andauernden wirtschaftlichen Aufstiegs im Kaiserreich und 1928/29 in einer kurzen Phase relativer Stabilisierung der Weimarer Republik. Dazwischen hatten lange Phasen der Verarmung und Massenarbeitslosigkeit gelegen, Inflation, Weltwirtschaftskrise und unmittelbare Nachkriegsnot. Viele Menschen hatten keine Rücklagen mehr, Sparguthaben waren durch die Währungsreform minimiert, persönliche Habe im Bombenkrieg und auf Flucht und Vertreibung eingebüßt worden. Vor diesem Hintergrund bildete der steile und lang andauernde Anstieg der Löhne und Gehälter in den 1950er Jahren – bis zum Ende der „Ära Adenauer" verdoppelten sich die Nettoverdienste aus unselbständiger Arbeit – eine beispiellose generationentypische und „zentrale Erfahrung der westdeutschen Bevölkerung" und das „offensichtlichste und vielleicht wirksamste Phänomen der Diskontinuität in der Arbeitergeschichte" (J. Mooser).

Entscheidende Erweiterungen des Zugangs zum neuen Massenkonsum ergaben sich durch die Rentenreform 1957. Eine Erhöhung der durchschnittlichen Renten um 60 Prozent und die Kopplung der Alterseinkommen an die Entwicklung der Löhne und Gehälter (Dynamisierung) durchbrachen den Zusammenhang von Alter und Armut. Ein zweiter Reformschritt flexibilisierte 1972 die Altersgrenze und öffnete die Rentenversicherung für weitere Teile der Bevölkerung. Auch wenn die materielle Situation in vielen Rentnerhaushalten, etwa hinsichtlich der Wohnungsversorgung, weiterhin prekär blieb, konnten doch auch von diesen „Stiefkindern des Wirtschaftswunders" nun viele in zumindest bescheidenem Maße am Wohlstandskonsum teilnehmen. Die Zahl

Rentenreform 1957

der durch öffentliche Fürsorge laufend unterstützten Personen halbierte sich nahezu von 1,3 Millionen (1950) auf 760 000 (1963).

Verbrauchsstruktur privater Haushalte
Während die Verbrauchsstruktur privater Haushalte Anfang der 1950er Jahre bei fast allen Posten noch den Werten der Zwischenkriegszeit entsprach, sank danach vor allem der Anteil für Nahrungs- und Genussmittel rasch, ein deutlicher Ausdruck des steigenden Wohlstands. Während die meisten anderen Posten in etwa gleich blieben oder geringfügig stiegen, gab es neben Zuwächsen für Körper- und Gesundheitspflege und Bildung/Unterhaltung den stärksten Anstieg bei den Ausgaben für Verkehr und Nachrichtenübermittlung; in letzterem drückte sich der steigende Motorisierungsgrad aus.

Sparen
Im Übrigen verdreifachte sich die Sparquote (Anteil des gesparten an der Summe des verfügbaren Einkommens) in den 1950er Jahren nahezu auf 8,7 Prozent und stieg damit rascher als die Einkommen. An erster Stelle stand dabei das Bausparen. Nur selten wurden für die Anschaffung von langlebigen Konsumgütern Ratenzahlungskredite in Anspruch genommen – am ehesten noch für Autos und Fernsehgeräte. Nach demoskopischen Erhebungen hatten 1953 noch 25, 1958 17 und 1964 lediglich 11 Prozent aller privaten Haushalte Ratenzahlungsverpflichtungen zu erfüllen. Besonders das Sparen für das Eigenheim, seit dem Zweiten Wohnungsbaugesetz („Familienheimgesetz") 1956 zusätzlich subventioniert, oder für den Baukostenzuschuss der Mietwohnung, auf Hausrat und Einrichtungsgegenstände prägten eine sehr sparsame Haushaltsführung.

Technisierung privater Haushalte
Die Technisierung der privaten Haushalte war eines der auffälligsten Phänomene der heraufziehenden Konsumgesellschaft. Damit der Haushalt zum „Maschinenpark" (M. Tränkle) werden konnte, mussten zwei Entwicklungen zusammentreffen: zum einen steigende Einkommen, zum anderen die Verbilligung vormaliger Luxusgüter. So halbierte sich der durchschnittliche Anschaffungspreis für Kühlschränke im Jahrfünft zwischen 1952 und 1957.

Arbeitszeiten
Ein wesentlicher Faktor für den Lebensstil in der Freizeit waren die Arbeitszeiten. Hier gab es eine klare Zäsur in der Mitte der 1950er Jahre. Je mehr es wirtschaftlich aufwärts ging, desto mehr musste zunächst in den meisten industriellen Branchen gearbeitet werden, bis 1955 in der Industrie mit 49 Stunden an sechs Werktagen die längste wöchentliche Arbeitsdauer erreicht wurde; noch längere Arbeitszeiten prägten saisonal die landwirtschaftliche Tätigkeit. Die zweite Hälfte der 1950er Jahre war dann bestimmt von der beginnenden Durchsetzung der Fünf-Tage-Woche. Der Gewinn des freien Samstags, des „langen Wochenendes", musste allerdings zunächst mit einer zusätzlichen

2. Eine Gesellschaft im Wiederaufbau

Arbeitsstunde an den verbleibenden Werktagen abgegolten werden, denn die durchschnittliche tarifliche Wochenarbeitszeit sank von 1956 bis 1960 für Arbeiter in der Industrie nur um drei von 47,1 auf 44,1 Stunden, für Angestellte im gleichen Zeitraum von 47,5 auf 44,5 Stunden. In der Regel wurde der morgendliche Arbeitsbeginn vorverlegt. Der verbleibende Zuwachs an freier Zeit wurde zudem durch eine Reihe von Faktoren relativiert, insbesondere eine sehr hohe Zahl an Überstunden.

Insgesamt war aber die Zustimmung zur Einführung der fünftägigen Arbeitswoche einhellig, weil damit nicht nur eine absolute Arbeitszeitverkürzung und der Wegfall von einer Fahrt zur und von der Arbeitsstelle nach Hause verbunden war, sondern mit dem „langen Wochenende" ein zusammenhängender Freizeitblock entstand. Während sich für den überwiegenden Teil der berufstätigen Bevölkerung das werktägliche Freizeitverhalten kaum veränderte, entstand am Wochenende erstmals für große Teile der Arbeitnehmerschaft die Chance für „eine auch durch Muße bestimmte Freizeit, für ein stärker individuell bestimmtes Privatleben" (J. Mooser).

Eine Voraussetzung für die optimale Ausnutzung der durch Arbeitszeitverkürzungen gewonnenen freien Zeit war die Verkürzung der Dauer des Arbeitsweges. Dies führte zum Beginn der Massenautomobilisierung, die in den 1950er Jahren einsetzte. Innerhalb eines Jahrzehnts verachtfachte sich die Zahl der PKW von ca. 0,5 Millionen (1950) auf ca. 4 Millionen (1960); auf jeweils 1000 private Haushalte entfielen 36 (1950) bzw. 235 PKW (1960). Die Automobilisierung vollzog sich in einem charakteristischen Muster. Mit wachsendem Wohlstand wuchs die Zahl derjenigen, die vom zweirädrigen Kraftrad auf einen PKW umstiegen; erstmals 1957 überstieg die Zahl der zugelassenen PKW die der Krafträder. Dabei handelte es sich zunächst in der Regel um sehr kleine, zum Teil dreirädrige PKW, die aber den Komfort der Überdachung boten, oder um den Volkswagen-Käfer, der bereits im „Dritten Reich" technisch entwickelt worden war, aber erst nach Ende des Zweiten Weltkriegs für zivile Zwecke produziert wurde. 1950 liefen täglich 300 „Käfer" vom Band, 1960 waren es 4000 – Ende 1961 wurde der fünfmillionste „Käfer" ausgeliefert. Der PKW-Markt für eine sehr gut verdienende Käuferschicht war dagegen noch klein. Der Automobilboom wurde zusätzlich durch verkehrspolitische Maßnahmen gefördert. Auf der einen Seite halbierte sich das Streckennetz der Straßenbahnen während der 1950er und 1960er Jahre. Die Preispolitik der Bundesbahn – Erhöhung der Tarife im Schüler- und Berufsverkehr 1958 um 50 Prozent – und anderer Verkehrsträger war nicht attraktiv.

Automobilisierung

Auf der anderen Seite wurde die Fahrt mit dem privaten Kfz steuerlich subventioniert. Die Preise für Benzin gingen im Laufe der 1950er Jahre zurück, ebenso die Anschaffungspreise für Automobile. Während der Anteil des öffentlichen Personenverkehrs und der Eisenbahnen am gesamten Personenverkehr von 67 auf 38 Prozent sank, stieg entsprechend der Anteil des Individualverkehrs mit Kfz von 33 auf 62 Prozent. Der Straßenbau vermochte dieser Entwicklung angesichts knapper öffentlicher Mittel kaum zu folgen. In den Großstädten drohte der Verkehrsinfarkt, der durch die „autogerechte Stadt" (H. B. Reichow) abgewendet werden sollte: Ringstraßen, Durchbrüche, Straßenverbreiterungen, Hochstraßen, kreuzungsfreie Highways und erste Parkhäuser wurden errichtet, aber die städtische Verkehrssituation dadurch insgesamt kaum verbessert.

Freizeit   Ein Zuwachs an Freizeit am Wochenende, die Konzentration des Konsums auf die Verbesserung, das Wieder- und Neueinrichten sowie die Ausgestaltung der Wohnverhältnisse, lange und physisch anstrengende Arbeitstage, bei denen sich Arbeitszeiten und Arbeitswegzeiten Mitte der 1950er Jahre auf 12 Stunden addieren konnten, aber wohl auch Nachholbedürfnisse hinsichtlich häuslicher Gemütlichkeit nach den Jahren der kriegsbedingten Trennung und der engen Wohnungszwangsgemeinschaften führten zu einem familienzentrierten und häuslichen Gepräge der werktäglichen Freizeit und der Aktivitäten am Wochenende. Die kommunikativen Beziehungen, die sich in den neuen Siedlungen herausbildeten, entsprachen nicht den Hoffnungen der Stadtplaner, die einem in der Zwischenkriegszeit formulierten Ideal enger Nachbarschaft folgten, und beschränkten sich in der Regel auf höfliche Grußkontakte.

Massenmedien   Den größten Teil der frei disponiblen Zeit nahm der Medienkonsum in Anspruch. Es wurde immer mehr Zeit für die Lektüre der Tageszeitung verwandt, die während der 1950er Jahre ihren „Abschied vom Milieu" (G. Meier) nahm und endgültig zum Massenmedium wurde. Die Auflage der 225 Tageszeitungen betrug 1954 13,4 Millionen, 1964 erzielten noch 183 Tageszeitungen eine Auflage von 17,3 Millionen; fast ein Viertel des gesamten Marktanteils der Tageszeitungen entfiel auf ein neuartiges Boulevardblatt, die Bild-Zeitung. Auch das Interesse für Illustrierte und Zeitschriften aller Art stieg während der 1950er Jahre, besonders für Rundfunkprogrammzeitschriften.

Radio   Dies entsprach der ubiquitären Durchsetzung des Hörfunks, der geradezu als „Hegemon der häuslichen Freizeit" (A. Schildt) fungierte. Schon 1951 wurde mit 64 angemeldeten Geräten auf je 100 private Haushalte die Rundfunkdichte des vormals höchsten Standes (1943) übertroffen, 1960 waren 85 Prozent einbezogen. Zu Beginn des Jahrzehnts noch vorhandene Ungleichheiten der Verteilung zwischen Stadt und Land und verschiedenen sozialen Gruppen waren verschwunden. Zugleich stieg die Qualität des akustischen Genusses – insbesondere der Musik – beträchtlich durch die Einführung der Ultrakurzwellen-Sender (UKW) seit 1949/50. Neben der Tendenz zu Musikschränken, -truhen und -vitrinen, die als repräsentatives Möbelstück die „gute Stube" schmücken sollten, gab es einen Trend zur Miniaturisierung und Mobilisierung, der mit der Einführung von Transistoren statt Röhren zusammenhing: Koffer- und bald auch Taschengeräte behaupteten nach Stückzahlen Ende der 1950er Jahre knapp die Hälfte des Inlandsmarktes. 1960 entfiel auch die Extragebühr für Autoradios, so dass diese häufig zur serienmäßigen Ausstattung zählten.

Das Radiohören war in den 1950er Jahren in erster Linie eine familiäre Angelegenheit. Angesichts der beengten Wohnverhältnisse war oft gar kein Ausweichen in rundfunkfreie Räume möglich. Während des gesamten Jahrzehnts lag die durchschnittliche Hördauer bei knapp drei Stunden, bevor sie um 1960 rapide auf ungefähr zwei Stunden zurückging, weil nun das Fernsehen als konkurrierendes Medium an Einfluss gewann. Das Radio lief in vielen Haushalten am ganzen Tag als Begleitung der hausfraulichen Verrichtungen. Die höchsten Einschaltquoten – um die 40 Prozent – lagen zwischen 19 und 21 Uhr, wenn die meisten Familienmitglieder anwesend waren. Nach demoskopischen Erhebungen befand sich die Mehrheit der Bevölkerung in den 1950er Jahren um 22 Uhr im Bett, weil sie im Durchschnitt um 6 Uhr wieder aufstehen musste.

Alle Befragungen förderten stets die gleichen Wünsche des Publikums zutage. An erster Stelle stand die Unterhaltung, leichte Musik, so genannte bunte Abende, heitere und spannende Hörspiele, danach wurde durchaus Interesse an Nachrichten und Informationssendungen geäußert, während hochkulturelle „Belehrung" unbeliebt war. Letztlich richteten die Programmverantwortlichen – mitunter widerstrebend – ihre Angebote an diesen Präferenzen aus. So betrug z. B. der Anteil der reinen Musiksendungen bei den öffentlich-rechtlichen Anstalten während der 1950er Jahre ca. 60 Prozent, und die ungefähre Relation zwischen U- und E-Musik ca. 6:4 bis 8:2.

Während der größte Teil der freien Zeit häuslich verbracht wurde, bildeten die Mitgliedschaft in Vereinen, meist unter strenger Beachtung sozialer Grenzen, sportliche Betätigung im organisierten Rahmen oder außerhalb von Vereinen und der Kinobesuch Schwerpunkte außerhäuslicher Freizeitbeschäftigung. 1956 wurde mit ca. 810 Millionen Kino- Vereine

Kinobesuch

besuchen ein Höhepunkt auf diesem Sektor erreicht, bis zum Anfang der 1960er Jahre war die Zahl auf knapp 600 Millionen zurückgegangen. Am Wochenende wurden bisweilen Verwandte besucht und Ausflüge in die Nahumgebung gemacht. Hochkulturelle Angebote (Theater, Konzerte, Museen u. a.) wurden traditionell von einer schmalen bildungsbürgerlichen Schicht wahrgenommen.

2.4 Jugend und Bildung

Situation der Jugendlichen

Eine bedeutende Veränderung erfuhr in den 1950er Jahren die Situation der Jugendlichen. Nachdem sie in den ersten Nachkriegsjahren die bittere Not der erwachsenen Bevölkerung geteilt hatten und zu Beginn der Bundesrepublik in besonderer Weise von der hohen Arbeitslosigkeit betroffen waren, gelang in der Wiederaufbaukonjunktur die nahezu vollständige Eingliederung der schulentlassenen Jugendlichen in das Berufsleben. Nach einer repräsentativen demoskopischen Erhebung von 1953 arbeiteten 69 Prozent der 15- bis 17-jährigen, 85 Prozent der 18- bis 20-jährigen und 86 Prozent der 21- bis 24-jährigen. Zu den vier Fünfteln der Jugendlichen von 15 bis 24 Jahren, die berufstätig waren, kann man ca. 7 Prozent addieren, zumeist weibliche Jugendliche, die im elterlichen Haushalt, vor allem auf dem Lande, mitarbeiteten.

Schulbesuch

Mit diesem Grad der Einbeziehung von Jugendlichen in das Arbeitsleben wurde an eine seit Beginn des 20. Jahrhunderts wenig veränderte Relation von berufstätiger und Schuljugend angeknüpft. Im – trotz einiger Reformversuche – weitgehend beibehaltenen dreigliedrigen Schulsystem besuchten ca. 80 Prozent der 13-jährigen Schüler 1952 Volksschulen (Hauptschulen), 6 Prozent Mittelschulen (Realschulen) und 12 Prozent Gymnasien (der Rest entfiel auf Sonderschulen). 1960 lautete die Relation 70:11:15. Von den 16-jährigen besuchten 1952 noch 13 Prozent eine allgemeinbildende Schule (4 Prozent Realschulen, 9 Prozent Gymnasien), 1960 waren es 20 Prozent (7 bzw. 13 Prozent). Die Abiturientenquote streute 1960 zwischen 7,3 Prozent in Hessen und 3,7 Prozent im Saarland. Der Anteil der Kinder aus Arbeiterhaushalten – also der Hälfte aller Haushalte – an den Abiturienten betrug 1950 zwischen 3 und 4, 1960 zwischen 6 und 7 Prozent. Die Zahl der Studierenden an Hochschulen (ohne Fachhochschulen) verdoppelte sich nahezu von 130 000 (Wintersemester 1950/51) auf 247 000 (1960/61).

Schulische Verhältnisse

Der allmähliche Trend zu höherer Bildung ging einher mit einer besseren Ausstattung der Schulen im Zuge großzügiger Neubauprogramme und einer Verbesserung der Lehrer-Schüler-Relationen. Allerdings gab es bis weit in die 1950er Jahre hinein an vielen Schulen ein Zwei- oder gar Dreischichtsystem aufgrund von Raum- und Lehrermangel. Zudem bestimmten in einigen Bundesländern noch einklassige, häufig konfessionell homogene Gemeinschaftsschulen auf dem Lande das Bildungsgeschehen. Im Bereich des Berufsschulwesens konnten im Laufe der 1950er Jahre lokale Lücken geschlossen werden; während noch zu Beginn des Jahrzehnts weibliche Jugendliche wegen Raum- und Lehrermangels häufig abgewiesen wurden, konnten bald alle Anwärterinnen aufgenommen werden.

Die große Mehrheit der berufstätigen Jugendlichen arbeitete und wohnte unter ähnlichen Bedingungen wie die erwachsenen Beschäftigten. Nach dem erst 1960 novellierten Jugendarbeitsschutzgesetz von 1938 betrug die wöchentliche Höchstarbeitsgrenze 48 Stunden, die in der ersten Hälfte der 1950er Jahre häufig übertroffen wurden. Nach verschiedenen Erhebungen in diesem Zeitraum verfügte nicht einmal die Hälfte der Jugendlichen über einen eigenen Raum, die Mehrheit nächtigte im Schlafzimmer der Eltern bzw. eines Elternteils oder teilte sich den Raum mit Geschwistern. Unter diesen restriktiven Rahmenbedingungen stellte sich zunächst eine Strukturähnlichkeit der jugendlichen Lebensstile in der Freizeit zu denjenigen der Bevölkerung insgesamt her, z. B. sehr ähnliche Präferenzen hinsichtlich der Programme des Radios, während der wichtigste Komplex außerhäuslicher jugendlicher Freizeitaktivitäten eindeutig der Sport war.

<small>Materielle Rahmenbedingungen der Jugendkultur</small>

Im letzten Drittel der 1950er Jahre wurde zunehmend deutlich, dass Jugendliche nach eigenen Wegen zur kulturellen Abgrenzung von den Erwachsenen suchten. Eine neue Jugendgeneration, die um 1940 geborenen Kriegskinder, betrat die Bühne. Dies ging einher mit der allgemeinen Arbeitszeitverkürzung und der Verfügung über immer mehr eigenes Geld bei berufstätigen Jugendlichen, das für die Erfüllung von Konsumwünschen zur Verfügung stand; an erster Stelle der Wunschliste stand bei den männlichen Jugendlichen ein Moped, bei den weiblichen Jugendlichen ein Schallplattenspieler. Nicht zuletzt die Angebote und Leitbilder der Massenkultur der USA, die sich an Jugendliche richteten – Filme, Musik, Mode – wurden von Teilen der Jugendlichen als Instrument kultureller Befreiung begriffen.

<small>Neue Jugendgeneration</small>

Ein direkt zwar nur von wenigen, meist männlichen, Arbeiterjugendlichen unter 20 Jahren gepflegter rebellischer Stil, der als „Halbstarkenbewegung" erhebliche öffentliche Aufmerksamkeit erregte, zeigte diese Suche nach einer eigenen „jugendlichen Teilkultur" (F. Tenbruck) in einer expressiven Weise, die allgemeine Krise der organisierten Jugendarbeit am Ende des Jahrzehnts war ein weiteres Symp-

<small>„Halbstarke"</small>

tom. Dabei handelte es sich allerdings nicht nur um eine Rebellion gegen die Väter und Mütter, sondern um eine gesellschaftliche Suche nach Orientierungssicherheit für die Zeit nach dem Wiederaufbau, bei der die junge Generation voranging.

3. Auf dem Weg in die postindustrielle Gesellschaft – die „langen 60er Jahre"

3.1 Wirtschaftlicher und sozialer Strukturwandel

Prosperität

Die „langen 60er Jahre" (A. Doering-Manteuffel), der Zeitraum des letzten Drittels der 1950er bis zum ersten Drittel der 1970er Jahre, waren eine Phase tiefgreifender Transformation, die nach dem Wiederaufbau in eine postindustrielle Gesellschaft von ungekanntem Wohlstand führte. Das Bruttosozialprodukt (BSP) als grundlegende Kennziffer einer Volkswirtschaft hatte sich – berechnet nach konstanten Preisen – bereits von 1950 bis 1960 mehr als verdoppelt und verdoppelte sich dann nahezu nochmals bis zur Mitte der 1970er Jahre. Hohe jährliche Zuwachsraten von bis zu acht Prozent und im Durchschnitt des Jahrzehnts von über vier Prozent – lediglich im Rezessionsjahr 1967 stagnierte das BSP – zeigen die enorme wirtschaftliche Prosperität in den 1960er Jahren.

Volkswirtschaftlicher Strukturwandel

Damit gingen – bei gleichbleibendem Beschäftigungsstand und kaum vorhandener Arbeitslosigkeit – beträchtliche volkswirtschaftliche Strukturveränderungen einher. Der Anteil der Erwerbstätigen im primären Sektor (Land- und Forstwirtschaft) sank von 13,7 (1960) auf 8,5 (1970) und 7,2 Prozent (1975). Der Anteil der Beschäftigten im sekundären Sektor (Industrie und Handwerk) stieg zunächst noch leicht von 47,9 (1960) auf 49,1 Prozent (1965) an, ging dann aber bis 1975 auf 45,6 Prozent zurück. Den Übergang zur Dienstleistungsgesellschaft zeigt direkt der Anstieg des Anteil der Erwerbstätigen im tertiären Sektor von 38,4 (1960) auf 47,2 Prozent (1975). Symptomatisch war auch die Ausweitung des öffentlichen Dienstes, in dem gegenüber 11,4 (1960) ein Jahrzehnt später 13,8 Prozent aller Erwerbstätigen (1970) beschäftigt waren.

Arbeiterschaft

Die Strukturveränderungen drückten sich aus in der zahlenmäßigen Schrumpfung der Arbeiterschaft von 13,1 Millionen 1961 auf 9,4 Millionen 1977, also um 30 Prozent. Große Teile der Arbeiterschaft wurden freigesetzt, etwa Landarbeiter und Bergarbeiter, aber auch Arbeiter traditioneller Industrien wie der Textil- oder Lederindustrie, während andere industrielle Branchen, etwa der Automobilbau, nach wie vor expandierten. Aufgrund der Abwerbung von Arbeitskräften im Zeichen der Hochkonjunktur setzte zugleich eine rege Wanderung zwischen den Betrieben ein. Jährlich wechselten fünf Millionen Arbeitskräfte den Betrieb, eine Fluktuationsrate von zeitweilig 25 Prozent der Beschäftigten. Ingesamt ergab sich eine Abnahme des Anteils der Arbeiter an allen Erwerbspersonen von 48,5 (1961) auf 45,9 Prozent (1972), während im gleichen Zeitraum die Anteile der Angestellten von 24,4 auf 30,9 und der Beamten von 4,7 auf 7,2 Prozent stiegen. Die Anteile der Selbständigen und der „mithelfenden Familienangehörigen" wiederum sanken von 12,2 auf 9,7 bzw. von 10,0 auf 5,9 Prozent.

Die Arbeitswelt wurde immer stärker von einer Welle der Rationalisierung in einer „technologischen Aufholphase" (W. Bührer) bestimmt (von 1962 bis 1970 verdreifachten sich die Aufwendungen für Forschung und Entwicklung, die Zahl der EDV-Anlagen verfünffachte sich in der zweiten Hälfte der 1960er Jahre auf ca. 9000), die nicht nur den Anteil der Beamten und Angestellten gegenüber demjenigen der Arbeiter vergrößerte, sondern zugleich die Qualifikationsanforderungen an die Facharbeiter steigerte. Insgesamt gelten die 1960er Jahre als Hochphase des Glaubens an eine rationale Planung nicht nur im betriebswirtschaftlichen Sinne, sondern schließlich der gesamten Gesellschaft.
Arbeitswelt

Der gestiegene Bedarf an qualifizierten Fachkräften führte dazu, dass der Wechsel von der Schule in den Beruf immer später erfolgte; 1960 waren ca. 80 Prozent aller 15- bis 24-jährigen erwerbstätig, 1970 nur noch 66 Prozent. Diese Entwicklung führte zur Absenkung der Erwerbsquote von 48 auf 44 Prozent der Gesamtbevölkerung in den 1960er Jahren. Auf der anderen Seite konzentrierte sich in bestimmten Industriezweigen die Bandarbeit, die vor allem von Frauen und Gastarbeitern ausgeübt wurde. Auf die Gesamtheit der Arbeiter bezogen machte der Anteil der am Band Beschäftigten allerdings zu Beginn der 1970er Jahre nur 5 Prozent aus.

Im Hintergrund des wirtschaftlichen Strukturwandels standen sehr günstige Rahmenbedingungen. Die Zahl der offenen Stellen lag weitaus höher als die Zahl der Erwerbslosen. 1960 betrug die Arbeitslosenquote 1,3 Prozent, bis 1966 und ab 1969 lag sie unter einem Prozent; lediglich im Rezessionsjahr 1967 stieg sie auf 2,1 Prozent. Die Jahre der Vollbeschäftigung gingen Mitte der 1970er Jahre zu Ende.

Die soziale Struktur der Bundesrepublik war in den 1960er Jahren kaum mehr durch klassenmäßige Einteilungen in Arbeiterschaft, Mittelstand und Bürgertum zu erfassen. In verschiedenen Modellen, wel-
Soziale Schichtung

che die soziale Schichtung nach Einkommen und Vermögen mit dem sozialen Status von Bevölkerungsgruppen kombinierten, wurde eine Annäherung an die komplexer gewordene Realität gesucht. Am bekanntesten geworden sind davon das wegen ihrer graphischen Form als „Zwiebel" bezeichnete Modell von Karl Martin Bolte und das sehr ähnliche, als „Haus" gezeichnete Modell von Ralf Dahrendorf. Zwischen einer schmalen elitären Oberschicht, die ein bis zwei Prozent der Bevölkerung umfasste, und einer zahlenmäßig kaum größeren „Unterschicht" (R. Dahrendorf) lebte demnach die Masse der Bevölkerung: In Boltes Modell umfassten „Mittlere Mitte", „Untere Mitte" und „Unterste Mitte/oberes Unten" knapp drei Viertel der Bevölkerung. Dahrendorfs Modell unterschied die im „Obergeschoss" wohnende „Dienstklasse" (vor allem Verwaltungsangestellte und Beamte aller Ränge" (12 Prozent), den „Mittelstand" (20 Prozent) und die „Arbeiterelite" besonders qualifizierter und gut besoldeter Facharbeiter. Das Erdgeschoss bevölkerten demnach die „Arbeiterschicht" (45 Prozent) und der „falsche Mittelstand" (12 Prozent). Wie letztere Kategorie zeigt, ging die persönliche Selbsteinschätzung der Bevölkerung in das Modell ein. Obwohl von der materiellen Lebenssituation nicht von der „Arbeiterschicht" zu unterscheiden, fühlte sich ein beträchtlicher Teil der Bevölkerung einer imaginären Mittelschicht zugehörig. Erhebungen hatten ergeben, dass in der Regel jeder Schicht der Lebensstil der gerade darüber liegenden als Orientierung des eigenen diente. Dadurch entstand insgesamt eine Ausrichtung auf die obere bzw. „mittlere Mittelschicht" der qualifizierten Angestellten und Facharbeiter, gehobenen Beamten und freien Berufe, obwohl diese Gruppen längst nicht die Mehrheit der Gesellschaft stellten.

Soziale Ungleichheit

Die Relationen sozialer Ungleichheit bestanden demgegenüber kaum verändert fort. 1960 verfügten 1,7 Prozent aller Haushalte an der Spitze der Vermögenspyramide über 35 Prozent des gesamten Vermögens und 70 Prozent des gewinnbringenden Produktivvermögens. Eine aussagekräftige Kennziffer in der Einkommensverteilung, die Nettolohnquote – der Anteil der Netto-Einkommen aus unselbständiger Arbeit an allen Nettoeinkommen – lag mit 58,2 1960 und 1970 (unverändert) unter derjenigen von 1950 (64,1). Bereinigt (der Anteil der Selbständigen nahm weiter ab) sank sie auch in den 1960er Jahren. Aber dies war kaum merkbar, weil die gesamte Gesellschaft auf einer höheren Stufe, in einem neuen und bisher ungekannten Wohlstand, angelangt war. Die sozialen und kulturellen Unterschiede – vom Einkommen bis zur Schulbildung – hatten sich verfeinert. Die angeführten soziologischen Modelle gaben der subjektiven Seite der persönlichen

Selbsteinschätzung bezüglich Schichtzugehörigkeit und sozialem Status und damit biographischen Erfahrungen ein erhöhtes Gewicht. Seit der Mitte der 1950er und in den 1960er Jahren war die westdeutsche Gesellschaft sozial erheblich mobiler geworden. Während 1955 noch 70 Prozent der Söhne in der Schicht ihrer Väter verblieben waren, konnte dies 1969 nur noch bei 56 Prozent festgestellt werden. Gleichzeitig war das Risiko eines sozialen Abstiegs zurückgegangen. Auch dies drückte sich in der häufigen Selbstzuordnung zu einer höheren sozialen Schicht als der eigenen aus. Die Thematisierung der „antagonistischen Klassengesellschaft" (W. Abendroth) fand dagegen erst am Ende der 1960er Jahre, im Zusammenhang mit der politischen Protestbewegung und einigen „wilden Streiks" in industriellen Zweigen, wieder größere öffentliche Aufmerksamkeit. Gemessen an den Streiktagen, kam es 1971 zur bis dahin größten Arbeitskampfaktivität in der Bundesrepublik.

Insgesamt erhöhte sich die Differenz von sozialer Lage und jeweiliger Selbstzuordnung. Dies hatte nicht nur eine individuelle Dimension, sondern kennzeichnete auch eine Veränderung der gesellschaftlichen Betrachtung, in der subjektive Komponenten erhöhte Aufmerksamkeit erhielten. Seit dem letzten Drittel der 1950er Jahre konzentrierte sich die Sozialforschung z. B. auf den Begriff des „Prestige", das mit bestimmten Konsum- und Lebensstilen ausgedrückt wurde.

Auf der anderen Seite bestand ein Armutssockel auch in der heraufziehenden Konsumgesellschaft. Allerdings nahm die Zahl der laufend unterstützten Personen seit der Reform der öffentlichen Fürsorge durch das Gesetz zur Sozialhilfe 1963 bis 1970 von 760 000 auf 700 000 (1,7 bzw. 1,2 Prozent der Bevölkerung) zunächst leicht ab. Die Armutspopulation – der Anteil der Bevölkerung unterhalb der Grenze von 50 Prozent des durchschnittlichen Nettojahreseinkommens – ging von 10,6 (1962) auf 7,1 (1969) und 6,5 Prozent (1973) zurück. Zugleich wurden in den 1960er Jahren neue soziale Probleme entdeckt, z. B. jugendliche Randgruppen. *Armut*

Angesichts der andauernden Hochkonjunktur, des Versiegens des Flüchtlingsstroms aus der DDR nach dem Mauerbau 1961 und der nun aus der Schule kommenden relativ geburtenschwachen Jahrgänge der unmittelbaren Nachkriegszeit wurde in den 1960er Jahren die Internationalisierung des westdeutschen Erwerbssystems eingeleitet. Die Bundesrepublik trat den Weg in eine multiethnische Zukunft an. Anwerbungsabkommen mit Italien, Spanien, Griechenland, der Türkei, Marokko, Portugal, Tunesien und Jugoslawien führten zur Immigration von so genannten Gastarbeitern. Allgemein ging man von der Vorstel- *Gastarbeiter* lung einer fortwährenden Rotation der ausländischen – zunächst fast ausschließlich männlichen – Arbeitskräfte aus; die Gastarbeiter sollten als Konjunkturpuffer dienen. Nach einigen Jahren, so glaubte man, würden die Gastarbeiter wieder in ihre Herkunftsländer zurückkehren bzw. im Falle von Arbeitslosigkeit zurückgeschickt, und je nach Bedarf der westdeutschen Wirtschaft könnten sie dann durch neue Kontingente ersetzt werden. Geregelt wurde dies durch das Ausländergesetz vom April 1965, das den Ausländern – abgesehen von Bürgern der EWG-Länder – keine nennenswerten Rechtsansprüche einräumte.

1961 lebten 686 000 Ausländer in der Bundesrepublik. Das entsprach 1,2 Prozent der Bevölkerung, von diesen waren 472 000 (ca. 70 Prozent) sozialversicherungspflichtig beschäftigte Arbeitskräfte. Einen vorläufigen Höhepunkt erreichte die Zahl der Gastarbeiter 1974 mit ca. 2,4 Millionen.

Verbunden mit dem Wachstum der ausländischen Bevölkerung vollzog sich eine erhebliche Verschiebung der Anteile der Herkunftsnationen. Bis zum Ende der 1960er Jahre dominierten unter den Gastarbeitern zahlenmäßig Italiener, danach folgten Griechen und Spanier, 1970 lagen die Jugoslawen an der Spitze, seither Türken. Während sich der Anteil aller anderen Nationalitäten an der Zahl der Gastarbeiter seit dem letzten Drittel der 1960er Jahre verminderte, stieg der türkische Anteil von einem Achtel 1967 auf ein Viertel 1974.

In der Arbeitswelt sorgten die Gastarbeiter für eine Unterschichtung. Ohne den Zustrom der Gastarbeiter hätten in diesem Zeitraum nicht über zwei Millionen deutsche Arbeiter in Angestelltenpositionen aufrücken können. 1966 waren 90 Prozent aller Gastarbeiter als – in der Regel un- oder angelernte – Arbeiter beschäftigt; 1970/71 stellten die ausländischen Arbeiter 16 Prozent aller Arbeiter. Ausländer erhielten im Vergleich zu ihren deutschen Kollegen niedrigere Löhne, sie arbeiteten vor allem in solchen Bereichen, in denen schwere und schmutzige Handarbeit zu verrichten war. Der Lohn, durch Schicht- und Akkordarbeit sowie Überstunden gesteigert, wurde oft zum größten Teil nach Hause geschickt, während die ausländischen Arbeiter selbst anfangs in Mehrbettzimmern von Wohnlagern ihren Feierabend verbrachten. Zwei Drittel aller Gastarbeiter wohnten 1962 in Gemeinschaftsunterkünften, während 1968 noch etwa ein Drittel der männlichen und ein Siebtel der weiblichen Gastarbeiter in Heimen oder Lagern untergebracht waren.

Ausländerfeindlichkeit Ausländerfeindlichkeit spielte in der Phase wirtschaftlicher Hochkonjunktur keine große Rolle. Allerdings zeigten sich im Alltag immer wieder stereotype Vorstellungen über die südeuropäischen Arbeiter, deren angebliche kriminelle Energien, deren Faulheit und erotische Bedrohlichkeit. Dass die ausländischen Arbeiter ihren deutschen Kollegen „in mancher Hinsicht ein Abziehbild der Lage ihrer Vorfahren" (J. Mooser) lieferten, wurde kaum bedacht. Anzeichen der Ausländerfeindlichkeit mehrten sich mit der ersten wirtschaftlichen Rezession in der Geschichte der Bundesrepublik 1966/67. Nun kam ein langfristig wirkungsvolles Argument gegen die Beschäftigung ausländischer Arbeitskräfte hinzu: Sie würden Deutschen die Arbeitsplätze wegnehmen. Diese nachweislich falsche Behauptung – in der Rezession wurden durchgängig zuerst ausländische Arbeiter entlassen – fiel durchaus auf fruchtbaren Boden. Während zunächst vor allem die Gruppe der italienischen Arbeiter Aggressionen ausgesetzt war, standen später die Immigranten aus der Türkei im Zentrum von Anfeindungen.

Ein „Anwerbestopp", der am 23. November 1973 Gesetzeskraft erhielt, sollte den weiteren Zustrom von Gastarbeitern aus Nicht-EG-Ländern verhindern. Allerdings stand dieser Maßnahme zum einen langfristig die Ausweitung der europäischen Gemeinschaft entgegen; zum anderen wurde immer deutlicher, dass auf die Arbeits- eine Familienimmigration folgte. Aus den Gastarbeitern wurden seit den 1970er Jahren – auch im amtlichen Sprachgebrauch – ausländische Arbeitskräfte oder Ausländer, erst später sprach man auch von „ausländischen Mitbürgern".

3.2 Ehe, Familie und Frauenerwerbstätigkeit

Der Eindruck einer sich in den 60er Jahren dynamisch entwickelnden Gesellschaft wird durch grundlegende demographische Kennziffern gestützt. Die westdeutsche Bevölkerung nahm noch einmal um ca. 10 Prozent zu, von 55,4 Millionen 1960 auf 60,7 Millionen 1970. Die hohen Geburtenraten in den frühen 1950er Jahren und im so genannten Babyboom der ersten Hälfte der 1960er Jahre – von 1961 bis 1967 gab es jährlich jeweils über eine Million Geburten – erhöhten den Anteil der unter 20-jährigen zwischen 1960 und 1970 von 29 auf 31 Prozent. 1970 gab es ca. 400 000 mehr Kinder unter sechs Jahren, 1,3 Millionen mehr 6- bis 15-jährige Schüler und 120 000 mehr Jugendliche von 15 bis 20 Jahren als 1961. Nicht nur die steigende Zahl der jungen Menschen spielte eine Rolle: Der Eindruck besonderer Jugendlichkeit der Gesellschaft stellte sich noch mehr durch die erhöhte Präsenz der Kinder und Jugendlichen auf den Straßen der Städte und in den Massenmedien her – Jugendlichkeit wurde zum wichtigen Element kommerzieller Werbung, Jugendlichkeit versprach die Bewältigung der Zukunft.

Bevölkerungswachstum und Verjüngung

Allerdings begann der Geburtenüberschuss bereits seit der Mitte der 1960er Jahre zu schrumpfen, seit 1968 war ein massiver Einbruch zu beobachten, und seit 1972 gab es erstmals und dann regelmäßig einen Überschuss der Gestorbenen gegenüber den Geborenen. Zeitgenössisch wurde das vordergründig mit dem „Pillenknick" erklärt, während längerfristige und tiefergehende Ursachen, die im Wandel von Ehe, Familie und weiblicher Biographie begründet waren, erst allmählich deutlich wurden. Die Statistik zeigt, dass seit der Wende zum 20. Jahrhundert die Zahl der Kinder je Ehe bis in die 1970er Jahre hinein mit jedem Eheschließungsjahrzehnt weiter abgenommen hat.

Frauenerwerbstätigkeit

Die Erwerbsquote aller Frauen von 15 bis 64 Jahren ging von 49 (1960) leicht zurück auf 48 Prozent (1970), während gleichzeitig der Anteil der erwerbstätigen an allen Ehefrauen von 32,8 (1961) auf 35,2 Prozent (1970) stieg. Der sich fortsetzende strukturelle Wandel der weiblichen Erwerbstätigkeit betraf zuerst das Verschwinden der „Mithilfe" verheirateter Frauen, etwa auf dem bäuerlichen Hof oder in kleinen Ladengeschäften. 1970 wurden nur noch 4,9 Prozent der unverheirateten und 22,1 Prozent der verheirateten Frauen, die erwerbstätig waren, als „mithelfende Familienangehörige" registriert. Der zweite Trend verband sich mit dem Übergang zur postindustriellen Gesellschaft. Während der Anteil der Arbeiterinnen an allen weiblichen Beschäftigten von 40,4 (1950) und 39,7 (1961) auf 36,5 Prozent (1970) zurückging, stieg der Anteil der Beamtinnen und weiblichen Angestellten von etwa einem Sechstel 1950 auf ein Drittel 1960 und auf annähernd 40 Prozent 1970. Zahlreiche vormalige Männerdomänen in Verwaltungs- und Dienstleistungsberufen wurden aufgrund des enormen Arbeitskräftebedarfs für Frauen geöffnet, man spricht von einer „Feminisierung" des tertiären Sektors. Langfristig vollzog sich zudem – zum Teil in heftigen Auseinandersetzungen vor den Arbeitsgerichten und in Tarifauseinandersetzungen zur Abschaffung von Lohnabschlagsklauseln und „Leichtlohngruppen" – eine allmähliche Angleichung der Verdienste von Frauen und Männern; der durchschnittliche Bruttoarbeitslohn von Arbeiterinnen in Industrie und Handel belief sich 1950 auf 60, 1965 auf 65 und 1970 auf 69 Prozent des Verdienstes ihrer männlichen Kollegen. Bei den Angestellten blieben die Unterschiede deutlicher.

Weibliche Karrieremuster

Mit dem Trend zur außerhäuslichen Erwerbstätigkeit verband sich eine zunehmende Veränderung weiblicher Arbeits- und Familienbiographien. Traditionell hatte sich in der Arbeiterschaft und in angrenzenden sozialen Schichten ein Muster ausgeprägt, nach dem Mädchen nach der Schulentlassung einige Jahre – häufig als Ungelernte oder Angelernte – berufstätig waren oder zu Hause mithalfen, dann heirateten und als Frauen ihre Jobs, spätestens wenn Kinder geboren wurden, aufgaben. Dieses weibliche Karrieremuster hatte sich bereits seit den 1950er Jahren in Richtung Berufstätigkeit auch mit Kindern verändert. 1961 waren 37 Prozent der verheirateten Mütter mit einem Kind und 32 Prozent derjenigen mit zwei Kindern im schulpflichtigen Alter erwerbstätig. Auf der anderen Seite erfolgte der Berufseintritt – ähnlich wie bei den Männern – auch bei Frauen aufgrund verlängerter Schul- und Ausbildungszeiten zunehmend später. Zu Beginn der 1960er Jahre war noch mehr als ein Drittel aller Arbeiterinnen unter 25 Jahre alt, 1970 hingegen nur noch ein Viertel, bei den weiblichen Angestellten sank der Anteil dieser jungen Gruppe von der Hälfte auf ein Drittel.

Die Diskussion über die besonders stark steigende Erwerbstätigkeit verheirateter Frauen mit schulpflichtigen Kindern schlug um 1960 öffentlich hohe Wellen. Demoskopische Erhebungen ergaben, dass die Mehrheit der Bevölkerung für ein Verbot der Erwerbstätigkeit von verheirateten Müttern eintrat. In den Medien wurde den arbeitenden Frauen vorgeworfen, für ihre anspruchsvollen Konsumbedürfnisse ihre Kinder zu vernachlässigen – die Begriffe „Schlüsselkinder" und „Wohlstandsverwahrlosung" wurden häufig verwandt. Popularisiert wurde hingegen das Leitbild der „modernen Hausfrau" mit einer Biographie, die vor der Heirat und Mutterschaft Berufstätigkeit vorsah, um den Ehemann besser zu verstehen, danach die Rolle der Ehefrau und Mutter befürwortete und schließlich den Wiedereinstieg in den Beruf empfahl.

Das Verhalten der Frauen änderte sich deshalb nicht, war es doch sehr rational. Für viele Arbeitnehmerhaushalte wäre die Anschaffung eines eigenen Automobils, von elektrischen Küchengeräten oder die Finanzierung der Ausbildung der Kinder kaum ohne die Erwerbstätigkeit der Frauen möglich gewesen. Das „Gleichberechtigungsgesetz" von 1958 hatte zudem die Funktion der Ehe als partnerschaftliche Zugewinngemeinschaft, in der nicht mehr allein der Mann entschied, gestärkt. Voreheliches Eigentum steht seither den jeweiligen Ehepartnern zur alleinigen Nutzung frei, vorher hatte der Ehemann das Verwaltungs- und Nutzungsrecht über das Eigentum seiner Ehefrau. Das in der Ehe erworbene Eigentum wurde nun als „Ergebnis der Arbeit beider Ehegatten" betrachtet. Das gleichzeitig eingeführte Ehegattensplitting in der Einkommensteuer machte die gemeinsame steuerliche Veranlagung der Ehepartner zum Regelfall. Bis zum Erlass des Gleichberechtigungsgesetzes durfte eine verheiratete Frau nur mit Einwilligung des Ehemannes erwerbstätig arbeiten, während nun die Frauen unter Berücksichtigung ihrer familiären Pflichten selbst über ihre Berufstätig-

Gleichberechtigung

keit entscheiden konnten. Hinzu kam, dass die Wirtschaft in den 1960er Jahren dringend auf die weiblichen Arbeitskräfte angewiesen war. Vor diesem Hintergrund verstärkte sich der Trend zur partnerschaftlichen Ehe, in der es zwar keine volle Gleichberechtigung gab, in der aber Frauen eine allmähliche Stärkung ihrer Position erfuhren. Während noch Mitte der 1960er Jahre Studien ergaben, dass junge Frauen ihren Lebensentwurf als Doppelorientierung von Beruf und Familie ansahen, bei dem die Berufstätigkeit sekundär war – dies galt sogar für Akademikerinnen –, hatte sich das Bild am Ende des Jahrzehntes vollkommen verändert, wurde Berufstätigkeit als selbstverständlich angesehen.

Teilzeitarbeit   Entscheidend für die allmählich zunehmende Akzeptanz weiblicher Berufsarbeit war das zunehmende Angebot an Teilzeitarbeit in den 1960er Jahren. Im Oktober 1960 waren lediglich 7,1 Prozent der erwerbstätigen Frauen in abhängigem Beschäftigungsverhältnis in Teilzeitstellen, im April 1971 hatte sich ihr Anteil auf 19,3 Prozent nahezu verdreifacht.

Weibliche Lebenspläne   Die materielle Notwendigkeit zu weiblicher Erwerbstätigkeit und die Wünsche nach verstärkter Teilhabe am Konsum mischten sich offenbar immer stärker mit der positiven Besetzung der Berufsarbeit als Zuwachs an außerhäuslicher Erfahrung und Kommunikationsmöglichkeiten. Anders als noch zu Beginn des Jahrzehnts, als die Betreuung der Kinder als Privatangelegenheit angesehen wurde, kamen nun auch Forderungen nach Kinderkrippen- und Kindergartenplätzen auf. Bereits in den 1960er Jahren deuteten sich längerfristig wirksame Trends an, die damit zusammenhingen: Die Scheidungsraten stiegen trotz gesetzlicher Erschwerung der Ehescheidung 1961 seither an, die Heiratsneigung der Frauen nahm ab, ebenso die durchschnittlich gewünschte Kinderzahl von 2,5 (1965) auf 1,45 (1975). Weibliche Lebenspläne veränderten sich zusehends.

Nachdem die „Anti-Baby-Pille" 1961 auf den westdeutschen Markt kam und, zunächst nur für verheiratete Frauen verschrieben, sich im Laufe des Jahrzehnts durchsetzte, entkoppelten sich Sexualität und Fortpflanzung stärker als zuvor, wobei gleichzeitig die Frauen eine erhöhte eigene Verantwortung für Schwangerschaften übernehmen konnten. Anfang der 1970er Jahre reagierte der Staat auf die öffentlichen Diskussionen mit einem Rückzug strafrechtlicher Sexualkontrolle – in den gesetzlichen Bestimmungen zur Pornographie, der Legalisierung der Homosexualität, der Abschaffung des Kuppeleiparagraphen, durch die Reform des § 218 und durch ein neues Scheidungsrecht, das statt des Schuld- nun das Zerrüttungsprinzip zugrunde legte.

3.3 Tendenzen des Wohnungs- und Städtebaus

In den 1960er Jahren wurden die historischen Rekordziffern des vorhergehenden Jahrzehnts noch übertroffen; der Durchschnitt der Wohnungsfläche, der in der Frühzeit der Bundesrepublik bei weniger als 50 Quadratmetern für eine vierköpfige Familie gelegen hatte, stieg nun weiter von ca. 70 (1960) auf ca. 86 qm (1970). Aber nach wie vor bestand ein großer zusätzlicher Wohnungsbedarf, zu Beginn der 1960er Jahre gab es immer noch 2,7 Millionen mehr Haushalte als Wohnungen. Die vermehrte Zahl der Eheschließungen und der „Babyboom" der ersten Hälfte der 1960er Jahre verschärften das Problem; zudem konnten sich ältere Menschen häufiger eine eigene Wohnung leisten und wollten der nachfolgenden Generation nicht mehr zur Last fallen. Die Zahl der Wohnungen stieg von 16,4 (1961) auf 20,6 Millionen (1972). Der Wohnungsbau der 1960er Jahre verstärkte die Tendenz der räumlichen Trennung der älteren von der mittleren und jungen Generation. Während in die Neubausiedlungen hauptsächlich jüngere Familien zogen, wurden Altbau-Arbeiterquartiere Ende der 1960er Jahre in der Mehrheit von älteren Menschen (über 55 Jahre) bewohnt. Innerhalb nur eines Jahrzehnts (zwischen 1961 und 1972) stieg der Anteil der Einparteien-Haushalte vor allem deshalb von einem Fünftel auf ein Viertel aller Haushalte.

Wohnungsbedarf

Im Umland der Großstädte entstanden so genannte Schlafstädte, häufig vormals kleine Orte, in der Regel nicht weiter als eine Fahrtstunde von der City mit öffentlichen Verkehrsmitteln oder dem privaten PKW entfernt. Für die Suburbanisierung als – hinsichtlich ihrer weiten Verbreitung – neue Form der Verstädterung gab es ein Bündel von Gründen: In zahlreichen Befragungen war bereits Mitte der 1950er Jahre ermittelt worden, dass mehr Menschen auf dem Lande oder in kleinen Städten und im Eigenheim wohnen wollten, als es dem aktuellen Stand entsprach – die Wanderung aus den Städten in deren nahe Umgebung dominierte dann in den 1960er Jahren das Siedlungsgeschehen in der Bundesrepublik.

Suburbanisierung

Der gestiegene Wohlstand hatte den Traum von einem Eigenheim für viele Menschen – auch durch die staatliche Förderung von Wohneigentum – erstmals in den Bereich des Möglichen gerückt. Die Wünsche nach einer eigenen oder größeren Mietwohnung konnten allerdings immer seltener in der Kernstadt selbst verwirklicht werden. Von den City-Bezirken, wo zugunsten von Banken, Versicherungen und Kaufhäusern zahlreiche Wohnflächen umgewidmet wurden, ging ein Druck der „Tertiärisierung" auch auf die angrenzenden Stadtviertel aus; dort wurden Bauplätze häufig unerschwinglich. Gegenüber dem letzten Vorkriegsjahr (1939) hatte sich die Bevölkerung der Innenstädte vieler Großstädte in den 1960er Jahren deshalb auf die Hälfte oder ein Drittel vermindert. Kritische Stimmen oder gar Protest gegen diese Entwicklung regten sich erst seit Ende der 1960er Jahre, etwa gegen die Frankfurter City-Erweiterung in das ehemals großbürgerliche Westend.

Nicht zuletzt ließen die Arbeitszeitverkürzungen seit der Mitte der 1950er Jahre – für männliche Industriearbeiter sank die Zahl der bezahlten Wochenarbeitsstunden von 49,8 (1955) auf 46,2 (1961) und 44,9 (1969) – und vor allem die flächendeckende Durchsetzung des „langen Wochenendes" und damit die Verlängerung der häuslichen Freizeit es für junge Familien mit kleinen Kindern besonders attraktiv erscheinen, aus den Städten „ins Grüne" zu ziehen.

Vormals ländlich geprägte Orte wurden nun zunehmend von städtischen Arbeitnehmern bewohnt, nicht mehr scharfe Stadt-Land-Gegensätze, sondern zunehmend suburbane Lebenswelten bestimmten die gesellschaftliche Signatur. Verbunden war dieser „Zug ins Grüne" mit einem markanten Eigenheimboom. Der Anteil der wohnungsbesitzenden an allen Haushalten erhöhte sich von 29,1 (1961) auf 34,3 Prozent (1968). Vorstädtische Bungalow-Siedlungen galten den Zeitgenossen als Inbegriff der neuen Konsum-Moderne.

Wohnraumnutzung Durch die größer gewordenen Wohnungen vermehrten sich die Spielräume für individuelle Nutzungen. Ermöglicht wurde häufig erstmals ein eigenes Zimmer für die Kinder, je nach sozialer Schicht und Alter als alleiniges oder gemeinsames Zimmer mit Geschwistern. Allerdings war es fast immer, vorgegeben von den Grundrissen des sozialen Wohnungsbaus, der kleinste Raum der Wohnung. In den 1960er Jahren wurde der Ruf nach einem „funktionsneutralen" Grundriss laut, der eine flexible Nutzung erlauben sollte. Nach Erhebungen von 1972 verfügten nun immerhin fast drei Viertel aller Einzelkinder über ein eigenes Zimmer, aber nur in einem Drittel aller Haushalte mit zwei Kindern hatten die Geschwister jeweils ein eigenes Zimmer. Symptomatisch für die familiäre Nutzung der Wohnung war, dass in mehr als zwei Dritteln aller Neubaugrundrisse der Baujahre 1964 bis 1967 eine separate Essgelegenheit vorgesehen war, meist als Essdiele im Anschluss zum Wohnzimmer.

Reurbanisierung Als Reaktion auf die Suburbanisierung wurde von Stadtplanern seit den frühen 1960er Jahren eine Reurbanisierung propagiert. Anhand objektiver soziologischer und betriebswirtschaftlicher Daten sollte künftig geplant werden. Die bald gefundene Formel „Urbanität durch

Dichte" legitimierte die Erstellung von gigantisch dimensionierten Siedlungen auf freien bzw. durch radikale Sanierung alter Arbeiterquartiere freigemachten Flächen innerhalb der Stadtgrenzen, eine kommunalpolitische Antwort auf das geminderte Steueraufkommen infolge der Abwanderung vieler Menschen ins Umland.

Vor diesem Hintergrund entstanden in den 1960er und 1970er Jahren in über 100 Städten ca. 600 000 Wohnungen in Großsiedlungen, die mitunter als Entlastungsstadtteile bezeichnet wurden. Etwa die Hälfte der Wohngebäude hatte mehr als sechs Geschosse, nicht selten waren Punkthochhäuser errichtet worden. Mit Badezimmern, Einbauküchen und Balkonen waren die neuen Wohnungen erheblich besser ausgestattet als diejenigen im sozialen Wohnungsbau der 1950er Jahre, aber die Infrastruktur und Verkehrsanbindung vieler solcher Siedlungen ließ zu wünschen übrig, versprochene U- oder S-Bahn-Anbindungen konnten aufgrund der sich in der ersten Hälfte der 1970er Jahre verschlechternden wirtschaftlichen Situation nicht gebaut werden. Viele der Erstmieter, Facharbeiter, Beamte und Angestellte, zogen bald aus, sozial schwache Bevölkerungsgruppen, die staatliche Mietzuschüsse erhielten, rückten nach, eine zeitweilige Stigmatisierung der neuen Viertel war die Folge.

Großsiedlungen

Allerdings bremste der von Kritikern als „Vulgärfunktionalismus" bezeichnete Trend zur Großsiedlung auf Freiflächen am Rand der Städte die weiträumige Suburbanisierung kaum. Der Bungalow vor den Toren der Stadt charakterisierte das Baugeschehen der 1960er Jahre mindestens ebenso stark wie die von der Neuen Heimat oder anderen Wohnungsbaugesellschaften errichteten Hochhaus-Anlagen. Zu Beginn der 1970er Jahre mehrten sich dann Stimmen, die eine behutsame Sanierung alter Stadtviertel forderten – eine Rückbesinnung auf städtische Traditionsbewahrung –, und die Entdeckung der Wohnqualität von Altbauten vor allem durch junge Leute setzte ein.

3.4 Konsum und Freizeit

Nachdem die durchschnittlichen Nettoeinkommen der Arbeitnehmer bereits in den 1950er Jahren real um ca. 70 Prozent zugenommen hatten, setzte sich in den 1960er Jahren die Wohlstandssteigerung in raschem Tempo fort. Das durchschnittliche Nettoeinkommen der Arbeitnehmer verdoppelte sich von 1960 bis 1970 auf 890 DM im Monat. Das bedeutete eine reale Steigerung von ca. 60 Prozent bzw. eine jährliche Zuwachsrate von annähernd 5 Prozent. Überdurchschnittlich fielen die Lohnerhöhungen der gewerblichen Arbeiter aus.

Wohlstandssteigerung

Verfeinerung des Konsums

Ihren beredten Ausdruck fand die vor diesem Hintergrund sich vollziehende Steigerung und Verfeinerung des Konsums u. a. darin, dass der „Warenkorb" der Bundesstatistik zu Beginn der 50er Jahre mit etwa 300 Waren und Dienstleistungen auskam, um das Konsumverhalten des „durchschnittlichen Vierpersonen-Arbeitnehmer-Haushalts" zu beschreiben, 1970 aber schon mehr als 700 Positionen aufgenommen werden mussten. Der grundsätzliche Wandel des Konsums betraf die Verschiebung des sinkenden Anteils an Ausgaben, der als „lebensnotwendiger" oder „Zwangsbedarf" gekennzeichnet wird, zu jenem steigenden Teil, der als disponibler oder „Wahlbedarf" charakterisiert wird. Eine genauere Betrachtung lässt zudem erkennen, dass auch innerhalb dieser Posten des „Lebensnotwendigen" eine Verfeinerung des Geschmacks hin zu dem, was zuvor Luxus gewesen war, vorherrschte.

Die meisten anderen Bereiche des Konsums blieben gegenüber dem starken Rückgang der Ausgaben für Ernährung und Bekleidung anteilig in etwa konstant, aber dafür erhöhten sich die Aufwendungen in den 1960er Jahren für die Wohnungsmiete von 10,3 auf 15,5 und für Verkehr und Nachrichtenübermittlung von 4,8 auf 10,9 Prozent. Hinter solchen Zahlen verbergen sich tiefgreifende Wandlungen des gesamten Lebensstils von immer größeren Teilen der Bevölkerung. Steigender Konsum und die Modernisierung des Konsums im Dreieck von komfortabler Häuslichkeit, dem eigenen PKW und einer immer stärker von Massenmedien bestimmten Freizeit bildeten einen engen Zusammenhang.

Neue Freizeitmuster

Die Vermehrung von disponibler Zeit und finanziellen Ressourcen ermöglichte zusätzliche Aktivitäten in der Freizeit. Die Veränderungen der Arbeitswelt durch den volkswirtschaftlichen Strukturwandel – Abnahme schwerer körperlicher Arbeit, die nun häufig durch Gastarbeiter oder durch Maschinen erledigt wurde, anstatt dessen die Zunahme von Büroarbeit – führten dazu, dass die Freizeit nicht mehr vorwiegend dem eher passiven Ausruhen diente. Die Zahl der in Sportvereinen organisierten Mitglieder stieg von 4,9 Millionen (1960) auf 8,3 Millionen (1970) beträchtlich an. Der Anteil der weiblichen Mitglieder wuchs gleichzeitig von 20 auf 27 Prozent.

Das „lange Wochenende"

Die Arbeitszeitverkürzungen waren Voraussetzung für die immer raschere Ausbreitung der fünftägigen Arbeitswoche mit einem „langen Wochenende". Während zuvor in der Regel am Samstag bis zum Mittag gearbeitet werden musste und auch die Kinder an diesem Tag zur Schule gingen, konnten nun vormittags Einkäufe erledigt werden. Der Nachmittag gehörte nach wie vor traditionellen Verrichtungen wie dem

Baden der Familienmitglieder sowie der Haus- und Gartenarbeit. „Do it Yourself", ein nun geläufiger Begriff, wurde von Ärzten zum Ausgleich der nervenabnutzenden Arbeit in Großraumbüros empfohlen, die sich seit Beginn der 1960er Jahre, zunächst im Versicherungs- und Bankengewerbe, zunehmend verbreiteten; aber das Heimwerken war auch eine willkommene Möglichkeit des Sparens angesichts steil ansteigender Handwerkerlöhne in der Phase extremen Arbeitskräftemangels.

Die größte Veränderung erlebte der Sonntag. Entgegen der Hoffnung der Kirchen, durch das „lange Wochenende" würden die Gottesdienste am Sonntag vermehrten Zulauf erhalten, da die Menschen nun durch den zusätzlichen Samstag mehr Muße gewonnen hatten, entglitt dieser Tag bald kirchlicher Kontrolle. In der zweiten Hälfte der 1960er Jahre registrierten kircheninterne Erhebungen einen dramatischen Rückgang der sonntäglichen Gottesdienstbesucher, in den evangelischen Gemeinden von ca. 15 Prozent aller Gemeindemitglieder 1963 auf die Hälfte zehn Jahre später, auf katholischer Seite von 55 Prozent 1963 – dem höchsten Stand nach dem Zweiten Weltkrieg – auf 41,5 Prozent 1968, 33,4 Prozent 1973 und 27,5 Prozent 1979. Es waren vor allem Männer, höhere Bildungsschichten, Großstadtbewohner und die nach dem Zweiten Weltkrieg geborenen jüngeren Generationen, die den Gottesdiensten fernblieben. Insgesamt nahm die kirchliche Bindung im letzten Drittel der 1960er und im ersten Drittel der 1970er Jahre dramatisch ab.

Die moderne Konsumgesellschaft zeigte sich besonders deutlich am neuartigen Ort des alltäglichen Einkaufs. Der „Selbstbedienungsladen" (SB-Laden), vereinzelt bereits in erweiterter Dimension als Supermarkt auf der „grünen Wiese", gewann rasch große Attraktivität. 1961 waren 23 000 von insgesamt 139 000 Lebensmitteleinzelhandelsgeschäften Selbstbedienungsläden, 86 000 (von 126 000) gab es am Ende des Jahrzehnts; ihr Anteil an der Verkaufsfläche hatte sich von 30 auf 86 Prozent gesteigert. Sie setzten sich nicht nur aufgrund eines verbreiterten Warenangebots, sondern insbesondere wegen der höheren betriebswirtschaftlichen Rationalität gegenüber den im Lebensmitteleinzelhandel bis dahin dominierenden „Tante-Emma"-Läden durch.

Selbstbedienungsläden

Ein weiteres wichtiges Kennzeichen der neuen Konsumgesellschaft war das Verhältnis zum Geld. Seit den ausgehenden 60er Jahren setzte sich immer stärker der bargeldlose Zahlungsverkehr durch. Von 1969 bis 1974 stieg die Zahl der Girokonten von 6 auf 20 Millionen, schon 1967 war die Scheckkarte eingeführt worden. Die persönliche Überbringung der Miete beim Hauswirt entfiel ebenso wie die Bezahlung des Stromablesers. Von weitreichender Bedeutung für das Verhält-

Neues Verhältnis zum Geld

nis zum Geld war schließlich die Einräumung – individuell unterschiedlich gestalteter – Dispositionskredite durch die Banken und Sparkassen, im Volksmund bald „Dispo" genannt. Nun wurden weniger Scheine und Münzen direkt angefasst. Die Bereitschaft, langlebige Konsumgüter auf Raten zu erwerben, stieg im gleichen Zeitraum, seit dem letzten Drittel der 1960er Jahre, stark an.

Werbung

Mit der zunehmenden Erweiterung und Differenzierung des Konsumangebots erhielt auch die Werbung einen wachsenden Stellenwert. Sie zielte darauf, die Wünsche der Konsumenten zu erfassen, sie zu binden und auf die zu bewerbenden Waren zu lenken. Bei Waschmitteln machten die Ausgaben für Werbung Mitte der 60er Jahre bereits mehr als ein Fünftel des Produktionswerts aus, bei Seifen und Kosmetik ein Siebtel und bei Spirituosen ein Zehntel.

Modernisierung des Haushalts

Die Modernisierung der häuslichen Sphäre trat vor allem in der Ausstattung mit technischen Geräten zutage, wohl auch deshalb, weil es sich hier meist um erstmalige Anschaffungen handelte. Der amtlichen Statistik zufolge erhöhte sich der Anteil privater Haushalte, in denen ein Kühlschrank vorhanden war, von 52 (1962) auf 84 (1969) und 93 Prozent (1973); ähnlich enorm war im gleichen Zeitraum auch die Steigerungsrate bei Waschmaschinen. Aus Luxusgütern wurden, vom Toaster bis zur Küchenmaschine, selbstverständliche Gebrauchsgegenstände.

Die Ausstattung mit Waschmaschine und Kühlschrank veränderte vor allem das Leben der Frauen beträchtlich. Der anstrengende, aber auch durch Gespräche mit Nachbarinnen ausgefüllte Waschtag in einem gemeinschaftlichen Keller entfiel, und die besseren Konservierungsmöglichkeiten für Milch, Wurst, Käse, Eier und Butter hatten Auswirkungen auf die Einkaufsgewohnheiten. Mit den neuen technischen Geräten im Haushalt war aber nicht unbedingt ein Nettogewinn an freier Zeit verbunden, wie Zeitbudgetstudien ermittelten.

Automobile Gesellschaft

In den 1960er Jahren überschritt die Bundesrepublik die Schwelle zur automobilen Gesellschaft. Im Laufe dieses Jahrzehnts verdreifachte sich die Zahl der zugelassenen PKW auf 13,9 Millionen. Während 1960 81 PKW auf 1000 Einwohner entfielen, waren es 1970 schon 230. Mehr als jede zweite Familie war nun automobil.

Das „Berufspendeln" vom Wohn- zum Arbeitsort als Konsequenz der suburbanen Lebensweise, den Ergebnissen der Volkszählung von 1961 waren fast ein Drittel aller abhängig Beschäftigten Pendler, war wohl der wichtigste Grund für die einsetzende Massenmotorisierung. Statistisch stieg die Dauer des Arbeitsweges zwar sogar an, aber Berechnungen von zeitlicher Ersparnis und Mehraufwand durch das eigene Auto sind kaum möglich, machte doch der Berufsverkehr nicht den einzigen Posten im Individualverkehr aus. Das Auto wurde auch zur Bewältigung des Alltags außerhalb der Arbeitszeit – für den Einkauf oder Transport von Kindern zur Schule – und zu Vergnügungszwecken genutzt. Für Ausflüge in die Nahumgebung oder den Besuch von Verwandten und Bekannten am Wochenende und vor allem für die Fahrt in den Urlaub wurde der eigene PKW unersetzlich. Von 1960 bis 1970 hatte sich der Anteil der Frauen an den Führerscheininhabern von 24 auf 43 Prozent gesteigert; 1971 erwarben Frauen erstmals mehr Fahrerlaubnisse als Männer.

Mit den offensichtlichen Vorzügen des Autos für die individuelle Lebensgestaltung gewann die damit verbundene symbolische Repräsentation in der Öffentlichkeit zunehmende Bedeutung. Das eigene Auto als Statussymbol, den Kollegen am Arbeitsplatz und dem Bekanntenkreis gern vorgeführt, wurde vielfach auch dann angeschafft, wenn die Verkehrsanbindung der eigenen Wohnung mit öffentlichen Verkehrsmitteln sehr gut war. Der jeweilige soziale Status vermittelte sich vor allem über die jeweilige Automarke. In dem Maße, wie das Auto nun als ein Massenprodukt die Straßen füllte, gewann dessen exquisite Form als Medium der Abgrenzung und Individualisierung an Bedeutung.

In den 1960er Jahren artikulierte sich grundsätzliche Kritik am unbeschränkten Autoverkehr, der in den innenstädtischen Bereichen zum „Verkehrsinfarkt" führte. In Berichten über die Einrichtung erster Fußgängerzonen wurde betont, dass diese sich häufig ungeplant herausbilden würden, weil wegen der vielen Fußgänger in schmalen Gassen Autos ohnehin nicht mehr passieren könnten. In den öffentlichen Debatten wurden das Abdrängen des privaten Berufsverkehrs auf öffentliche Verkehrsmittel, die Beseitigung steuerlicher Vorteile für private Autos auf dem Arbeitsweg sowie die Förderung des Park & Ride-Systems, der Schaffung von Parkplätzen an den vorstädtischen Bahnhöfen, gefordert. Kritik am Autoverkehr

Als Ende einer Epoche naiver Massenmotorisierung erscheinen die mit der ersten internationalen Ölkrise 1973/74 verbundenen Maßnahmen, als einige streng überwachte Fahrverbotssonntage und zeitweise ein Tempolimit von 100 Stundenkilometern auf Autobahnen angeordnet wurden. Die Bilder veröderter Landstraßen und Autobahnen, zuweilen auch von deren Besitznahme durch Fahrradfahrer und Fußgänger, haben sich dem kollektiven Gedächtnis als „Ölpreisschock" (J. Hohensee) tief eingeprägt.

Gleichsam als Gegenpol zur modernisierten und damit attraktiver gewordenen Häuslichkeit am Feierabend und an den Wochenenden Massentourismus expandierte in den 1960er Jahren der Tourismus, vor allem nach der Ausweitung des Zeitbudgets infolge des Bundesurlaubsgesetzes 1963. Nun erst konnte nahezu jeder Arbeitnehmer zwei bis drei Wochen im Jahr Urlaub nehmen. Um 1960 verreiste lediglich ein Drittel der westdeutschen Bevölkerung in den Urlaub, am Ende der 1960er Jahre war es bereits etwa die Hälfte. Im Zuge dieser Ausweitung zum Massentourismus veränderte sich auch das soziale Profil der Reisenden. Zunächst waren noch krasse Unterschiede der Reiseintensität zu konstatieren. So unternahmen z. B. zu Beginn des Jahrzehnts jeweils mehr als die Hälfte der Angestellten und Beamten eine Urlaubsreise, aber nur ein Viertel der Facharbeiter und ein Fünftel der sonstigen Arbeiter; solche Unterschiede waren schon um 1970 weitgehend planiert worden.

Bei der Mehrheit der Bevölkerung, die zu Beginn der 1960er Jahre (noch) keine Urlaubsreise unternahm, waren, soweit nicht allgemeiner Geldmangel angegeben wurde, vor allem zwei Motive für den Verzicht anzutreffen. In der jüngeren und mittleren Generation wurde es für wichtiger gehalten, zunächst auf größere Anschaffungen, das Haus, das Auto, zu sparen, bei vielen älteren Menschen, die das Reisen nicht gewohnt waren, herrschten Unsicherheit und eine gewisse Scheu vor, sich auf ein touristisches Abenteuer einzulassen.

Zwei Drittel derjenigen, die Anfang der 1960er Jahre zu einer Urlaubsreise aufbrachen, blieben im eigenen Land, und etwa 30 Prozent von diesen kamen bei Verwandten unter. Die traditionelle Konzentration auf bestimmte Regionen, der zufolge Touristen aus Süddeutschland die Alpen und den Schwarzwald bevorzugten, aber nur in geringer Zahl nördlich des Mains Urlaub machten, während Hamburger und Bremer selten Bayern besuchten und wie die Reisenden aus dem Ruhrgebiet eher an Nord- und Ostseeküste logierten, war in abgeschwächter Form auch in den 1960er Jahren noch vorhanden. Allerdings weitete sich der maximale Radius der Urlaubsreisen, der Ende der 1950er Jahre in der Regel bei 500 bis 600 Kilometern gelegen hatte, immer mehr aus. Der wichtigste Faktor dafür war der Individualverkehr mit dem eigenen Auto. Während noch 1957 mehr als die Hälfte aller Touristen mit der Bahn (51 Prozent) und ein Fünftel mit dem Omnibus verreiste, waren es 1963 nur noch 39 bzw. 14 Prozent. Der Anteil der PKW-Urlauber stieg im gleichen Zeitraum von 27 auf 48 Prozent und machte 1964 erstmals die Mehrheit aus.

Auslandstourismus

Von der Massenmotorisierung profitierte vor allem der Auslandstourismus. Während Anfang der 1960er Jahre etwa ein Drittel aller Reisen in andere Länder führte, überwogen 1968 erstmals die Auslands- die Inlandstouristen (Mitte der 1980er Jahre führten dann schon mehr als zwei Drittel aller Reisen über die Grenze). Beliebteste Urlaubsziele waren traditionell Österreich und Italien, aber Spanien, danach auch Frankreich und die skandinavischen Länder rückten in den 1960er Jahren in der Beliebtheit mit weit überdurchschnittlichen Zuwachsraten auf. Einen enormen Anstieg verzeichnete die Zahl der Flugtouristen von 78 000 (1962) auf 1,25 Millionen (1969).

3.5 Massenmedien

Die 1960er Jahre waren von einem Umbruch bei den elektronischen Massenmedien gekennzeichnet – die Bundesrepublik wandelte sich von der Rundfunk- zur Fernsehgesellschaft. 1957 wurde das millionste Gerät bei der Gebühreneinzugszentrale der Bundespost angemeldet, 1961 wurden vier Millionen Fernsehhaushalte (ein Viertel aller Haushalte) gezählt, 1970 über 15 Millionen angemeldete Geräte (damit waren drei Viertel aller Haushalte ausgestattet) registriert. Für die rasante Verbreitung des neuen Mediums sorgten verschiedene Umstände: Immer hochwertigere Geräte wurden immer billiger angeboten, der wachsende Wohlstand machte die Anschaffung zunehmend problemlos, zumal bequeme Ratenzahlungen offeriert wurden und das Gerät auch Einsparungen für bisherige außerhäusliche Vergnügungen, etwa den Kinobesuch, ermöglichten. Fast der gesamte Zuwachs an Freizeit wurde in der zweiten Hälfte der 1960er Jahre mit zusätzlichem Fernsehkonsum ausgefüllt. Das Fernsehen bewirkte gleichzeitig eine Verfestigung und Modernisierung der Häuslichkeit.

Auf dem Weg zur Fernsehgesellschaft

Ein wichtiger Grund für die wachsende Attraktivität des Fernsehens war zweifellos die Ausweitung des Programmvolumens. Schon im letzten Drittel der 1950er Jahre war die vorabendliche Lücke zwischen Nachmittags- und Abendprogramm der ARD durch Angebote der jeweiligen Rundfunk- und Fernsehanstalten geschlossen worden. Gekoppelt mit einzelnen Werbeblöcken, wurden Magazine mit regionalen oder in den Stadtstaaten lokalen Themen im Wechsel z. B. mit amerikanischen oder eigens für diesen Zweck produzierten deutschen Kriminalserien ausgestrahlt. Am 1. April 1963 begann von Mainz aus der Sendebetrieb des Zweiten Deutschen Fernsehens (ZDF). Eigene Dritte Programme richteten die Rundfunkanstalten der ARD ein Jahr nach dem Sendestart des ZDF ein, die vor allem die bisherigen regionalen Angebote der Vorabendzeit ausweiteten und anfangs gewisse intellektuelle Ansprüche pflegten. Während das Erste Programm der ARD seine durchschnittliche tägliche Sendedauer von 10 bis 11 Stunden in den 1960er Jahren kaum mehr veränderte, verdoppelte das ZDF sein

ARD und ZDF

Sendevolumen, das 1963 und 1964 noch tagesdurchschnittlich etwa 5 Stunden betrug, bis zum Ende des Jahrzehnts, so dass ARD und ZDF vom Angebot her gleichzogen. Vom inhaltlichen Profil her unterschied sich ihr Programm nicht grundlegend voneinander.

DDR-Fernsehen

Zudem statteten immer mehr Haushalte ihre Antenne mit einem Zusatzempfangsgerät für das DDR-Fernsehen aus, auch wenn dies in der Atmosphäre des Kalten Krieges öffentlich umstritten blieb. Etwa ein Drittel der – grenznah lebenden – Bundesbürger hatte technisch die Möglichkeit, das Programm des DDR-Fernsehens zu empfangen. Die Attraktivität des ostdeutschen Programms erstreckte sich allerdings nicht auf politische Sendungen.

Der Anteil der durch die Informationsangebote des Fernsehens erreichten Menschen stieg von 42 Prozent 1964 sprunghaft auf 63 Prozent 1970. Das Fernsehen übernahm die führende Position für die alltägliche Aufnahme von Nachrichten. 1964 kamen tragbare Geräte auf den Markt, 1967 erfolgte die Einführung des Farbfernsehens.

In der familiären und privaten Sphäre verstärkte das Fernsehen die bereits seit der Zwischenkriegszeit vom Radio her bekannten Muster der Ausrichtung häuslicher Zeitstrukturen am Programm eines elektronischen Mediums. Das Publikum lernte sehr rasch mit dem Fernsehangebot umzugehen, vor allem hinsichtlich des Umschaltens von belehrenden auf unterhaltende Angebote. Mit dem Videokassettenrekorder waren seit 1970 zudem einstündige Aufzeichnungen von Sendungen möglich.

Fernsehen bestimmt zunehmend Alltagsleben

Der Aufstieg des neuen audiovisuellen Mediums schuf eine neue Erlebnisdimension, eine gewaltige Vermehrung fiktionaler filmischer Angebote und der Möglichkeiten, sich über ferne und nahe Welten nicht nur informieren, sondern gleichzeitig zugehörige Bilder auf sich wirken zu lassen. Das Fernsehen bot in einer Zeit, als es – zunächst – nur ein oder (seit 1963) zwei Programme gab und in der für die meisten Menschen das Fernsehen noch etwas Neues war, eben wegen der eingeschränkten Programmauswahl viel gemeinsamen Gesprächsstoff an der Arbeitsstelle, beim Einkauf und über den Gartenzaun hinweg. Einzelne Sendungen, Kriminalfilme, Familienserien, Bunte Abende, erzielten Einschaltquoten von mehr als 90 Prozent. Diejenigen, die nicht mitreden konnten über solche Sendungen, isolierten sich sozial. Ein beträchtlicher Konformitätsdruck, den nicht zuletzt die Schulkinder ausübten, führte auch deshalb in vielen Familien zur Anschaffung eines Geräts. Als positiver Werbefaktor wirkten Übertragungen großer Sportereignisse, etwa der Olympiade 1960 in Rom und besonders der Spiele der so genannten Vollprofi-Bundesliga (seit 1963).

Die Krise des Kinos, die bereits in der zweiten Hälfte der 1950er Jahre sichtbar geworden war, verstärkte sich in den 60er Jahren auf dramatische Weise. Während 1960 noch 596 Millionen Kinobesuche gezählt wurden, waren es 1970 nur noch 167 Millionen. Der Kinobesuch wurde damit zu einer Angelegenheit vor allem jugendlicher Freizeitkultur. Nach EMNID-Erhebungen zählten Mitte der 1960er Jahre vor allem 2,7 Millionen Teenager zwischen 14 und 19 Jahren zu jenen, die sich bis zu viermal im Monat einen Film ansahen. *Krise des Kinos*

Ob hingegen die allgemeine Krise des Theaters, die sich in einem Zuschauerschwund in der zweiten Hälfte der 1960er Jahre ausdrückte (1965: 20,3 Millionen Besucher; 1970: 18,0 Millionen Besucher), auf das Fernsehen zurückzuführen ist, scheint eher zweifelhaft. *Theater*

Die Tageszeitung behauptete ihre Position unter den Massenmedien, da die Zeitungsleser in ihrem Blatt meist und zuerst an lokalen Nachrichten interessiert waren, die vom Fernsehen nicht in der gleichen Weise berücksichtigt werden konnten. Dies erklärt, warum die Auflage der Tageszeitungen von Mitte der 1950er bis in die 1980er Jahre hinein langsam, aber kontinuierlich weiter anstieg: von 13,4 (1954) auf 17,3 (1964), 18,0 (1967), 19,5 (1976) und – auf dem Höhepunkt – schließlich 21,2 Millionen Exemplare (1983). Die Auflage je 100 Einwohner stieg in diesem Zeitraum von 26 auf 35 Exemplare. Allerdings sank die Zahl der „publizistischen Einheiten", d. h. Blätter mit einer vollständigen, auch den Nachrichten- und Kommentarteil selbständig produzierenden Redaktion, in den 1960er Jahren von 200 auf 149. Gegenüber 12,5 Prozent (1964) lebten am Ende der Dekade bereits 20 Prozent (1969) in so genannten Einzeitungs-Kreisen, hatten also keine Wahlmöglichkeit mehr für die Unterrichtung über ihre Region (1989: 36,5 Prozent). Die vom Springer-Konzern herausgegebene „Bild-Zeitung" behauptete im Markt der Tageszeitungen 1968 einen Marktanteil von nahezu 40 Prozent. Zudem teilten vier Konzerne – Bauer, Burda, Gruner & Jahr, Springer – am Ende des Jahrzehnts mit 64 Prozent fast zwei Drittel des Zeitschriftenmarktes unter sich auf. *Presse*

Die Auflage der Publikumszeitschriften blieb mit ca. 60 Millionen in den 1960er Jahren auf gleicher Höhe. Dass das audiovisuelle Medium dem Lesen von Zeitungen und Zeitschriften ausweislich allgemeiner Statistiken keinen Abbruch tat, weist zwar darauf hin, dass sich das mediale Verhalten ausdifferenzierte und nicht einfach vom Fernsehen monopolisiert wurde. Allerdings steht eine Untersuchung seines Einflusses auf Layout und Inhalt von Zeitungen und Zeitschriften noch aus. Zumindest die an Kiosken dominierenden Titelbilder von Illustrierten lassen den Eindruck eines allgemeinen Drangs zu expressiver

Visualisierung und Buntheit gewinnen, der sich vor allem in der zweiten Hälfte der 1960er Jahre stetig verstärkte.

Auch die Buchproduktion ging durch die Ausbreitung des Fernsehens nicht zurück. Die Zahl der gemeldeten Erst- und Neuauflagen verdoppelte sich vielmehr in den 1960er Jahren von 22 524 (1960) auf 47 096 (1970). Allerdings waren auch auf dem Buchmarkt beträchtliche Konzentrationsprozesse zu beobachten. Von ca. 1800 Verlagen (1968) waren es nur 6 Prozent, die 60 Prozent der gesamten Titelproduktion für sich verbuchten.

Radio Das Radio behielt auch im Fernsehzeitalter eine hohe Bedeutung. Die entscheidende Neuerung bestand in der großflächigen Einführung von Magazinsendungen für den Vormittag, Nachmittag und Abend, die hauptsächlich unterhaltende Musik im Wechselspiel mit Nachrichten, Konsumententipps, Ratgeberrubriken und anderen kurzen Wortbeiträgen brachten. Die schärfere Konkurrenz der Anbieter von Rundfunkprogrammen – im Kontrast zu den monopolistischen Strukturen beim Fernsehen – führte zu einer raschen Verjüngung im Sektor der unterhaltenden Musik. Die öffentlich-rechtlichen Anstalten versuchten zu verhindern, dass jugendliche Hörer sich gänzlich von ihnen abwandten und das deutsche Programm von Radio Luxemburg, die amerikanischen oder britischen Soldatensender (AFN und BFBS), die seit 1964 bestehenden so genannten kommerziellen Piratensender außerhalb der britischen und niederländischen Dreimeilenzone (Radio Caroline, Radio London, Radio Veronica u. a.) oder sogar die auf die Bundesrepublik gerichteten Propagandasender der DDR (Freiheitssender 904, Deutscher Soldatensender) einschalteten, die jeweils moderne britische oder amerikanische Popmusik ausstrahlten. Unter dem Druck dieser Konkurrenz kam es im öffentlich-rechtlichen Rundfunk zu einer stärkeren Berücksichtigung jugendlicher Wünsche im Hauptprogramm, während in einem Nebenprogramm eher intellektuell anspruchsvolle Wortbeiträge und ein höherer Anteil an „ernster" sowie unterhaltender Musik für ältere Menschen angeboten wurde. Die meisten Dritten Programme wiederum, die Ende der 1960er und Anfang der 1970er Jahre starteten, sendeten vornehmlich Musik für Jugendliche. Eine wichtige Voraussetzung für die in den 60er Jahren gestiegene Attraktivität des Rundfunks bildete die verbesserte Empfangsqualität. Bis Ende 1966 hatten alle öffentlich-rechtlichen Sender ihre UKW-Programme auf Stereofunk umgestellt.

Mediennutzung Der Bildschirm war zum Leitbild innerhalb eines Verbunds mit dem Radio und der Presse geworden, und alle Medien hatten gemeinsam ihre Reichweite vergrößert. Während 1964 von 100 Personen in ihrem Haushalt 55 über ein Fernsehgerät verfügten, waren es 1970 85;

über mindestens ein Radiogerät verfügten jeweils 95 von 100 Personen in ihrem Haushalt, der Anteil der Zweitgeräte war im gleichen Zeitraum von 15 auf 30 gestiegen; ebenso der Anteil der regelmäßigen Käufer oder Abonnenten einer Tageszeitung von 70 auf 77. An einem durchschnittlichen Werktag wurden 1970 lediglich noch drei Prozent der Bevölkerung weder über ein Fernsehgerät noch über ein Radio noch über die Tageszeitung erreicht.

Durch den anhaltenden Prozess der Arbeitszeitverkürzung stand immer mehr Zeit für die Nutzung von Medien zur Verfügung, im Tagesdurchschnitt (Werktag) stieg die Dauer von 3 Stunden 08 Minuten (1964) auf 3 Stunden 34 Minuten (1970). Der Zuwachs wurde allein für vermehrtes Fernsehen genutzt; die Verweildauer vor dem Fernsehgerät stieg in diesem Zeitraum von 1 Stunde 10 Minuten auf 1 Stunde 53 Minuten beträchtlich an, während die Radionutzung zunächst von 1 Stunde 29 Minuten auf 1 Stunde 13 Minuten zurückging und die mit der Tageszeitung verbrachte Zeit mit 35 Minuten gleich blieb. Allerdings zeigten die folgenden Jahre einen starken Anstieg des Hörfunks auf 1 Stunde 53 Minuten (1974) und eine leichte Zunahme der Lektüredauer für die Tageszeitung auf 38 Minuten, während die Dauer des Fernsehkonsums sich zunächst im Bereich von ca. zwei Stunden einpendelte. Über ein Telefon verfügten 1962 erst 14 Prozent aller privaten Haushalte, 1969 war es ein Drittel, 1973 die Hälfte.

3.6 Jugendkultur

In den 1960er Jahren bildete sich eine eigene kommerzielle „Jugendteilkultur" (F. Tenbruck) aus, die sich rasch differenzierte. Vor allem erwerbstätige Jugendliche, die nicht mehr wie im Jahrzehnt zuvor nahezu ihren gesamten Lohn im elterlichen Haushalt abzugeben hatten, wurden zu einer gewichtigen und von der Freizeitindustrie heftig umworbenen Konsumentengruppe.

Anfang der 1960er Jahre besaß mehr als die Hälfte der jungen Erwachsenen im Alter zwischen 21 und 25 ein eigenes Radiogerät, und selbst die 12- bis 16-jährigen verfügten häufig über ein Kofferradio oder Pocket-Transistorgerät. Jugendliche bildeten ein wesentliches Käufersegment für Schallplatten. Da diese teuer waren, avancierte das Tonbandgerät zum wichtigsten Anschaffungswunsch. Damit konnten Schallplatten ausgeliehen und aufgenommen sowie Schlagersendungen im Radio mitgeschnitten werden. Mitte der 1960er Jahre kamen dann auch die ersten Musik-Kassetten-Geräte auf den Markt, und Textil-Kaufhäuser richteten eigene Modeabteilungen für Teenager ein.

Jugendlicher Konsum

Neben gestiegener Kaufkraft verfügten Jugendliche über vermehrte Freizeit und wachsendes kulturelles Kapital. Obwohl in der Phase der Vollbeschäftigung Lehrlinge von den Unternehmen umworben wurden, blieb jeweils etwa ein Drittel der angebotenen Lehrstellen vor allem im gewerblichen Sektor unbesetzt. Die Jugendlichen wandten sich vor allem technischen oder administrativen Berufen zu, die das Image hatten, damit gehobenen Konsumansprüchen zu genügen.

Bildungsexpansion   Zugleich verstärkte sich in den 1960er Jahren die Zunahme von höheren Schulabschlüssen. Während die Relationen des dreigliedrigen Schulwesens seit der Jahrhundertwende nahezu gleich geblieben waren und auch 1960 noch nahezu 90 Prozent aller Schüler mit einem Hauptschulabschluss ins Berufsleben traten, sank diese Quote im Laufe der 1960er Jahre auf ca. 80 Prozent. In der Folge verdoppelte sich die Zahl der Realschüler auf ca. 860 000 (1970) und der Gymnasiasten auf ca. 1,4 Millionen. Das Gymnasium verabschiedete sich von überkommenen Leitbildern idealistischer Bildung und öffnete sich zunehmend den weiblichen Jugendlichen, deren Anteil an den Abiturienten von 36 (1960 und 1965) auf 46 Prozent (1975) stieg. Die soziale Verbreiterung der Basis dieser Schulform machte dagegen geringere Fortschritte; nur etwa 6 Prozent aller Kinder aus Arbeiterhaushalten besuchten 1972 ein Gymnasium. Das gleiche galt für die Hochschulen, die in den 1960er Jahren stark expandierten.

Während die Öffentlichkeit über die Gefahren einer „Bildungskatastrophe" diskutierte, hatte die Planung der Expansion des Bildungswesens bereits eingesetzt. Dazu gehörte auch die Schließung einklassiger „Zwergschulen" auf dem Lande – während die Schülerzahl von 6,65 (1960) auf 8,95 Millionen (1970) stieg, ging die Zahl der Schulen von 35 433 auf 29 793 zurück. Eine eindrucksvolle Kennziffer für die Verbesserung der Qualität schulischer Bildung stellt die Verdoppelung der Zahl hauptberuflich bzw. hauptamtlich eingestellter Lehrkräfte von 210 000 (1960) auf 425 000 (1975) dar, wobei die stärksten personellen Zuwächse in die frühen 1970er Jahre fallen.

Generationelle Spannungen   Der beträchtliche Zuwachs an Bildung, etwa bei der Beherrschung der englischen Sprache, schuf neue kulturelle Distanzen zwischen den Generationen. Seit der Mitte der 1960er Jahre beherrschte die Wahrnehmung eines krassen Gegensatzes von „jung" und „alt" die Öffentlichkeit, lud sich der rasche gesellschaftliche und kulturelle Wandlungsprozess generationell auf. Zwar entsprach das simple Bild eines Aufstandes „der" Jugend gegen die Welt der Erwachsenen nicht der Realität, aber tatsächlich gingen Jugendliche bei der Veränderung kultureller Normen und Werte voran und stießen auf Widerstände meist älterer Vertreter der Obrigkeit, von Lehrern, Geistlichen, Kommunalpolitikern. Der kulturelle Konflikt zwischen Jugendlichen und erwachsener Bevölkerungsmehrheit wurde in der Öffentlichkeit nicht zuletzt ausgetragen von Medien, z. B. kommerziellen Jugendzeitschriften, die sich zum Anwalt der jungen Generation machten. Immer wieder ging es um generationell konträre Auffassungen, wie im Streit um Haar- und Rocklänge, Tänze und Musikstile. Die Twist-, Rock- und Beat-Rhythmen der 1960er Jahre, die in der ersten Hälfte des Jahrzehnts vor allem aus Großbritannien, dann vor allem aus den USA importiert wurden, sind in ihrer Bedeutung als (internationales) Erkennungszeichen in der Jugendkultur von großer sozialhistorischer Bedeutung. Hierin drückten sich jugendliche Wünsche nach mehr Lockerheit und Freiheit am nachdrücklichsten aus. Entsprechend wurden sie von einem großen Teil der Elterngeneration – klassenübergreifend – zunächst als Kampfansage aufgefasst. Allerdings standen viele Ältere der neuen Populärkultur durchaus aufgeschlossen und tolerant gegenüber. In dem Maße, wie Beatkultur zur Massenkultur wurde, schoben sich die Grenzen des Akzeptablen für viele Erwachsene immer weiter hinaus. Allerdings erstreckte sich dies nicht auf die neuen Drogen (Cannabis, LSD), die ihnen unbekannt und deshalb besonders unheimlich waren.

Man wird für die „antiautoritäre Rebellion" von „1968" – dieses Jahresdatum als Chiffre für das letzte Drittel der 1960er Jahre – sicherlich auch direkte politische Gründe und Anlässe nennen können, aber dem Zusammenhang mit dem sich entwickelnden Eigensinn der Jugendlichen und der Verschmelzung kommerzieller und gegenkultureller Strömungen als Grundierung und Ausdruck neuer Orientierungen kommt eine entscheidende Bedeutung zu, die eine Ausstrahlung über die zahlenmäßig kleinen Kerne linker und „antiautoritärer" Studenten und Schüler hinaus bewirkte. Allgemein war seit dem Beginn der 1960er Jahre eine Krise der organisierten Jugendarbeit zu beobachten. Kirchliche Gemeinden klagten ebenso wie Gewerkschaften oder die Jugendorganisationen der Parteien, dass das Interesse an ihren Angeboten abnahm. Zugleich verstanden sich gerade die „mittleren Jahrgänge" im Alter zwischen 18 und 21 Jahren als besonders „politisch". Vor allem die jungen Oberschüler wurden zu jenem Generationssegment, das in den Hochzeiten der Studentenbewegung 1967/68 viele Aktivisten stellte. Diese Jahrgänge waren seit dem Beginn des Jahrzehnts von den rasanten Veränderungen der Jugendkultur besonders geprägt worden.

Chiffre „1968"

4. Die letzte Phase der „alten" Bundesrepublik (1973/74–1989/90)

Im zweiten Drittel der 1970er Jahre, nach dem endgültigen Ende der lang anhaltenden wirtschaftlichen Rekonstruktionsperiode und nach der postindustriellen Transformationsphase der 1960er Jahre, begann für die Bundesrepublik ein neues Kapitel ihrer Sozialgeschichte.

4.1 Bevölkerung, soziale Strukturen und Milieus

Demographische Trends

Die Bevölkerungszahl der Bundesrepublik stieg in den 1970er und 1980er Jahren von 61 auf 62,7 Millionen (1989) und damit weit weniger stark als in den ersten Jahrzehnten ihres Bestehens. Dieser Zuwachs beruhte auf Wanderungsgewinnen, während der Rückgang der Geburtenraten (1970: 13,4 Lebendgeborene je 1000 Einwohner; 1985: 9,6; 1989: 11,0) und die zugleich steigende Lebenserwartung (1970: bei Männern 67,4, bei Frauen 73,8 Jahre; 1991: 73,1 bzw. 79,5) die Gesellschaft insgesamt altern ließen.

War 1970 annähernd ein Drittel der Bevölkerung jünger als 20 Jahre, machte dieser Anteil zwei Jahrzehnte später nur noch ein Fünftel aus. Auf der anderen Seite hatte sich die Zahl der über 65-jährigen von 8 Millionen (1970) auf 12,3 Millionen (1985) erhöht. Hinzu kam, dass immer weniger Menschen bis zum 65. Lebensjahr arbeiteten. Waren es 1970 noch fast die Hälfte aller Arbeiter und Angestellten, galt dies ein Jahrzehnt später nur noch für jeden sechsten. Man sprach nun vom „vierten Lebensalter", von „jungen" oder „rüstigen" Alten, der Altersgruppe von 60 bis etwa 75, bei denen Pflegebedürftigkeit noch nicht in nennenswertem Umfang auftrat.

Auswirkungen auf Lebensstile

Bei einer insgesamt stagnierenden Bevölkerungszahl stieg die Zahl der privaten Haushalte beträchtlich, von 22 (1970) auf 28,2 Millionen (1990) – und im gleichen Zeitraum der Anteil der Ein-Personen-Haushalte, der 1939 noch 3 Prozent betragen hatte, von einem Viertel auf mehr als ein Drittel. In Großstädten betrug der Anteil der Single-Haushalte 1988 bereits 40 Prozent, wohnte jeder Fünfte allein.

Solche Kennziffern deuten den statistischen Hintergrund für einen starken Schub zur Individualisierung und Pluralisierung von Lebensstilen an, wie er sich besonders im sozialen Geltungsverlust des traditionellen Ehemodells ausdrückte. In den 1980er Jahren schwankte die Zahl der Eheschließungen zwischen 360 000 und 372 000, während sich die Zahl der Scheidungen von 96 000 auf 130 000 erhöhte. Die Reform des Scheidungsrechts 1976 – seither gilt nicht mehr das Schuld-, sondern das Zerrüttungsprinzip, mit dem die Ehe auch gegen den Widerstand einer Seite nach einer Frist geschieden werden kann – trug dazu bei. Die Quote der Wiederverheiratung von Geschiedenen sank in den 1980er Jahren von ca. 80 auf 60 Prozent.

Während das Heiratsalter anstieg, erhöhte sich auch die Zahl so genannter nichtehelicher Lebensgemeinschaften besonders in der Gruppe der 18- bis 35-jährigen Männer und Frauen von ca. 82 000 (1972) auf 1 376 000 (1993), aber im gleichen Zeitraum auch bei den 35- bis 55-jährigen von 72 000 auf 634 000. Das nichteheliche Zusammenleben wurde innerhalb von nur zwei Jahrzehnten vielfach auch zur biographischen Erprobungsphase für eine spätere Ehe.

Mit dieser Entwicklung einer ging ein steigendes Selbstbewusstsein von Frauen. Die 1970er Jahre waren die wohl entscheidende Dekade weiblicher Emanzipation in der Geschichte der Bundesrepublik, deren Avantgarde eine „neue Frauenbewegung" bildete, die vor allem traditionelle geschlechtsspezifische Arbeitsteilungen und die staatliche Verfügung über den weiblichen Körper (§ 218 zum Schwangerschaftsabbruch) kritisierte. Die in der Ehe und anderen Beziehungen von Männern ausgeübte Gewalt führte zur Gründung von „Frauenhäusern" (das erste wurde im November 1976 in West-Berlin eingerichtet, 120 waren es in der Bundesrepublik 1982), Notruf- und Selbsthilfegruppen als Zufluchtsort. Seit dem letzten Drittel der 1970er Jahre festigte sich eine feministische Gegenkultur mit eigenen Presseorganen, Treffpunkten und Diskussionsthemen. Außerdem wurden nun die Frauen, die Kinder betreuten, wirtschaftlich etwas besser gestellt. 1977 folgten Verbesserungen für Frauen im Familienrecht, indem die Verpflichtung der Ehefrau zur Hausarbeit als Norm abgeschafft wurde. Auch im Namensrecht wurde die Gleichberechtigung eingeführt, Anfang der 1990er Jahre schließlich der Zwang zu einem gemeinsamen Familiennamen aufgehoben.

Weibliche Emanzipation

Demgegenüber verringerten sich die ökonomischen Unterschiede nur langsam. 1970 betrug der Durchschnittslohn von weiblichen Angestellten und Arbeiterinnen in der Industrie 60 Prozent des Durchschnittslohns ihrer dort beschäftigten männlichen Kollegen. 1990 lag dieser Wert bei 65 Prozent. Dies spiegelt wider, dass – wie auch in anderen beruflichen Sektoren – Frauen nur langsam in höhere Positionen aufrückten. Als Voraussetzung weiblicher Berufstätigkeit wurde das System der Kinderbetreuung erheblich ausgebaut. Der Versorgungsgrad steigerte sich von 38,5 (1970) auf 78,9 Prozent (1986), aber dies erstreckte sich – häufig nur halbtags – fast ausschließlich auf die drei-

Geschlechterverhältnisse

bis fünfjährigen Kinder, während noch immer kaum Plätze in Kinderkrippen und sehr wenige in Kinderhorten zur Verfügung standen. Die neuen Tendenzen in den Geschlechterverhältnissen standen neben sozialen Kontinuitäten. Die familiären Verbindungen verschwanden nicht, sondern veränderten sich weiter in die bereits die 1950er und 1960er Jahre kennzeichnende Tendenz des Abbaus patriarchalischer Autorität bei zunehmender Partnerschaft und Gleichberechtigung der Frauen. Die Kernfamilie wurde kleiner durch die Abnahme der Kinderzahl, aber nach wie vor in starkem Maße vom Verwandtschaftssystem bestimmt. Zwei Drittel aller Bundesbürger hatten Mitte der 1980er Jahre tägliche oder mindestens wöchentliche gegenseitige Besuchskontakte zu nahen Verwandten.

Postindustrielle Gesellschaft

Die bereits in den 1960er Jahren einsetzende Entwicklung zur postindustriellen, d. h. nicht mehr vom industriellen, sondern vom tertiären bzw. Dienstleistungssektor volkswirtschaftlich dominierten Gesellschaft schritt in den 1970er und 1980er Jahren weiter voran: Erstmals war Mitte der 1970er Jahre (1975) mit 47,9 Prozent ein höherer Anteil aller Erwerbstätigen im so genannten tertiären bzw. Dienstleistungssektor beschäftigt als im produzierenden Gewerbe, also in Industrie und Handwerk, mit 45,3 Prozent. Seither hat sich die Schere noch weiter geöffnet (1989 betrug die Relation 55 zu 41 Prozent), während sich der Anteil der in Land- und Forstwirtschaft Beschäftigten von 1970 bis 1988 auf 4,2 Prozent halbierte. Ausdruck fand dieser volkswirtschaftliche Strukturwandel auch darin, dass seit Mitte der 1970er Jahre der Anteil der Angestellten und Beamten erstmals und mit 45,2 (1979) bzw. 47,8 Prozent (1986) denjenigen der Arbeiter mit 42,3 (1979) bzw. 39,5 Prozent (1986) immer deutlicher überstieg. Der öffentliche Dienst erlebte noch bis zur Mitte der 1980er Jahre eine Ausweitung. 17,3 Prozent aller Erwerbstätigen arbeiteten dort 1985, 16,8 Prozent waren es 1990 und 12,8 Prozent in der vergrößerten Bundesrepublik 2000. Am stärksten wuchs dabei der Anteil der im Sektor Bildung und Wissenschaft Tätigen. Insbesondere der Einzug der Mikroelektronik, nicht zuletzt des Personal Computer (PC), in zahlreiche Arbeitsbereiche seit den 1980er Jahren, stellte erhöhte Anforderungen an Bildungsstand und Qualifikationsstruktur. Der Anteil der „ungelernten" Erwerbstätigen sank von 41 Prozent (1970) auf 23 Prozent (1989).

Rückkehr der Erwerbslosigkeit

Die Rückkehr einer beträchtlichen Erwerbslosigkeit setzt die 1970er und 1980er Jahre von den beiden vorhergehenden Jahrzehnten deutlich ab. Die Erwerbslosenquote hatte sich 1974 gegenüber dem Vorjahr auf 2,6 Prozent verdoppelt und verdoppelte sich im folgenden

Jahr nochmals auf 4,7 Prozent. Danach sank sie langsam auf 3,8 Prozent (1979 und 1980) ab, um dann erneut stark anzusteigen – auf 7,5 Prozent 1982 und 9,3 Prozent 1985. In der zweiten Hälfte der 1980er Jahre ging sie auf 7,9 Prozent (1989) zurück, um nach der Vereinigungskonjunktur seit der Mitte der 1990er wieder stark anzusteigen. Die Statistik zeigt deutlich, dass weiterhin wirtschaftliche Zyklen wirkten, aber zugleich der Sockel der Erwerbslosigkeit mit jedem Zyklus höher wurde. Lag dieser 1975/77 bei über einer Million, gab es 1983/ 1985 zwei bis 2,3 Millionen Arbeitssuchende. Die internationalen Ölkrisen Anfang der 1970er und Anfang der 1980er Jahre waren nur ein besonders spektakulärer Faktor für die Herausbildung eines hohen Sockels an Erwerbslosigkeit. Weltwirtschaftliche Prozesse, aber auch der starke Anstieg der Erwerbsquote durch das Hineinwachsen geburtenstarker Jahrgänge in das Erwerbsalter, das Nachwachsen der zweiten Ausländergeneration sowie vor allem die steigende Erwerbsbeteiligung der Frauen spielten eine Rolle. Die Schaffung neuer Arbeitsplätze wurde in den 1980er Jahren durch die Steigerung des Erwerbspersonenpotenzials von 27,8 Millionen (1980) auf 29,8 Millionen (1989) weitgehend aufgezehrt; im Mai 1989 sank die Erwerbslosenzahl dennoch erstmals wieder unter die Marke von zwei Millionen. Die Struktur der Erwerbslosigkeit wurde zunehmend von der Gruppe der Langzeiterwerbslosen geprägt. Während 1975 ca. 10 Prozent länger als ein Jahr erwerbslos waren, verdreifachte sich dieser Anteil bis zur Mitte der 1980er Jahre. Überdurchschnittlich vom Risiko der Erwerbslosigkeit betroffen waren Arbeiter, generell ältere Arbeitnehmer und gering qualifizierte, häufig ausländische Jugendliche ohne oder mit niedrigen schulischen Abschlüssen. Vielfältige arbeitsmarkt- und bildungspolitische Maßnahmen haben daran wenig geändert.

Die Entwicklung zur postindustriellen Gesellschaft zeigt sich in der Erosion traditioneller Milieus, auf der politischen Ebene etwa merkbar in der nachlassenden Bindungskraft von Parteien und Gewerkschaften. Dies ist allerdings nicht mit einer generellen Milieuauflösung zu verwechseln. Sozialwissenschaftliche Forschungen ergaben vielmehr eine Differenzierung der sozialen Milieus. Neue Milieus, die sich in ihren Wertorientierungen unterscheiden lassen und bei denen zugleich generationelle Unterschiede und subjektive Komponenten der Selbsteinschätzung eine stärkere Rolle spielen, überlagern mittlerweile die alte Schichteneinteilung. Erosion traditioneller Milieus

Vor diesem Hintergrund bildeten sich seit den 1970er Jahren neue soziale Bewegungen, die sich vielfach in Bürgerinitiativen organisierten. Nach einer Schätzung arbeiteten 1978 ca. 1,8 Millionen Mitglieder Neue soziale Bewegungen in solchen Gruppen aktiv mit, das entsprach der Zahl der Mitglieder aller politischen Parteien. Die Bürgerinitiativen setzten sich meist konkrete Ziele im kommunalen Nahbereich, häufig gegen umweltbelastende Planungen, etwa den Bau von Straßen, Flughafenerweiterungen oder von Industrieansiedlungen, in den Großstädten gegen die rücksichtslose Sanierung von älterer Bausubstanz. Allerdings wuchs in den 1970er Jahren auch die Mitgliedschaft der politischen Parteien noch stark an, CDU und CSU wurden in diesem Zeitraum überhaupt erst zu „Mitgliederparteien".

Immigration

Die Bundesrepublik war – insbesondere infolge der Arbeitsimmigration von Gastarbeitern aus Süd- und Südosteuropa – im Laufe der 1960er und frühen 1970er Jahre faktisch zu einem Einwanderungsland geworden. Spätestens Anfang der 1970er Jahre zeichnete sich endgültig ab, dass die Gastarbeiter durch den Nachzug ihrer Familien zu einem ständigen Teil der Bevölkerung der Bundesrepublik geworden waren. Jedes sechste neugeborene Kind hatte 1974 ausländische Eltern, und von 1970 bis 1980 stieg die Zahl der ausländischen Bürger von 3 auf 4,5 Millionen (7,2 Prozent der gesamten Wohnbevölkerung) stark an. In den 1980er Jahren nahm dann die Zahl der Ausländer nur noch langsam zu. Sie betrug 1989 4,8 Millionen (7,7 Prozent), wobei ein großer Teil bereits in der zweiten und dritten Generation in Deutschland lebte. Mit dieser Entwicklung einher ging eine zunehmende Angleichung des Anteils von Erwerbstätigen an den Stand der einheimischen Bevölkerung. 1984 lag er mit ca. 44 Prozent gegenüber 41 Prozent nur noch knapp darüber, während die Erwerbslosenquote durchgehend etwa doppelt so hoch lag wie in der deutschen Bevölkerung.

Segregationstendenzen ließen sich in den 1970er und 1980er Jahren vor allem in den großen Städten beobachten, wo es zu einer Entmischung von Stadtteilen kam und die Nachbarschaftskontakte zwischen deutschen und ausländischen Bürgern abnahmen. Versuche, die Rückkehr von ausländischen Bürgern in ihre Heimatländer finanziell zu fördern, erwiesen sich als weitgehend erfolglos und wurden Anfang der 1990er Jahre aufgegeben.

Ausländerfeindlichkeit

Das Verhältnis gegenüber ethnischen Minderheiten war auch in den 1970er und 1980er Jahren nicht frei von Ressentiments. Einer Untersuchung des Instituts für angewandte Sozialwissenschaft (infas) zufolge meinten 39 Prozent der repräsentativ Befragten Ende 1981, die Türken würden den Deutschen ihre Arbeitsplätze wegnehmen. Latente oder offene Ausländerfeindlichkeit zeigte sich vor allem unter Menschen mit niedrigem sozialem Status und Bildungsniveau, speziell unter männlichen Jugendlichen.

4. Die letzte Phase der „alten" Bundesrepublik

In den 1980er Jahren äußerte sich Ausländerfeindschaft verstärkt gegen die Gruppe der Asylsuchenden, deren Zahl sich kurzfristig 1980 gegenüber dem Vorjahr auf ca. 108 000 verdoppelte. Bei starken Schwankungen betrug der jährliche Durchschnitt an Asylbewerbern in den nächsten Jahren ca. 50 000, überstieg aber 1988 erneut 100 000. Der Anteil anerkannter Asylberechtigter schwankte stark zwischen 6,8 (1982) und 29,2 Prozent (1985); die große Mehrheit erhielt ein unterschiedlich befristetes Bleiberecht und war von Abschiebung bedroht. Da – neben einem größeren Anteil kurdischer Flüchtlinge aus der Türkei – auch sehr viele Menschen aus Afrika unter den Asylbewerbern waren, mischten sich offen rassistische Töne in die Ausländerfeindschaft.

Asylbewerber

Dagegen war der Zuzug von Aussiedlern aus osteuropäischen Ländern, meist aus Polen und der Sowjetunion, die seit der zweiten Hälfte der 1980er Jahre in größerer Zahl in die Bundesrepublik kamen, politisch erwünscht, da es sich nach deutschem Staatsbürgerschaftsrecht um Landsleute handelte. Ihre Zahl stieg von 39 000 (1985) ununterbrochen auf 377 000 (1989), bevor sie für einige Jahre auf die Hälfte dieses Höchststandes zurückging. Integrationsprobleme der Aussiedler zeigten sich in den 1990er Jahren.

Aussiedler

4.2 Wohlstand und Konsum

Das reale verfügbare Einkommen pro Kopf der Bevölkerung in der Bundesrepublik bzw. in den alten Bundesländern (bezogen auf das Preisniveau von 1991) stieg nach Angaben des Sachverständigenrats zur Begutachtung der gesamtwirtschaftlichen Entwicklung von 16 169 (1970) auf 25 121 DM (1991), ein Anstieg von über 50 Prozent. Die westdeutsche Gesellschaft erlebte – stärker in den 1970er als in den 1980er Jahren – eine weitere erhebliche Wohlstandssteigerung. Dies zeigte sich in der Umschichtung des Konsums. Während den Berechnungen des Statistischen Bundesamtes zufolge 1962/63 immerhin 58 Prozent des Einkommens unmittelbar lebensnotwendig – definitionsgemäß für Nahrung, Kleidung und Wohnung – verwendet wurden, waren es 1973 nur noch 44 und 1978 sogar nur 42 Prozent. In den 1980er Jahren blieb der Anteil ungefähr auf diesem Stand. Dabei sind erhebliche Unterschiede bei den für statistische Zwecke konstruierten Haushaltstypen zu berücksichtigen.

Bei der Verteilung des Volkseinkommens vollzog sich eine gegensätzliche Entwicklung. Die Lohnquote (Anteil der Einkommen aus unselbständiger Arbeit) kletterte in den 1970er Jahren von 68 (1970)

Soziale Ungleichheiten

auf 76 Prozent (1980) und fiel dann wieder auf 70 Prozent (1991), während im gleichen Zeitraum – umgekehrt – die Quote der Einkommen aus unselbständiger Arbeit von 32 (1970) auf 24 Prozent (1980) sank, um dann erneut auf 30 Prozent (1991) anzusteigen. Hinter diesen statistischen Angaben stehen wirtschafts-, finanz- und sozialpolitische Veränderungen, die in den 1980er Jahren die soziale Ungleichheit befestigten, die etwa unter dem Stichwort „Zwei-Drittel-Gesellschaft" diskutiert wurde. Demnach verbreitete sich die gut verdienende Mittelschicht; zwei Drittel der Gesellschaft würden in wachsendem Wohlstand leben, während gleichzeitig ein tiefer sozialer Graben zum unteren Drittel der Gesellschaft, das auf staatliche Unterstützung angewiesen sei, entstehe.

Diese Bezeichnung suggeriert allerdings ein falsches Bild. Während nämlich die relativen Veränderungen beim großen Teil der Einkommensgruppen wenig auffällig waren, die soziale Schichtung insgesamt weitgehend in den gleichen Relationen erhalten blieb, gab es die größten Veränderungen am oberen und unteren Rand der Gesellschaft. So verbesserte sich zum einen die relative Wohlstandsposition der Selbständigen (ohne Landwirte) in außergewöhnlichem Maße; 1970 erzielten diese durchschnittlich ein Einkommen von ca. 140 Prozent im Vergleich zum Durchschnitt aller Einkommensbezieher, 1990 waren es ca. 250 Prozent.

Auf der anderen Seite hatten diejenigen, die auf Sozialhilfe, Arbeitslosengeld, Arbeitslosenhilfe und ähnliche Zuwendungen angewiesen waren, relative Einbußen hinzunehmen. Der Anteil der Armutspopulation – definiert als Einkommen von weniger als der Hälfte des Durchschnitteinkommen – stieg in der Bundesrepublik bzw. in den alten Bundesländern von 6,5 Prozent (1973) auf 10,2 Prozent (1991). Die Zahl der Empfänger von Sozialhilfe erhöhte sich von ca. 1,5 Millionen (1970) auf 2,1 Millionen (1980) und 3,6 Millionen (1989), von denen jeweils etwa ein knappes Drittel Jugendliche unter 18 Jahren waren. Vor allem alleinerziehende Mütter, kinderreiche Familien, Jugendliche und Langzeitarbeitslose sowie ausländische Mitbürger zählten in wachsendem Umfang zum armen Teil der Bevölkerung.

„Neue Wohnungsnot"

Unterschiede deutscher und ausländischer Haushalte zeigen sich im Übrigen etwa bei der Ausstattung der Wohnungen. Während deutsche Haushalte 1989 durchschnittlich über eine Wohnfläche von 43,5 Quadratmeter pro Person verfügten, waren es bei den ausländischen nur 21,7 Quadratmeter; zudem waren deren Wohnungen von geringerem Ausstattungsstandard. Anfang der 1980er Jahre wurden in einer breiten öffentlichen Debatte die Anzeichen einer „neuen Wohnungsnot" diskutiert. Die Zahl der jährlich fertiggestellten Wohnungen sank bis 1988 auf einen Tiefststand von 200 000. Dabei war die Aufspaltung in Wohnungsteilmärkte kennzeichnend. Während gut verdienende Schichten der Bevölkerung ihren erweiterten Wohnraumbedarf vor allem durch Eigenheimbau befriedigen konnten, zog sich der Staat zunehmend aus dem sozialen Wohnungsbau zurück, der den Wiederaufbau gekennzeichnet hatte.

Die Wohnkultur war in den 1970er Jahren von einem Möbelboom geprägt, der einen Trend zu qualitativ hochwertigeren Materialien zeigte – Ledersessel und Schränke aus Massivholz verteuerten die Wohnungseinrichtung, für die bereits Mitte der 1970er Jahre fünfmal so viel wie zu Beginn des Jahrzehnts ausgegeben wurde. Zugleich wurde eine zunehmende milieuabhängige Pluralisierung von Wohnstilen beobachtet. Eben zu dieser Zeit begann auch der Siegeszug des skandinavischen Möbelhauses Ikea.

Wohnkultur

Die flächendeckende Ausbreitung von elektrischen Haushaltsgeräten, deren Besitz bis zu den 1960er Jahren noch sehr abhängig von der Höhe des Einkommens war, setzte sich fort. Der amtlichen Statistik zufolge gab es eine Waschmaschine 1969 in 61 Prozent aller Haushalte, 1988 in 86 Prozent. Bei Kühlschränken stieg der Ausstattungsgrad gleichzeitig von 84 auf 98 Prozent, bei Gefriergeräten von 14 auf 65 Prozent, bei Geschirrspülmaschinen von 2 auf 29 Prozent.

Weitere Modernisierung der Haushalte

Der Anteil der Ausgaben, die von den Vier-Personen-Haushalten von Arbeitern und Angestellten mit mittlerem Einkommen für Freizeitgüter und Urlaub aufgewandt wurden, weist einen Anstieg von 12,3 (1970) auf 18,4 Prozent (1990) auf. Besonders eindrucksvoll ist für diesen von der amtlichen Statistik definierten durchschnittlichen Haushalt der Zuwachs an Geräten der Kommunikations- und Unterhaltungselektronik. Dies betraf nicht nur den Einzug des Fernsehens und Radios in die letzten noch rundfunkfreien Haushalte, befördert vor allem durch Farb-TV-Geräte und Hörfunk in Stereoqualität, sondern auch die Anschaffung neuer technischer Geräte. Die größten Umsatzsteigerungen innerhalb aller unterhaltungsindustriellen Sparten hatte zwischen 1975 und 1985 die Phonoindustrie erzielt. Ein Videorecorder war 1985 in 22 Prozent, 1990 in 54 Prozent aller Haushalte vorhanden. Der Anteil, der einen Personal Computer (PC) besaß, stieg im gleichen Zeitraum von 13 auf 32 Prozent. Erstrangige Bedeutung für die Veränderung der Alltagsmuster und Formung von Lebensstilen hatte auch die Durchsetzung des Telefons, das 1970 erst in einem Fünftel, 1980 bereits in 86 und 1990 in 98 Prozent der Vier-Personen-Arbeitnehmerhaushalte mit mittlerem Einkommen vorhanden war.

Automobilisierung   Die Differenzierung des Einkommensspektrums und der kulturell geprägten Vorlieben drückt sich auch in der Entwicklung der Automobilisierung aus. Eines der auffälligsten Merkmale ist sicherlich die Zunahme an PKW, die den Anspruch individueller Freiheit besonders deutlich symbolisierten. Nachdem sich ihre Zahl bereits in den 1960er Jahren verdreifacht hatte, verdoppelte sie sich nochmals von 13,9 (1970) auf 30,7 Millionen (1990; alte Bundesländer). Ein PKW war 1969 in 44 Prozent, 1978 in 62 und 1988 in 68 Prozent aller bzw. 95 aller Arbeitnehmer-Haushalte mit mittlerem Einkommen (1987) vorhanden. Die Bundesrepublik wandelte sich in den 1970er und 1980er Jahren zu einer weitgehend automobilisierten Gesellschaft, in der in immer mehr Haushalten sogar Zweitwagen angeschafft wurden.

Freizeit   Nach Erhebungen des EMNID-Instituts vermehrte sich die Freizeit der Bundesbürger von 1969 bis 1982 um etwa ein Viertel. Neben dem häuslichen Medienkonsum profitierte davon vor allem der Sport. Die Mitgliederzahl des Deutschen Sportbundes (DSB) verdoppelte sich von ca. 10 Millionen Mitglieder 1970 auf ca. 20 Millionen Mitglieder 1987. Zudem sind vielfältige unorganisierte Sportaktivitäten einzubeziehen, etwa das Ende der 1980er Jahre allmählich populär werdende Jogging und andere Betätigungen, die zu einer steigenden Fitness-Welle gehörten. Der Urlaubstourismus zeigte seit den 1970er Jahren konstant ähnliche Muster. 1987 unternahmen zwei Drittel aller Bundesbürger eine Urlaubsreise, und wiederum mehr als zwei Drittel davon ins Ausland.

4.3 Mediale Revolution

In den 1970er und 1980er Jahren hatte sich die Zahl der angemeldeten Radioapparate und Fernsehgeräte von 19 bzw. 14 (1970) auf 27 bzw. 24 Millionen (1990, „alte" Bundesländer) beträchtlich erhöht. In 96 Prozent aller Vier-Personen-Arbeitnehmerhaushalte mit mittlerem Einkommen befand sich 1990 ein Farbfernsehgerät. Die flächendeckende Versorgung mit den elektronischen Massenmedien war damit erreicht, und der Medienkonsum (von Hörfunk und Fernsehen) in der Freizeit stieg gleichzeitig von ca. zwei auf drei Stunden im Tagesdurchschnitt an.

Kabel, Satellit, Duales System   Während die quantitative Entwicklung der massenmedialen Versorgung und das Publikumsverhalten in allgemeine Trends schon der Zwischenkriegszeit eingebettet werden können, vollzog sich Anfang der 1980er Jahre eine folgenschwere technische und rechtlich-institutionelle Weiterentwicklung im Bereich der elektronischen Medien. Im

4. Die letzte Phase der „alten" Bundesrepublik

Dezember 1982 waren 600 000 Haushalte an das Kabelnetz angeschlossen, drei Jahre später bereits 4,7 Millionen. Seit Anfang 1984 gab es kein öffentlich-rechtliches Rundfunkmonopol mehr, sondern ein so genanntes Duales System öffentlich-rechtlicher und privater Anbieter, deren Kapital seither von wenigen großen Medienkonzernen kontrolliert wird. 1986 begann die Ausstrahlung von privaten und öffentlich-rechtlichen Fernsehprogrammen durch Satelliten, die sich seit dem Ende der 1980er Jahre in vielen Regionen als wichtigste Empfangsmöglichkeit erwiesen. Ebenfalls 1986 nahmen die ersten privaten Hörfunksender ihren Betrieb auf, nachdem die rechtlichen Voraussetzungen durch Landesmediengesetze und die technischen Möglichkeiten durch die Erschließung des UKW-Frequenzbereichs von 100 bis 108 MHz geschaffen worden waren. Rasch erweiterte sich das Angebot für das Publikum von 44 (1987) auf 180 Programme (1991) bzw. auf jeweils 10 bis 15 Programme in UKW-Qualität, die lokal ohne Kabelanschluss zu empfangen waren. Dabei überwogen so genannte Formate mit leichter Unterhaltungsmusik, die sich an altersmäßig unterschiedliche Zielgruppen wandten, um ein gutes Umfeld für kommerzielle Werbung zu schaffen. Das Radio wurde damit noch stärker zum Begleit- oder Nebenmedium, Hintergrundkulisse für andere Beschäftigungen in der Freizeit, beim Autofahren oder am Arbeitsplatz.

Die neuen Fernsehstationen (RTL, SAT 1 u. a.) zeichneten sich durch einen erhöhten Anteil an Unterhaltung jeder Art aus: Kriminal-, Familien-, Arzt- und Jugendserien, die häufig aus den USA importiert und wie „Talkshows" und andere Sendungen von kommerzieller Werbung unterbrochen wurden. Die Programmentwicklung der privaten Anbieter hatte nicht geringe Auswirkungen auf die öffentlich-rechtlichen Anstalten, die mit Anpassungstendenzen auf die Konkurrenz im Kampf um die Zuschauerquoten reagierten. Allerdings behaupteten Informationssendungen bei den öffentlich-rechtlichen Anstalten mit einem Anteil von ca. 40 Prozent seit den 1980er Jahren einen erheblich höheren Stellenwert als bei den privaten Anbietern.

Das Lesen von Presseerzeugnissen aller Art ging durch das erweiterte Angebots an elektronischen Medien zunächst nicht zurück. Vor allem die Zeitungslektüre zählte auch in den 1980er Jahren immer noch zum selbstverständlichen Tagesablauf der Bevölkerungsmehrheit – erst seit der Mitte des Jahrzehnts gab es einen leichten Abwärtstrend der Gesamtauflage. 1990 verwandte die Bevölkerung der „alten" Bundesrepublik an Werktagen durchschnittlich 133 Minuten auf das Fernsehen, hörte 177 Minuten Radio und las 30 Minuten in der Tageszeitung. Während die mit den elektronischen Medien verbrachte Zeit seit 1970

Mediennutzung

regelmäßig anstieg, stagnierte die Zeit für die Zeitungslektüre. Die Zahl der Besucher von öffentlichen Theatern ging in den 1970er und 1980er Jahren um ca. 2 Millionen auf ca. 16 Millionen zurück.

4.4 Jugend und Bildung

Die 1970er Jahre waren von einer weiteren Ausdifferenzierung jugendkultureller Szenen bestimmt. Breite Diskussionen gab es in jenem Jahrzehnt über die Herausbildung eines „Neuen Sozialisationstypus" (NST), der als narzisstisch, hedonistisch und politisch desinteressiert gezeichnet wurde. In den 1980er Jahren wurden in den Medien sehr verschiedene Ansichten über „die" Jugend kolportiert und jeweils mit Meinungsumfragen belegt. Das Spektrum reichte von der „Null-Bock-Generation", die für sich nichts von der Zukunft erwartete und allein die Gegenwart genießen wollte, bis zu einer optimistisch das Leben meisternden Jugend, die vor allem an beruflichem Fortkommen und familiärem Glück interessiert schien. Solche divergenten Bilder zeigen nur, dass es immer weniger gelang, die zunehmend fragmentierte und pluralisierte Jugendszene auf griffige Formeln zu bringen.

Globale Charakterisierungen und Hervorhebungen von Minderheitsphänomenen sind allerdings vor dem Hintergrund der sozialen Situation breiter Schichten der Jugend zu sehen, für die in den 1970er und 1980er Jahren zwei gegenläufige Tendenzen kennzeichnend waren. Auf der einen Seite wuchs der durchschnittliche Bildungsgrad der Jugendlichen, auf der anderen wurde die bald überdurchschnittliche Jugendarbeitslosigkeit seit der Mitte der 1970er Jahre (1975: 116 000; Winter 1982/83: ca. 200 000; Winter 1987/88: ca. 480 000) trotz staatlicher Sonderprogramme zum strukturellen Dauerproblem. Hinsichtlich des Freizeitverhaltens von Jugendlichen zeigte der Vergleich demoskopischer Erhebungen von 1954 und 1984 einen enormen Zuwachs an wahrgenommenen Möglichkeiten – vor allem sportlicher Betätigung, abendlicher Vergnügungen, des Reisens und Medienkonsums – und der individuellen Differenzierung.

Bildungsexpansion

Die 1970er Jahre waren das entscheidende Jahrzehnt der Bildungsexpansion in der Bundesrepublik, die zuvor und danach langsamer verlief. Dies zeigt als wichtige Kennziffer die Verteilung der Schüler im dreigliedrigen System. Während sich 1970 noch mehr als die Hälfte (53 Prozent) derjenigen, welche die 7. Klasse besuchten, auf der Hauptschule befanden, waren es 1980 noch 38 und 1989 mit 32 Prozent weniger als ein Drittel. Gleichzeitig war der Anteil an Gymnasiasten von 22 auf 31 Prozent gestiegen, derjenigen auf der Realschule von

20 auf 27 und derjenigen auf den erst Anfang der 1970er Jahre in einigen Bundesländern eingerichteten integrierten Gesamtschulen auf 6 Prozent. Der Abiturientenanteil am jeweiligen Durchschnittsjahrgang erhöhte sich von 10,7 Prozent 1970 auf 23,5 Prozent 1989. Obwohl die Studienabsicht der Abiturienten im gleichen Zeitraum von ca. 90 Prozent auf einen Anteil von zwei Dritteln zurückging, überstieg die Zahl der Studierenden an den Hochschulen der Bundesrepublik 1980/81 erstmals die Millionengrenze, und entgegen anderslautender Prognosen der Bildungsexperten stieg sie bis 1988/89 weiter auf über 1,5 Millionen.

Die Chancengleichheit hinsichtlich der sozialen Erreichbarkeit von Bildung, eine in den 1960er Jahren vehement erhobene Forderung, konnte nach anfänglichen spürbaren Erfolgen nur langsam weiter verbessert werden. Von den Studierenden an wissenschaftlichen Hochschulen stammten 1966/67 7 Prozent aus Arbeiterhaushalten, 1979, aber auch 1988 waren es jeweils 15 Prozent – in dieser Zeit hatte sich allerdings auch der Anteil der Arbeiterhaushalte verringert.

Deutlicher veränderten sich im Verlauf der Bildungsexpansion der 1970er und 1980er Jahre die Voraussetzungen für die Lebensplanung weiblicher Jugendlicher. Der Anteil der Abiturientinnen, der Ende der 1960er Jahre noch bei ca. 40 Prozent gelegen hatte, stieg bis Mitte der 1980er Jahre auf über 50 Prozent, ebenso der Anteil weiblicher Studierender an Universitäten von 35 Prozent (1970) auf 49 Prozent (1989).

Aufgrund der Prioritätensetzungen öffentlicher Haushalte blieb die materielle und personelle Ausstattung der Bildungseinrichtungen hinter den Erfordernissen durch die Bildungsexpansion seit der Mitte der 1970er Jahre zurück – ein Anlass für periodisch wiederkehrende Proteste an Schulen und Hochschulen, die sich in den 1980er Jahren steigerten und im bisher größten Streik der Studierenden im Wintersemester 1988/89 ihren vorläufigen Höhepunkt fanden. Zugleich dämpfte die Arbeitslosigkeit von Hochschulabsolventen die Bildungseuphorie. 1975 gab es 2,8 Prozent arbeitslose Akademiker (bei einer allgemeinen Arbeitslosenquote von 4,7 Prozent), 1986 waren es 5,1 Prozent (gegenüber 9,0 Prozent).

_{Ungelöste Probleme}

Überblickt man die Sozialgeschichte der Bundesrepublik bis 1989/90, lässt sich bei aller nationalen Spezifik, nicht zuletzt angesichts der langen Schatten des NS-Regimes und des Zweiten Weltkriegs, doch als Tendenz eine Annäherung an ähnlich gerichtete Prozesse in anderen westeuropäischen Gesellschaften beobachten. Dies zeigte sich immer deutlicher nach dem Abschluss des Wiederaufbaus mit seinen enormen

_{Die Sozialgeschichte der „alten" Bundesrepublik}

Integrationsleistungen und betraf grundlegend die Muster industriegesellschaftlicher, postindustrieller und wohlfahrtsstaatlicher Trends, der „Verwissenschaftlichung des Sozialen" (L. Raphael), der Überlagerung und Erosion traditioneller Milieus durch neue Muster des Konsums, der Lebensstile in der Freizeit und eine immer tiefgreifendere Medialisierung. Auch die hier nicht näher betrachteten Auswirkungen auf das politische System, von den Jugendrevolten der 1960er Jahre bis zu den Neuen Sozialen Bewegungen, weisen auf ähnliche Phänomene im westeuropäischen Maßstab hin.

II. Grundprobleme und Tendenzen der Forschung

1. Phasen der sozialhistorischen Erforschung der Bundesrepublik

1.1 Die Bundesrepublik als Gegenstand sozialhistorischer Forschung

Die sozialhistorische Erforschung der „alten" Bundesrepublik begann – ungeachtet einiger früher Versuche – erst in ihrem letzten Jahrzehnt. Dafür gibt es mehrere Gründe:

Gründe für den späten Beginn

1. Die Sozialgeschichte befand sich in Deutschland traditionell in einer minoritären Position innerhalb der Geschichtswissenschaft, und auch nach dem Zweiten Weltkrieg dominierte eine auf politische Akteure und Institutionen gerichtete Nationalgeschichtsschreibung die Szene. Nicht mehr, aber auch nicht weniger als deren Protagonisten hatten sich jüngere Sozialhistoriker dem NS-Regime zur Verfügung gestellt, ihre unter dem Signum der „Volksgeschichte" entwickelten Ansätze [129: W. OBERKROME, Volksgeschichte] reichten durchaus in die Zeit der Bundesrepublik hinein und bildeten einen Anknüpfungspunkt für eine „moderne Sozialgeschichte", die ein 1957 von W. Conze gegründeter Arbeitskreis als Bezeichnung im Titel trägt [139: W. SCHULZE, Deutsche Geschichtswissenschaft, 281 ff.; 132: L. RAPHAEL, Von der Volksgeschichte; 111: TH. ETZEMÜLLER, Sozialgeschichte]. Die leitenden Fragestellungen – sie richteten sich auf Gefährdungspotenziale politischer Ordnung im „industriellen Zeitalter" [20: W. CONZE, Strukturgeschichte] – der „modernen" Sozialhistoriker waren zwar von hoher Gegenwartsrelevanz, bezogen sich aber noch selten empirisch auf das 20. Jahrhundert oder gar die Zeit nach dem Zweiten Weltkrieg. Allerdings bestanden enge, schon in der Zwischenkriegszeit geknüpfte, Verbindungen zu ehedem konservativ-revolutionären Soziologen – H. Freyer, A. Gehlen, H. Schelsky u. a. –, die unter ähnlichen Fragestellungen wie die Sozialhistoriker die Gegenwart der frühen Bundesrepublik untersuchten. Dieser Begegnungsraum ist noch nicht vollständig erkundet.

2. Die Zeitgeschichte als neue Disziplin am Rande der Geschichtswissenschaft, beheimatet vor allem im Institut für Zeitgeschichte München-Berlin und in wenigen universitären Fachbereichen, dort in der Regel als Ergänzung politikwissenschaftlicher Lehrstühle, war in den 1950er und 1960er Jahren fast ausschließlich mit der Forschung zur Weimarer Republik als Vorgeschichte des „Dritten Reiches" und mit der NS-Diktatur selbst befasst. Sozialhistorische Dimensionen besaßen darauf gerichtete Studien seinerzeit nur selten; dies galt zunächst auch für die Erkundung der Besatzungszeit nach dem Zweiten Weltkrieg, die Ende der 1960er Jahre einsetzte.

3. Die Voraussetzungen für eine sozialhistorische Betrachtung der Bundesrepublik verbesserten sich im Laufe der 1970er Jahre sichtlich. Ein wichtiger Grund dafür war außerwissenschaftlicher Natur. Die Dramatik des Kalten Krieges hatte nachgelassen, die Bundesrepublik war ein stabiler demokratischer Staat mit einer Gesellschaft geworden, die sich gelassen ihrer Geschichte zu vergewissern begann. Damit verbunden war das allgemeine Vordringen einer Strömung, getragen von Vertretern einer neuen Historiker-Generation mit engeren Kontakten vor allem zur angelsächsischen Welt, die Geschichte als „Historische Sozialwissenschaft" auffasste. Dass der sozialhistorischen Perspektive bei der Betrachtung der Bundesrepublik zunehmend größerer Raum gegeben wurde, zeigt z. B. ein Vergleich der beiden Bände des „Oldenbourg Grundriss der Geschichte" über deren Geschichte bis und seit 1969 [76: R. MORSEY, Bundesrepublik; 83: A. RÖDDER, Bundesrepublik].

Quellen
Die Quellen für eine sozialhistorisch orientierte Zeitgeschichte der Bundesrepublik sprudeln überreichlich. Nicht nur die nach jeweiligen – gewöhnlich – dreißigjährigen Sperrfristen freigegebenen Archivalien staatlicher Provenienz stehen zur Verfügung, ebenso viele Unterlagen privater Archive. Daneben veröffentlichen Print- und elektronische Medien einer demokratisch verfassten Gesellschaft täglich eine enorme Flut von Informationen, die für sozialhistorische Studien wichtiges Material bereitstellen. Eher besteht also das Problem der Unübersichtlichkeit als des Mangels an Quellen. Eine sehr wichtige Quellengattung stellen die zeitgenössischen sozialwissenschaftlichen Analysen dar, die teils im Auftrag staatlicher Stellen, teils aufgrund kommerzieller Interessen und teils im Rahmen akademischer Forschung entstanden, die „Verwissenschaftlichung des Sozialen" [131: L. RAPHAEL, Verwissenschaftlichung] spiegeln. Die alliierten Besatzungsbehörden, vor allem in der US-Zone, interessierten sich nicht zuletzt für die soziale Lage und die weltanschauliche Einstellung der Jugendlichen, der Flüchtlinge und Vertriebenen und anderer Gruppen [102: H. BRAUN/S.

ARTICUS, Sozialwissenschaftliche Forschung]. Die Gründung demoskopischer Institute – des Instituts für Demoskopie in Allensbach oder des EMNID-Instituts in Bielefeld [485: A. GALLUS/M. LÜHE, Öffentliche Meinung; 472: A. KRUKE, Zwischen Verwissenschaftlichung] – verdankte sich diesem Umstand, später traten Aufträge von Regierungsseite, der öffentlich-rechtlichen Rundfunksender und die Konsumforschung für private Unternehmen hinzu. Auch die empirische Sozialforschung, angesiedelt zwischen deutscher Tradition und amerikanischen Vorbildern [147: J. WEYER, Westdeutsche Soziologie; 82: P. NOLTE, Ordnung, 235 ff.], erlebte einen Aufschwung. Zwei der wichtigsten Zentren waren die Sozialforschungsstelle Dortmund und das Frankfurter Institut für Sozialforschung, das nach dem erzwungenen Exil in Frankreich und den USA Anfang der 1950er Jahre an seinen Ursprungsort zurückkehrte [128: O. NEULOH u. a., Sozialforschung; 148: R. WIGGERSHAUS, Frankfurter Schule]. Deren jeweilige Studien, etwa zu familiären Strukturen, zur dörflichen oder großstädtischen Gesellschaft sowie proletarischen Milieus, bieten der sozialhistorischen Forschung wichtige Ansatzpunkte besonders für die Untersuchung der Frühzeit der Bundesrepublik; allerdings sind sie auch deshalb besonders kritisch zu betrachten, weil kaum Zeitreihen und Vergleichsmöglichkeiten für die Zeit vor 1945 zur Verfügung standen und mittels weniger empirischer Befunde oft weitreichende Thesen formuliert wurden. Die empirische Sozialforschung seit den 1960er Jahren theoretisierte sich, sprach zunehmend eine fremde Wissenschaftssprache und erinnerte sich kaum ihrer eigenen Geschichte; dadurch verschwanden häufig die direkten Anknüpfungspunkte für sozialhistorische Studien [482: C. WEISCHER, Unternehmen]. Zu erwähnen ist schließlich die theoriegeleitete Produktion von Quellen in Form von lebensgeschichtlichen Interviews (s. u.).

Als gewichtiger Beitrag erschien 1983 der von W. CONZE und M. R. LEPSIUS 1983 herausgegebene Band „Sozialgeschichte der Bundesrepublik Deutschland" [55], eine Veröffentlichung in der Reihe „Industrielle Welt", der Schriftenreihe des „Arbeitskreises für moderne Sozialgeschichte". Dieser Band, an dem sowohl Vertreter der älteren als auch der jüngeren Generation der Sozialgeschichte mitgearbeitet hatten, gilt trotz starker Qualitätsunterschiede einzelner Beiträge als Eröffnung der sozialhistorischen Erforschung der Bundesrepublik. Er trug den Untertitel „Beiträge zum Kontinuitätsproblem". Damit sollte nicht der „schroffe Kontinuitätsbruch" durch das Ende des NS-Regimes geleugnet, aber gleichzeitig die „Siedlungskontinuität (als) die entscheidende Klammer zwischen Vergangenheit und Zukunft" [W.

Auftakt der Forschung

CONZE, Staats- und Nationalpolitik. Kontinuitätsbruch und Neubeginn, in: 55; kritisch: L. NIETHAMMER, Zum Wandel der Kontinuitätsdiskussion, in: 64: 69 ff.; 82: P. NOLTE, Ordnung, 212 ff.] hervorgehoben werden.

<small>Interpretationslinien</small>

Damit erst wurde die Perspektive für eine „Zeitsozialgeschichte" [M. PRINZ, Demokratische Stabilisierung, 656] eröffnet, die zur Berücksichtigung langfristig wirkender Strukturen und Wandlungstendenzen die politischen Epochengrenzen bei ihren Untersuchungen überschreiten und eine Einbettung der Bundesrepublik in die Geschichte des 20. Jahrhunderts vornehmen musste. Vom „Kontinuitätsproblem" im Blick auf 1945 ausgehend entstand allerdings die Frage, wo denn zeitlich alternativ wesentliche sozialhistorische Umbruchprozesse anzusetzen wären. Die Antworten darauf sind vielfältig. Es gibt die Hypothese tiefgreifender intentionaler Modernisierungen der Sozialstruktur, vor allem des Aufbrechens traditioneller Milieus, in der Zeit des „Dritten Reiches", wodurch der Bundesrepublik eine Rückkehr zur Weimarer Republik von vornherein verstellt gewesen sei [21: R. DAHRENDORF, Gesellschaft; dazu: M. PRINZ, Ralf Dahrendorfs „Gesellschaft und Demokratie" als epochenübergreifende Interpretation des Nationalsozialismus, in: 58: 755–778]; dagegen wurde in der Debatte zu den „Ambivalenzen der Moderne im Nationalsozialismus" [96: R. BAVAJ] eingewandt, dass die ungeplanten sozialen Folgen der Niederlage des Zweiten Weltkriegs, vor allem die Zwangsmigration durch Flucht und Vertreibung, sehr viel wirkungsmächtiger gewesen seien. Die Folgen der deutschen Spaltung für die westdeutsche Gesellschaft – etwa hinsichtlich des Wegfalls ostelbischer agrarischer Milieus und eines konfessionellen Übergewichts der protestantischen Seite – sind in zeitgeschichtlichen Studien ebenso betont worden wie der exogene Faktor westlichen, vor allem US-amerikanischen Einflusses oder die durch die Dynamik des westdeutschen Wiederaufbaus selbst entfalteten Veränderungsprozesse, bei denen wiederum auf Kontinuitätsstränge aus der Zwischenkriegszeit hingewiesen worden ist.

<small>Das Periodisierungsproblem</small>

Das damit verbundene Periodisierungsproblem ist nicht mit einer generellen Formel zu lösen. Je nach dem Gegenstand ergeben sich Besonderheiten der Periodisierung, des Verhältnisses von sozialhistorischen Kontinuitäten, allmählichem Wandel und abrupten Brüchen [51: M. BROSZAT, Zäsuren; 133: A. SCHILDT, Nachkriegszeit; 82: P. NOLTE, Ordnung, 231 ff.]. Nicht zufällig betonten darauf gerichtete Forschungsprojekte zunächst die Scharnierfunktion gerade der von ihnen untersuchten Zeiträume; erst eine retrospektive Zusammenschau aus gehöriger zeitlicher Distanz kann die Vielfalt der Perspektiven zugleich in ihrem Eigenwert würdigen und im Blick auf das gesamte 20. Jahrhundert wieder zusammenführen.

Die empirische zeithistorische Forschung der Nachkriegszeit in synthetisierender Absicht folgt im Prinzip schwerpunktmäßig – in einem Abstand von etwa drei Jahrzehnten – dem Verlauf der Geschichte, so dass in den 1970er Jahren die Zeit der alliierten Besatzung im Zentrum des Interesses stand, in den 1980er Jahren folgte die Rekonstruktion der 1950er Jahre, seit den ausgehenden 1990er Jahren schloss sich die Erforschung der 1960er Jahre an, und mittlerweile werden auch die 1970er Jahre in die sozialhistorische Deutung einbezogen. Dabei fließen die jeweiligen zeitspezifischen wissenschaftlichen und außerwissenschaftlichen Diskussionen und Interessen der Zeithistoriker in die Forschungsansätze ein, die selbst wiederum wissenschaftsgeschichtlich zu verorten sind.

1.2 Die Folgen des NS-Regimes und des Krieges

Die Sozialgeschichte des staatenlosen Zeitraums zwischen Kriegsende und doppelter Staatsgründung ist insgesamt recht gut erforscht [49: W. BENZ, Deutschland]. Die Ausgangsbilanz, die angesichts chaotischer Zustände und einer insgesamt unübersichtlichen Situation angesichts des Zusammenbruchs zunächst schwer zu bestimmen war, ist im Laufe der Jahrzehnte immer wieder korrigiert und modifiziert worden, wobei die Annahme einer gesellschaftlichen „Stunde Null" mittlerweile zwar in den Bereich der Legende verwiesen worden ist, aber doch zugleich die Aufbruchs- und Mobilisierungspotenziale genauer in den Blick genommen werden, die mit dem Kriegsende verbunden waren [157: H.-E. VOLKMANN, Ende; 156: B.-A. RUSINEK, Kriegsende; europäisch vergleichend: 154: U. HERBERT/A. SCHILDT, Kriegsende]. Insbesondere die Konfrontation mit den USA als Kriegsgegner und Besatzungsmacht ist eingehend untersucht worden [215: H. WOLLER, Gesellschaft; 153: K.-D. HENKE, Amerikanische Besetzung].

Ausgangssituation 1945

Die Schätzungen der militärischen Verluste sind zuverlässig zusammengestellt worden [155: R. OVERMANS, Deutsche militärische Verluste], die materiellen Schäden und sozialen Auswirkungen des Bombenkriegs, der sich gegen rüstungswirtschaftliche Zentren, aber auch gegen Zivilisten in der Absicht der Zerstörung der deutschen Kriegsmoral richtete, wurden in zahlreichen lokalhistorischen Studien beschrieben und waren Gegenstand zusammenfassender Monographien [152: O. GROEHLER, Bombenkrieg; 181: M. KRAUSE, Flucht]. Insbesondere die Zerstörungen deutscher Städte, die dadurch bedingte Woh-

Studien zur Schadensbilanz

nungsnot und planerischen Erfordernisse sind häufig thematisiert worden [230: K. VON BEYME, Wiederaufbau, 25 ff.; 232: W. DURTH/N. GUTSCHOW, Träume; A. SCHILDT, Wohnungspolitik, in: 250: 151–189; 239: A. VON SALDERN, Häuserleben, 255 ff.; W. DURTH, Vom Überleben. Zwischen Totalem Krieg und Währungsreform, in: 233: 17–79]; auch die chaotischen Verkehrsverhältnisse wurden des öfteren beschrieben [U. BURGHARDT, Verkehr, in: 48, Bd. 2: 249–253; A. GALL, „Gute Straßen bis ins kleinste Dorf!" Verkehrspolitik und Landesplanung 1945–1976, in: 425: 119–204].

Umrisse sozialer Not

Die krasse soziale Notsituation, die sich in der unmittelbaren Nachkriegszeit vor allem in mangelhafter Ernährung und Versorgung mit lebensnotwendigen Gütern, Wohnungsnot und fehlender Heizungsenergie zeigte, ist breit dokumentiert worden [210: K.-H. ROTHENBERGER, Hungerjahre; 212: G. STÜBER, Kampf gegen den Hunger; 214: M. WILDT, Traum; 208: P. ERKER, Ernährungskrise; 213: G. J. TRITTEL, Hunger; 209: R. GRIES, Rationen-Gesellschaft; 211: K.-L. SOMMER, Humanitäre Auslandshilfe]. Auch die Situation der alleinstehenden Frauen und der häufig unvollständigen Familien, die zeitgenössisch zu großer Sorge Anlass gab, ist Gegenstand einiger Studien gewesen [B. WILLENBACHER, Zerrüttung und Bewährung der Nachkriegsfamilie, in: 50; 363: R. G. MOELLER, Geschützte Mütter; 358 E. HEINEMAN, Difference; 366: M. NIEHUSS, Familie; 362: C. KULLER, Familienpolitik]. Vergleichsweise weniger Interesse hat demgegenüber die Nachkriegsjugend gefunden [411: J. ZINNECKER, Jugendkultur; 407: R. SCHÖRKEN, Jugend 1945; 393: A. KENKMANN, Wilde Jugend; 376: F. BOLL, Jugend; 385: D. FOITZIK, Jugend; 408: R. SCHÖRKEN, Niederlage]. Durch den Teilband 9/2 der „Geschichte des Zweiten Weltkriegs" des Militärgeschichtlichen Forschungsamtes sind jetzt auch zahlreiche sozialgeschichtliche Verbindungslinien zwischen Kriegs- und Nachkriegsgesellschaft besser sichtbar geworden [56: J. ECHTERNKAMP, Das Deutsche Reich].

Kriegsgefangene

Das Schicksal der auf anfänglich ungefähr 11 Millionen geschätzten Kriegsgefangenen ist unter Einbeziehung sozialer Probleme bei ihrer Heimkehr behandelt worden, wobei die kleine Gruppe der „Spätheimkehrer" besonderes Interesse erfahren hat [186: A. LEHMANN, Gefangenschaft; 200: A. L. SMITH, Die „vermißte Million"; 178: A. K. KAMINSKY, Heimkehr 1948; 189: K.-D. MÜLLER u. a., Tragödie; 191: R. OVERMANS, Soldaten].

Sozialpolitische Maßnahmen

Die sozialpolitischen Maßnahmen, die mit dem Bundesversorgungsgesetz Ende 1950 auf eine breite Grundlage gestellt wurden, waren nicht nur ein wichtiger Teil der Integrationspolitik gegenüber ehemaligen Soldaten [167: J. M. DIEHL, Thanks, 109 ff.]. Sie erstreckten sich im ersten Jahr auf ca. 3,9 Millionen Versorgungsberechtigte; neben den „Beschädigten" handelte es sich dabei um ca. 900 000 Witwen und 1,3 Millionen Waisen. Nachdem die Zahl der Leistungsempfänger noch bis zur Mitte der 1950er Jahre hin leicht anstieg, ging sie seither allmählich zurück, betrug aber im letzten Jahr der „alten" Bundesrepublik immer noch 1,4 Millionen, die Hälfte davon Kriegsbeschädigte – ein deutliches Zeichen für die langfristigen sozialpolitischen Lasten des Zweiten Weltkriegs [258: L. WIEGAND, Kriegsfolgengesetzgebung).

Die Erforschung der Vertriebenen und Flüchtlinge, die die westdeutsche Gesellschaft schon von den quantitativen Dimensionen her stark prägten, war seit dem Ende des Krieges ein ausgesprochener Schwerpunkt der soziologischen Forschung [28: E. LEMBERG/F. EDDING, Die Vertriebenen] und etwa seit Mitte der 1980er Jahre integraler Bestandteil der Sozialgeschichtsschreibung der Bundesrepublik geworden. Es liegen dazu verschiedene Überblicksdarstellungen und Forschungsberichte vor [164: W. BENZ, Vertreibung; 172: M. FRANTZIOCH, Die Vertriebenen; 198: R. SCHULZE u. a., Flüchtlinge und Vertriebene; 202: J.-D. STEINERT, Die große Flucht; 170: R. ENDRES, Bayerns vierter Stamm; 173: K. E. FRANZEN, Die Vertriebenen]; einiges Interesse haben in diesem Zusammenhang etwa das durch die Ansiedlung von Flüchtlingen und Vertriebenen bedingte Aufbrechen vormals konfessionell homogener Regionen und Gemeinden und die kirchlichen Reaktionen darauf gefunden [194: H. RUDOLPH, Evangelische Kirche, Bd. I; 174: M. HIRSCHFELD, Katholisches Milieu; 163: R. BENDEL, Aufbruch].

Flüchtlinge und Vertriebene

In den letzten Jahren hat die Gruppe der Displaced Persons (DPs), sehr häufig zur Zwangsarbeit in das Deutsche Reich verschleppte Personen jugendlichen und mittleren Alters, darunter auch viele Juden aus verschiedenen europäischen Ländern [168: A. EDER, Flüchtige Heimat; 180: A. K. KÖNIGSEDER, Flucht nach Berlin; 185: H. LAVSKY, New beginnings], das Interesse der sozialhistorischen Forschung gefunden, nachdem bereits Mitte der 1980er Jahre die erste größere Darstellung vorlag [177: W. JACOBMEYER, Vom Zwangsarbeiter]. Die lokalen und lebensweltlichen Dimensionen dieser besonderen Schicksalsgruppe des Zweiten Weltkriegs sind bisher nur in wenigen Studien thematisiert worden [205: P. WAGNER, Displaced Persons; 169: A. EDER, Displaced Persons; 162: S. VON BEHRENS, Zeit].

Displaced Persons

Im Rahmen der zunächst von der Literaturwissenschaft dominierten „Exilforschung" wird seit etwa einem Jahrzehnt intensiv auch die zahlenmäßig geringe Remigration von Flüchtlingen aus dem „Dritten Reich" unter sozialhistorischen Fragestellungen behandelt [183: C.-D.

Remigration

KROHN/P. VON ZUR MÜHLEN, Rückkehr; 182: M. KRAUSS, Heimkehr; 184: C.-D. KROHN/A. SCHILDT, Zwischen den Stühlen?].

Entnazifizierung — Eine umfassende Sozialgeschichte der Entnazifizierung, vor allem der nationalsozialistisch belasteten Teile der Funktionseliten, liegt bisher noch nicht vor. Die quantitativen Dimensionen, juridischen Muster, politischen Strategien und öffentlichen Erörterungen der Entnazifizierung sind zwar – vor allem für die US-Besatzungszone – rekonstruiert worden [223: L. NIETHAMMER, Mitläuferfabrik; 227: C. VOLLNHALS in Zusammenarbeit mit TH. SCHLEMMER, Entnazifizierung; 224: C. RAUH-KÜHNE, Entnazifizierung], aber die gesellschaftlichen Wirkungen und Auswirkungen, etwa im kommunalen Mikrokosmos, bleiben noch weitgehend unerforscht.

LUSIR-Projekt — Das von L. Niethammer geleitete Projekt „Lebensgeschichte und Sozialkultur im Ruhrgebiet 1930–1950" (LUSIR-Projekt), das sich auf den historischen Abschnitt von der Weltwirtschaftskrise bis zum Beginn des Wiederaufbaus konzentrierte [78: L. NIETHAMMER, Die Jahre; 79: L. NIETHAMMER, Hinterher; 81: L. NIETHAMMER/A. VON PLATO, Andere Zeiten], war regionalhistorisch angelegt, wie generell der Wert regional- und lokalgeschichtlicher Zugriffe, bei denen dichte Beschreibungen gelingen, für die Sozialgeschichte der Bundesrepublik sehr hoch anzusetzen ist. Innovativ wirkte das LUSIR-Projekt in mehrfacher Hinsicht. Zum einen erhielt die Kategorie der „Erfahrung" einen zentralen Stellenwert. Gegenüber der Konzentration auf „objektive" soziale Strukturen – auf Schichten, Klassen und Milieus – avancierten die alltäglichen und individuellen Erfahrungen „kleiner Leute" zum Ausgangspunkt der historischen Erzählung. Der „verdrängte Kontinuitätsfaktor: Das Volk" [78: L. NIETHAMMER, Die Jahre, 8] sollte damit in sein Recht gesetzt werden. Dass dieser lange Zeit ignoriert worden war, führte Niethammer auf eine zeitgenössische verstehbare „Skepsis gegenüber dem Volk" [EBD., 10] nach der Erfahrung des Nationalsozialismus zurück, die bis in die Formulierungen des Grundgesetzes hinein zu verfolgen sei. Verbunden war mit dieser Einbeziehung des „subjektiven Faktors" ein zugleich inhaltlicher wie methodischer Perspektivenwechsel.

„Geschichte von unten" — Das Projekt wurde zu einem Orientierungspunkt für die „Geschichte von unten", einer breiteren „Geschichtsbewegung" meist jüngerer „Alltagshistoriker", und die lebensgeschichtliche Seite fand durch die Anwendung der international diskutierten Methode der „Oral History", lebensgeschichtlicher Interviews, mit denen Menschen zu Wort kommen sollten, die in der Regel wenige schriftliche Zeugnisse hinterlassen, ihren Ausdruck. Als wichtige Erkenntnis dieser Interviews wurde festgehalten, dass die Befragten dazu tendierten, die

1930er und (frühen) 1950er Jahre gleichermaßen als ruhige und glückliche Zeiten biographisch zu parallelisieren [U. HERBERT, „Die guten und die schlechten Zeiten", in: 78: 67–96]. Dass Teile der eigenen, traumatisch besetzten Lebensgeschichte als unerzählbar galten bzw. wenn überhaupt, sehr viel später thematisiert wurden, ist erst seit kurzem betont worden [355: M. DÖRR, Wer die Zeit ...; 190: V. NEUMANN, Nicht der Rede wert; S. BEHRENBECK, Between Pain and Silence. Remembering the Victims of Violence in Germany after 1949, in: 165: 37–64].

Das LUSIR-Projekt verfolgte durchaus eine politische Fragestellung: Wie kam es zur „sozialdemokratischen Vorherrschaft" [78: L. NIETHAMMER, Die Jahre, 7; vgl. 424: K. ROHE, Vom sozialdemokratischen Armenhaus] im Ruhrgebiet als einer zentralen industriellen Region, die vor 1933 – im Blick auf die Wahlen – primär von kommunistischer und katholischer Arbeiterbewegung geprägt gewesen war, während die Sozialdemokratie eine minoritäre Rolle einnahm? Die aus lebensgeschichtlichen Interviews kondensierten Erklärungsansätze hoben darauf ab, dass zum einen die politische Lagerbildung von 1933 keine direkte Entsprechung im Arbeitermilieu fand, dass zum zweiten die terroristische Ausschaltung der Funktionäre im Widerstand, vor allem der Kommunisten, eine gewisse Orientierungslosigkeit und daraus folgend eine „gewisse Orientierungsoffenheit" [L. NIETHAMMER, Vorwort, in: 79: 10] in proletarischen Milieus begünstigte, die als solche weiter bestanden. Die starke Position der gewerkschaftlich organisierten Arbeiter bei der Sicherung der Weiterexistenz von Betrieben bis hin zur Aktivität auf dem Schwarzen Markt [L. NIETHAMMER, Privat-Wirtschaft. Fragmente einer anderen Umerziehung, in: 79: 17–105] habe die Bedeutung eines „heimlichen Lehrplans für die Arbeiterbevölkerung an der Ruhr" gewonnen, der in die Richtung einer „alternativlosen Verinnerlichung der Kleinfamilie und zur Akzeptanz des Marktes" [L. NIETHAMMER, Vorwort, in: 79: 10f.; U. HERBERT, Zur Entwicklung der Ruhrarbeiterschaft 1930 bis 1960 aus erfahrungsgeschichtlicher Perspektive, in: 81: 19–51] wies, unter der Voraussetzung der Steuerung seiner Wirkungen durch korporative Organisationen [vgl. auch P. ERKER, Die Arbeiter bei MAN 1945 bis 1950, in: 298: 546–572; 297: D. SÜSS, Kumpel, 73ff.].

Letztlich wurde von L. Niethammer den Lernprozessen in der unmittelbaren Nachkriegszeit die Funktion eines Schubs zur endgültigen Stabilisierung der bürgerlichen Gesellschaft in Deutschland zugewiesen, die als historisches „Projekt" [L. NIETHAMMER, Einführung. Bürgerliche Gesellschaft als Projekt, in: 80: 17–38] zu verstehen sei. Während es über Ende oder Weiterexistenz des Bürgertums und der Bürgerlich-

Wiederaufrichtung bürgerlicher Gesellschaft

keit nach dem Ersten Weltkrieg durchaus Debatten gegeben hat, wird die Auffassung von der Bundesrepublik als „bürgerlicher Gesellschaft" in sozialhistorischer Perspektive weithin geteilt – bei allerdings gravierenden Unterschieden in der Deutung des Zusammenhangs der sozialen Formation und ihres kulturellen Ausdrucks „Bürgerlichkeit" [314: H.-U. WEHLER, Deutsches Bürgertum; 105: E. CONZE, Eine bürgerliche Republik?; M. HETTLING, Bürgerlichkeit im Nachkriegsdeutschland, in: 63: 7–37] Davon unberührt bleiben spezifizierende Charakterisierungen der „bürgerlichen Gesellschaft", die einige ihrer wichtigsten Tendenzen besonders hervorheben (s. u.).

Sozial- gegen Alltagsgeschichte — In den 1980er Jahren wogte ein heftiger Streit zwischen Vertretern der Sozialgeschichte und der Alltagsgeschichte [Stellungnahmen mit abgewogenen Urteilen bereits: 143: K. TENFELDE, Schwierigkeiten; 103: F.-J. BRÜGGEMEIER/J. KOCKA, Geschichte von unten; 138: W. SCHULZE, Mikrohistorie; 109: R.VAN DÜLMEN, Historische Anthropologie]. Die Kritiker der Alltagsgeschichte konzedierten bald, dass Empfindungen und Wahrnehmungen von Menschen in eine „erweiterte" Sozialgeschichte zu integrieren seien, bestanden aber darauf, dass die Konzentration auf den alltäglichen Mikrokosmos keinen hohen Stellenwert für die Analyse gesellschaftlicher Veränderungen habe. Umgekehrt wurde die Ausklammerung der menschlichen Praxis aus einer Sozialstrukturgeschichte als defizitär und letztlich zu hoher Abstraktion führend beklagt. Der Streit, der am Ende der 1980er Jahre allmählich auslief, hat die Sozialgeschichte der Bundesrepublik zumindest für die Beachtung der zentralen Kategorie der Erfahrung sensibilisiert und das methodische sowie das Arsenal an Quellen – etwa um lebensgeschichtliche Interviews – bereichert, selbst wenn heute kaum noch jemand die Meinung vertreten dürfte, dass die über die Oral History vermittelte Perspektive den Königsweg der Forschung darstellen könnte.

„Von Stalingrad zur Währungsreform" — Interessante Diskussionen rief ein von einer Forschergruppe des Münchner Instituts für Zeitgeschichte herausgegebener Sammelband hervor, mit dem die Zäsur von 1945 hinsichtlich ihrer erfahrungsgeschichtlichen Dimension relativiert wurde [50: M. BROSZAT/K.-D. HENKE/H. WEBER, Von Stalingrad zur Währungsreform; zur Diskussion: 149: H.-A. WINKLER, Sozialer Umbruch; N. FREI, Die Besatzungsherrschaft als Zäsur?, in: 58: 779–788]. Nicht so sehr die dort aufgestellte These, dass die Gesellschaftsgeschichte des Umbruchs nicht synchron zur politischen Zäsur verlief und bereits in der zweiten Hälfte des Krieges begonnen hatte, bildete allerdings den entscheidenden Kritikpunkt, sondern die im Titel des Bandes und im Vorwort der Herausgeber nahegelegte These, dass mit der Währungsreform 1948 ein früher Endpunkt

für diesen gesellschaftsgeschichtlichen Umbruch angegeben werden könne, womit kurzfristige Einstellungsveränderungen mit längerfristigem Wertewandel identifiziert wurden; in etlichen Beiträgen des Bandes wurden die thematischen Linien allerdings ohnehin weiter bis in die frühe Bundesrepublik gezogen, hatte doch die Entdeckung der 1950er Jahre mittlerweile begonnen.

1.3 Die 1950er und 1960er Jahre

Der Politikwissenschaftler und Zeithistoriker H.-P. Schwarz formulierte Anfang der 1980er Jahre eine scharfe Kritik an der besonders von Historikern der DDR in polemischer Absicht vorgetragenen Interpretation einer angeblich restaurativen Entwicklung in Westdeutschland nach dem Zweiten Weltkrieg. Diese propagandistisch induzierte und sozialhistorisch „drapierte" Interpretation hatte lediglich eine konventionelle „politische Ereignisgeschichte" [107: A. DOERING-MANTEUFFEL, Deutsche Zeitgeschichte, 7] geboten. Abgesehen davon, dass die Geschichte der Bundesrepublik in dieser Sicht gar nicht mehr interessierte, weil die Staatsgründung 1949 als negativer Endpunkt einer angeblich von Westalliierten gemeinsam mit den westdeutschen Eliten durchgesetzten Strategie gegen den auf eine radikale Demokratisierung und Sozialisierung gerichteten Willen der Bevölkerung galt, waren die Bezugsgrößen, an denen „Restauration" gemessen werden sollte, völlig diffus, war es doch offensichtlich, dass nach dem Zweiten Weltkrieg weder die gesellschaftlichen Zustände der 1920er Jahre noch jene des „Dritten Reiches" hergestellt worden waren. Gegen die aus der Restaurationsthese folgende und weit verbreitete Vorstellung von den 1950er Jahren als Phase bleiernen gesellschaftlichen Stillstands setzte H.-P. Schwarz die entgegengesetzte Charakterisierung der Ära Adenauer als einer „Periode aufregender Modernisierung" [90: H.-P. SCHWARZ, Ära Adenauer, 382]. In späteren Aufsätzen diskutierte er systematisch die Überlegenheit der Kategorie der „Modernisierung" gegenüber derjenigen der „Restauration" [140: H.-P. SCHWARZ, Fünfziger Jahre]. Bereits die Nennung weniger Kennziffern der gesellschaftlichen Entwicklung im Wiederaufbau demonstrierte die Angemessenheit seiner These. Damit war – parallel mit der Veröffentlichung des Bandes von W. Conze und M. R. Lepsius [55: Sozialgeschichte] – ein Durchbruch für die Einbeziehung modernisierungstheoretischer Ansätze in die sozialhistorisch orientierte Zeitgeschichtsforschung erzielt worden, nachdem sie mit der „Historischen Sozialwissenschaft" in den 1970er Jahren bereits

Modernisierung oder Restauration

allgemein als Theorieangebot für die Neuere Geschichte rezipiert worden waren [144: H.-U. WEHLER, Modernisierungstheorie].

Problematisch an der Sicht von H.-P. Schwarz war allerdings, dass er nicht auf die Zeit vor 1945 zurückgriff, die Modernisierung der 1950er Jahre nicht in längere historische Linien eingebettet wurde. Angesichts der alleinigen Vergleichsfolie der Trümmergesellschaft der unmittelbaren Nachkriegsjahre trat die Modernisierung dadurch sehr hell in Erscheinung. Auch die Widersprüche einer „Modernisierung unter ‚konservativen Auspizien'" [120: C. KLESSMANN, Ein stolzes Schiff, 485] waren hier noch weitgehend ausgeblendet. Dahinter stand generell das Problem, die modernisierungstheoretischen Ansätze, die im Kern die Transformation von vormodernen zu modernen Gesellschaften erklärten, auf die Modernisierung moderner Gesellschaften anzuwenden.

Modernisierung und Modernität in den 1950er Jahren

Eben dieses Problem, das in der Soziologie seit den 1980er Jahren intensiv diskutiert wurde [98: U. BECK/W. BONSS, Modernisierung; B. SCHÄFERS, Die Gesellschaft der Bundesrepublik: auch ein Fall der Modernisierung, in: 62: 280–296], war der Ausgangspunkt des Projekts „Modernisierung und Modernität in der Bundesrepublik Deutschland der 1950er Jahre" einer Hamburger Forschergruppe unter Leitung von A. Sywottek. Der Begriff der „Modernität" sollte andeuten, dass es nicht allein um objektive Kennziffern von Modernisierung (und schon gar nicht um Affirmation und teleologische Stilisierungen der Frühgeschichte der Bundesrepublik) ging, sondern um die Verbindung sozialhistorischer Trends mit der zeitgenössischen gesellschaftlichen Selbstreflektion – das Adjektiv „modern" erlebte in den 1950er Jahren eine geradezu inflationäre Verwendung –, um damit eine Anschlussfähigkeit an kulturhistorische Theorien der Moderne in der Tradition von Georg Simmel und anderen herzustellen. Gefragt wurde in dem Hamburger Projekt zum einen nach dem Verhältnis von Rekonstruktion und Ausbau der westdeutschen Gesellschaft, nach den Akzentverschiebungen innerhalb des Spannungsverhältnisses von Wiederaufbau und Modernisierung; zum zweiten ging es um die differenzierte Analyse von Kontinuitätssträngen aus der Zwischenkriegszeit, sowohl der 1920er als auch der 1930er Jahre sowie um die Folgen des Zweiten Weltkriegs; zum dritten sollte auch das Gewicht äußerer – westlicher – Anstöße, insbesondere in Form der so genannten Amerikanisierung berücksichtigt werden. Als Untersuchungsfelder dienten zentrale lebensweltliche und den Wandel von Lebensstilen anzeigende Phänomene, die Massenmotorisierung [449: TH. SÜDBECK, Motorisierung], der Konsum privater Haushalte [451: M. WILDT, Am Beginn], Freizeit und Massenmedien, wobei auch die zeitgenössische öffentliche Thematisierung einbezogen wurde [85: A. SCHILDT, Moderne Zeiten]. Ein in diesem Projektzusammenhang entstandener Sammelband profilierte unter Einbeziehung zahlreicher weiterer Themenfelder die „kurzen 50er Jahre" – bis etwa 1957/58 – als letzte Phase einer relativen sozialhistorischen Einheit, die teilweise zur Jahrhundertwende, teilweise in die Zwischenkriegszeit zurückwies und die mit dem Heraufdämmern einer auf qualitativ gestiegenem Wohlstand basierenden Konsumgesellschaft im letzten Drittel des Jahrzehnts zu Ende ging [87: A. SCHILDT/A. SYWOTTEK, Modernisierung]. Diese „kurzen 50er Jahre" stehen für eine sich im Wiederaufbau mit zunehmend rascherem Tempo modernisierende Gesellschaft, die große Integrationsprobleme auf unterschiedlicher Ebene zu lösen hatte, in der aber auch deshalb enorme Potenziale einer Orientierung am Altvertrauten vorhanden waren, die nicht zuletzt die politische Kultur prägten.

Die Forschung hat die Wiederaufbaugesellschaft der 1950er Jahre mittlerweile differenziert als sozialhistorische Phase ausgeleuchtet, in der eine immer bessere gesamtwirtschaftliche Lage [69: H. KAELBLE, Der Boom] einen immer rascheren Wiederaufbauprozess im engeren Sinne ermöglichte, der wiederum volkswirtschaftliche Rückwirkungen zeitigte. Die Beseitigung der um 1950 noch krassen Wohnungsnot als zentralem gesellschaftlichen Problem gelang durch den zeitspezifischen Massenwohnungsbau von großen Siedlungen in Zeilenbauweise [231: K. VON BEYME u. a., Neue Städte] überraschend schnell [235: D. HÄRING, Zur Geschichte; 242: G. SCHULZ, Wiederaufbau; 243: G. WAGNER, Sozialstaat]. Sonderregelungen im Rahmen der Gesetzgebung zum Sozialen Wohnungsbau [246: J. FRERICH/M. FREY, Handbuch, 32 ff.] sorgten dafür, dass auch Flüchtlinge und Vertriebene Aufnahme finden konnten [E. HOLTMANN, Neues Heim in neuer Heimat. Flüchtlingswohnungsbau und westdeutsche Aufbaukultur der beginnenden 50er Jahre, in: 241: 360–381], die von ihren ursprünglichen Aufnahmeorten auf dem Lande nun in die Städte weiter wanderten [172: M. FRANTZIOCH, Die Vertriebenen, 99 ff.; 161: F. J. BAUER, Zwischen Wunder und Strukturzwang].

Wiederaufbaugesellschaft

Die allmähliche Integration der Vertriebenen und Flüchtlinge bis hinab zur Gemeindeebene und ihre Einordnung in die expandierende Volkswirtschaft ist – auch anhand von Fallstudien – erörtert worden [204: M. ULICZKA, Berufsbiographie; 176: D. HOFFMANN/M. KRAUSS/M. SCHWARTZ, Vertriebene, Teil III]. Die Forschung dazu konstatiert, dass bis zur dritten Generation immer noch markante soziale Unterschiede gegenüber der einheimischen Bevölkerung festzustellen sind [187: P. LÜTHINGER, Integration; 197: S. SCHRAUT/TH. GROSSER, Flüchtlings-

Integration der Vertriebenen und Flüchtlinge

frage; 193: H.-W. RAUTENBERG, Wahrnehmung; 175: D. HOFFMANN/M. SCHWARTZ, Integration]. Allerdings fehlen qualitative Studien, welche die meist hoch aggregierten statistischen Befunde deuten würden. Auch zur politischen Kultur der Vertriebenen und Flüchtlinge liegen eher politisch-institutionell als sozialhistorisch orientierte Arbeiten vor [195: S. SALZBORN, Grenzenlose Heimat; 203: M. STICKLER, Ostdeutsch].

Andere, quantitativ immerhin nicht unbedeutende Migrationsphänomene der 1950er Jahre sind bisher kaum beleuchtet worden. Weder die immerhin etwa eine halbe Million Menschen erfassende Wanderung von West- nach Ostdeutschland [196: A. SCHMELZ, West-Ost-Migration] noch die Motive der nahezu 800 000 deutschen Auswanderer [166: S. BETHLEHEM, Heimatvertreibung, 205–209] sind bisher ausführlich dargestellt worden.

Die Arbeitswelt
Umrissartig sind die enormen wirtschaftlichen Wandlungsprozesse und die Veränderungen des Arbeitslebens in den 1950er Jahren zwar rekonstruiert worden. Zur weiblichen Erwerbstätigkeit [A. WILLMS, Grundzüge der Entwicklung der Frauenarbeit von 1880–1980, in: 364: 25–54], zu bäuerlichen Existenzweisen [A. EICHMÜLLER, „I hab nie viel verdient, weil i immer g'schaut hab', daß as Anwesen mitgeht." Arbeiterbauern in Bayern nach 1945, in: 426: 179–268], zu den Strukturveränderungen der Arbeiterschaft [294: J. MOOSER, Arbeiterleben; W. POLSTER, Wandlungen der Lebensweise im Spiegel der Konsumentwicklung – Vom Dienstleistungskonsum zum demokratischen Warenkonsum, in: 450: 193–262; 285: D. BROCK, Der schwierige Weg, 193 ff.; 259: P.A. BERGER, Entstrukturierte Klassengesellschaft?] und des Handwerks [303: A. SCHEYBANI, Handwerk] liegen wichtige Arbeiten vor. Allerdings ist es auffallend, dass gerade die Modernisierung der anfangs noch weitgehend von älteren technischen Standards geprägten Arbeitswelt [278: L. UHLMANN/G. HUBER, Technischer und struktureller Wandel; 272: K.-H. OPPENLÄNDER u. a., Wirtschaftliche Auswirkungen; J. RADKAU, „Wirtschaftswunder" ohne technologische Innovation? Technische Modernität in den 50er Jahren, in: 87, 129–154; 262: W. BÜHRER, Technologischer Wandel], etwa der starke Anstieg von Teilen des tertiären Sektors, bisher vergleichsweise geringes sozialgeschichtliches Interesse hervorgerufen hat.

Demgegenüber sind die 1950er Jahre bisher stärker im Blick auf ihre konsum- und freizeitgeschichtlichen sowie medienhistorischen Signaturen [85: A. SCHILDT, Moderne Zeiten] untersucht worden, daneben auch als wichtiger Zeitraum der Veränderung von Erziehungsleitbildern [382: H. FEND, Sozialgeschichte] und der Herausbildung neuer Jugendteilkulturen.

Die Forschungen zu den 1950er Jahren unter den paradigmatischen Begriffen der „Modernisierung" und „Moderne", die auch international rezipiert wurden [75: R. G. MOELLER, West Germany], erwiesen sich in mehrfacher Hinsicht als anschlussfähig. Zum einen bildeten sie eine sozialhistorische Unterlage für ein Tübinger Projekt zum Prozess der Verwestlichung („Westernization") durch den Transfer liberaler Ideen insbesondere aus den USA, die eine schlüssige Deutung der Verwandlung der Bundesrepublik in eine westliche Gesellschaft boten [108: A. DOERING-MANTEUFFEL, Wie westlich sind die Deutschen?]; zum anderen regten sie regionalhistorisch konzipierte Arbeiten am Westfälischen Institut für Regionalgeschichte in Münster an, die von der Weltwirtschaftskrise bis zum Ende der Wiederaufbauzeit reichten [58: M. FRESE/M. PRINZ, Politische Zäsuren]; zudem konnte auf der Basis der modernisierungstheoretischen Deutung der Adenauer-Ära zur Analyse des folgenden Jahrzehnts fortgeschritten werden.

Verwestlichung

Obwohl bereits wirtschaftshistorisch fundierte Studien den Wiederaufbau bis zur ersten Rezession 1966 als „lange 50er Jahre" [45: W. ABELSHAUSER, Wirtschaftsgeschichte; 46: W. ABELSHAUSER, Die Langen Fünfziger Jahre; 117: PH. HELDMANN, „Wirtschaftswunder"] oder den gesamten Zeitraum von der Währungsreform 1948 bis zum endgültigen Ende der Rekonstruktionsphase 1973 als Zeit des „Booms" [69: H. KAELBLE, Boom] gedeutet hatten, blieben die 1960er Jahre doch bis zum Ende der 1990er Jahre, und damit etwas länger als das vorhergehende Jahrzehnt, sozialhistorisch nur vage verortet. In der Öffentlichkeit standen (und stehen) sich stattdessen zwei in der Wertung entgegengesetzte Lesarten von „1968" – als Chiffre für die Studenten- und Jugendbewegung im letzten Drittel der 1960er Jahre – gegenüber, die in gleicher Ursprünglichkeit von dort entweder den Beginn permissiven Unheils oder aber die Zivilisierung der Bundesrepublik ausgehen sahen. Während „1968" erst zögerlich als „Gegenstand der Geschichtswissenschaft" [386: I. GILCHER-HOLTEY, 1968; 121: C. KLESSMANN, 1968] konstituiert wurde, fehlte es an Arbeiten, die das ganze Jahrzehnt nicht lediglich als Vorgeschichte der „Rebellion", sondern in seinem sozialhistorischen Eigenwert betrachteten – nicht um die Bedeutung der Studenten- und Schülerbewegung zu ignorieren oder zu relativieren, sondern um sie überhaupt historisch verstehen zu können. Vor diesem Hintergrund lieferte ein aus einer Kopenhagener Konferenz hervorgegangener Sammelband [88: A. SCHILDT/D. SIEGFRIED/K.-C. LAMMERS, Dynamische Zeiten] einen Rahmen für die weitere Forschungsdiskussion. Im Anschluss an die vom Hamburger Projekt über die Modernisierung und Modernität der 1950er Jahre betonte Zäsur wurde der Transformations-

Die „langen 60er Jahre"

„1968"

raum der 1960er Jahre hier vom letzten Drittel der 1950er bis zum ersten Drittel der 1970er Jahre aufgefasst, wobei es sich – wie im Titel des Bandes betont – um die Dynamisierung einer bereits im Wiederaufbau begonnenen Modernisierung und nicht um einen Aufbruch aus gesellschaftlichem Stillstand handelte. Die Transformation der „langen" 1960er Jahre führte von der Industrie- zur postindustriellen oder Konsumgesellschaft, zu einer neuen Stufe der Moderne, wobei die politischen Auswirkungen hinsichtlich vehementer Reformdebatten und die erhöhte Bedeutung kultureller Faktoren im weiten Sinne, von der Jugendkultur bis zu ästhetischen Ausdrucksformen, in den Beiträgen des Bandes untersucht wurden, der zugleich auf einige Ähnlichkeiten zwischen den beiden politisch so verschiedenen deutschen Gesellschaften aufmerksam machte. Wiederum stellte ein Band des Westfälischen Instituts für Regionalgeschichte bald darauf eine wertvolle Ergänzung dar [59: M. FRESE/J. PAULUS/K. TEPPE, Demokratisierung]; er rückte die 1960er Jahre als wichtige Phase des Wandels von Geschlechterrollen und als entscheidenden Zeitraum der Planungseuphorie auf zahlreichen Feldern in der Bundesrepublik verstärkt ins Zentrum der Betrachtung.

1.4 Sozialwissenschaftliche Deutungsversuche der jüngsten Zeitgeschichte

Mittlerweile werden die 1950er und 1960er Jahre auch als zusammengehöriger Untersuchungszeitraum in der Forschung behandelt [mit politikgeschichtlichen Zäsuren im Titel: 89: H. SCHISSLER, Miracle Years], wobei als Endpunkt die frühen 1970er Jahre gesetzt werden. Dies gilt vor allem für das Projekt „Bayern im Bund", das im Institut für Zeitgeschichte in München bearbeitet wird [452; 426; 297], das sein Augenmerk sehr stark auf den Zusammenhang von sozialhistorischen Prozessen und staatlicher Planung richtet und diesen auf regionaler und lokaler Ebene in dichter Beschreibung rekonstruiert.

Die Erforschung der letzten Phase der Sozialgeschichte der „alten" Bundesrepublik der 1970er und 1980er Jahre, gelegen jenseits des Strukturbruchs der Moderne, hat allerdings noch kaum begonnen. Erste verdienstvolle Sondierungen [Rahmenthema von AfS 44 (2004)] erfassen noch längst nicht die ganze Breite sozialstruktureller und soziokultureller Veränderungen der jüngsten Zeitgeschichte.

Neue Begrifflichkeit Sozialwissenschaftler diskutieren demgegenüber seit geraumer Zeit verschiedene begriffliche Kennzeichnungen für die neue Qualität der Gesellschaft nach dem rapiden gesellschaftlichen Wandel der 1950er und 1960er Jahre. Diese Vorschläge besitzen für die sozialhistorische Analyse einen beträchtlichen Anregungscharakter, lenken sie doch – durchaus vereinbar mit epochalen Bestimmungen wie der „bürgerlichen Gesellschaft" – die Aufmerksamkeit auf die historischen Spezifika kürzerer Abschnitte der Geschichte oder auf mögliche epochale Neuanfänge:

Der bereits ältere Begriff der „postindustriellen Gesellschaft" [24: J. FOURASTIÉ, Große Hoffnung; 99: D. BELL, Nachindustrielle Gesellschaft] erfasst vor allem den volkswirtschaftlichen Wandel, die – hinsichtlich des Anteils der Beschäftigten und der volkswirtschaftlichen Wertschöpfung – Marginalisierung des primären, den Rückgang des industriellen und die Expansion des tertiären (Dienstleistungs-)Sektors mit ihren vielfältigen gesellschaftlichen Folgen. Die daran geknüpften Hoffnungen auf einen problemlosen Fortschritt speisten sich allerdings vielfach aus der besonders günstigen wirtschaftlichen Lage des Nachkriegsbooms, die sich nicht einfach fortsetzte. Der teilweise verwandte Begriff der „Wohlstandsgesellschaft" („affluent society") kennzeichnet noch stärker die Parallelität des volkswirtschaftlichen Strukturwandels und gleichzeitiger Hochkonjunktur der 1960er Jahre und wird vor dem Hintergrund heutiger ökonomischer und sozialer Problemlagen kaum noch verwandt. Auch der vom Postindustrialismus abgeleitete Begriff der „Dienstleistungsgesellschaft" hat vor allem aus wirtschaftshistorischer Sicht wegen der mit ihm verbundenen simplifizierenden Assoziationen mehr Kritik als Zustimmung erfahren [83: A. RÖDDER, Bundesrepublik, 176].

Postindustrielle Gesellschaft

Problematischer noch als der Begriff der „Dienstleistungsgesellschaft" ist der Begriff der „Postmoderne" für die Kennzeichnung des neuen sozialhistorischen Abschnitts. Damit wird zwar sensibilisiert für einen tiefgreifenden Wertewandel, aber es bleibt zu fragen, ob denn die Moderne eigentlich zu Ende sei oder aber überwunden werden solle. In der seit den 1980er Jahren ursprünglich auf den philosophischen Feldern der Ästhetik und der Ethik geführten vehementen Debatte vermengten sich beide Perspektiven. Postmoderne konnte sowohl als kreativer Stil etwa in der Architektur, der aus der Tradition beliebige Elemente auswählte, als Radikalisierung der Moderne im Hinblick auf Pluralismus, Individualisierung und Emanzipation von überlieferten Lebensordnungen, oder aber als politisch konnotierte Antimoderne im Sinne einer Überwindung des unabgeschlossenen „Projekts der Moderne" [115: J. HABERMAS, Der philosophische Diskurs der Moderne] verstanden werden [85: A. SCHILDT, Moderne Zeiten, 26 ff.]. Aus diesem Grunde ist, um den gesellschaftlich tiefgreifenden Wandel zu kennzeichnen, besser von einem „Bruch innerhalb der Moderne" bzw.

Postmoderne

Strukturbruch der Moderne zu sprechen, der von sozialwissenschaftlicher Seite auch als Übergang von der „naiven" zur „reflexiven" Modernisierung charakterisiert wurde [98: U. BECK/W. BONSS, Modernisierung].

Konsumgesellschaft

Andere Charakterisierungen beziehen sich demgegenüber auf Folgen und Teilbereiche der neuen postindustriellen Konstellation nach dem Strukturbruch der Moderne. Ausgehend von zeitgenössischen Kennzeichnungen bereits der 1950er Jahre, aber auch als Rezeption der internationalen Diskussion, ist der Begriff der „Konsumgesellschaft" zur Erfassung des Neuen vorgeschlagen worden [110: P. ERKER, Zeitgeschichte, 225 f.]. Dieser ist nicht als strikt gegensätzlich zum Begriff der (industriellen) „Arbeitsgesellschaft" zu verstehen, bildet doch die Produktionssphäre nach wie vor eine unverzichtbare Basis gesellschaftlicher Entwicklungen, sondern als graduelles Prädikat. Die Kennzeichnung als „Konsumgesellschaft" rückt die qualitativ gestiegene Bedeutung der Reproduktionssphäre in den Mittelpunkt der Betrachtung. Dies spiegelt wesentliche Momente der Sozialgeschichte der Bundesrepublik wider, von der Arbeitszeitverkürzung seit der Mitte der 1950er Jahre [296: E. SCHUDLICH, Abkehr, 46 ff.; 286: M. FRESE, „Samstags gehört Vati mir"], der wachsenden Rolle der Freizeit [85: A. SCHILDT, Moderne Zeiten], dem zunehmenden Anteil des frei disponiblen Konsums in den Ausgaben privater Haushalte bis hin zu Selbststilisierung und Prestigegewinn durch den Erwerb von Konsumgütern. Damit lässt sich eine Brücke zu einer kulturhistorisch informierten Wirtschaftsgeschichte [431: H. BERGHOFF, Konsumpolitik; 432: H. BERGHOFF/J. VOGEL, Wirtschaftsgeschichte] ebenso schlagen wie zur Alltagsgeschichte, der Veränderung von Lebensstilen etwa hinsichtlich der Einrichtung und Nutzung von Stadt- und Wohnräumen. Schließlich leisten konsumgeschichtliche Ansätze nicht nur einen Beitrag zur Verbindung der Zeitgeschichte der zweiten Hälfte des 20. Jahrhunderts mit sowohl der neueren europäischen als auch amerikanischen Geschichte allgemein [447: H. SIEGRIST/H. KAELBLE/J. KOCKA, Europäische Konsumgeschichte; 439: W. KÖNIG, Geschichte], sondern besonders zur Verklammerung der Sozialgeschichte der Zwischenkriegszeit mit der Geschichte der Nachkriegszeit, etwa hinsichtlich der Debatten um die „Modernität" in der Zeit des NS-Regimes [zur Literatur: 96: R. BAVAJ, Ambivalenzen].

Erlebnisgesellschaft

Eine spezifische Ausprägung hat der Ansatz der „Konsumgesellschaft" im soziologischen Begriff der „Erlebnisgesellschaft" [137: G. SCHULZE, Erlebnisgesellschaft] erfahren. Er fasst Tendenzen seit den 1960er Jahren zusammen, die als Bedeutungsverlust sozialer Herkunft und Schicht sowie materieller Interessengegensätze zugunsten der „Gestaltungsidee eines schönen, interessanten, subjektiv als lohnend empfundenen Lebens" interpretiert werden. „Das Erleben des Lebens rückt ins Zentrum" [137: G. SCHULZE, Erlebnisgesellschaft, 33, 37]. Auf dieser Basis werden verschiedene nach ihrem Lebensstil abgrenzbare Milieus unterschieden. Dieser bisher von Sozialhistorikern noch wenig rezipierte Ansatz ist hinsichtlich der Vernachlässigung der weiter wirksamen sozialen Distinktion verschiedentlich kritisiert worden. Hier liegt das entscheidende Defizit gegenüber den bahnbrechenden theoretischen (und empirisch auf Frankreich bezogenen) Anregungen des Soziologen Pierre Bourdieu [diesem folgend allerdings 270: H. P. MÜLLER, Lebensstile; 277: M. VESTER u.a., Soziale Milieus; 127: J. M. MÖRTH/G. FRÖHLICH, Das symbolische Kapital; zum Anregungscharakter für die Historiographie: S. REICHARDT, Bourdieu für Historiker? Ein kultursoziologisches Angebot an die Sozialgeschichte, in: 126: 71–93; 145: H.-U. WEHLER, Herausforderung, 15–44]. Der Ansatz bietet aber immerhin einige Anregungen für die Analyse von Lebensstilen als „relativ stabilen, regelmäßig wiederkehrenden Mustern der alltäglichen Lebensführung" [263: R. GEISSLER, Sozialstruktur, 126] in der jüngsten Zeitgeschichte, nicht zuletzt im Blick auf Präferenzen im Freizeitverhalten und der Mediennutzung. Allerdings handelt es sich beim reichhaltigen Angebot diverser Typologien und Typen – z.B. vom „kulturbezogen-asketischen" bis zum „hedonistisch-expressiven" Lebensstil – um hochgradig aggregierte Konstrukte. Die grundsätzliche disziplinäre Distanz zur Sozialgeschichte wird auch durch die zusätzliche Einbeziehung sozialstatistischer Kriterien kaum verringert.

Die immer stärkere Bedeutung der Medien hat dazu geführt, dass in der Öffentlichkeit der Gegenwart häufig von einer „Mediengesellschaft" gesprochen wird oder auch von einer „Kommunikations"- und „Informationsgesellschaft" angesichts der Ausbreitung von Nachrichten-Satelliten und Verkabelung sowie einer dadurch möglichen Vervielfachung der Programmangebote von Hörfunk und Fernsehen, aber auch im Blick auf die „digitale Revolution", vor allem die Durchsetzung von Personal Computern in der Arbeitswelt und für private Zwecke seit den 1980er Jahren [S. IMMERFALL, Gesellschaftsmodelle und Gesellschaftsanalyse, in: 84: 253–263]. Diese Kennzeichnung kann mit hoffnungsvollen Perspektiven auf eine Welt souveräner Nutzer der Möglichkeiten zum Wissenserwerb ebenso wie mit düsteren Prognosen angesichts der Orientierungslosigkeit der Menschen inmitten der Datenfluten und Warnungen vor dem sowohl „gläsernen" wie vereinsamten Menschen verbunden sein.

Mediengesellschaft

Risikogesellschaft

In diesem Zusammenhang ist auf den Mitte der 1980er Jahre prominent gewordenen Begriff der „Risikogesellschaft" [97: U. BECK, Risikogesellschaft] hinzuweisen, der nicht nur eine Ausdehnung von Modernisierungsrisiken meinte, die im Unterschied zur industriegesellschaftlichen Moderne mit ihrem Zusammenhang von krasser sozialer Ungleichheit, sozialer Not und Krankheit nun in Gestalt von Kernkraftwerksunfällen und anderen Szenarien „demokratisiert" worden seien und jeden treffen könnten. Der Begriff soll darüber hinaus auch auf die tendenzielle Auflösung von sozialen Klassen, traditionellen Familienstrukturen und Milieus im Prozess einer fortschreitenden Individualisierung hinweisen, deren Perspektive letztlich die „Single-Gesellschaft" [266: S. HRADIL, „Single-Gesellschaft"] darstelle.

Die unterschiedlichen Vorschläge zur Kennzeichnung der Gesellschaft nach dem Strukturbruch der Moderne fokussieren jeweils unterschiedliche Trends der Modernisierung und tragen zur Sensibilisierung für neue Phänomene bei, eignen sich aber deshalb auch kaum für eine auf den gesamtgesellschaftlichen Zusammenhang zielende sozialhistorische Betrachtung. Im Blick auf den bisher historisch ausgedeuteten Abschnitt der Geschichte der Bundesrepublik wird eine einzige privilegierte Kennzeichnung für die gesamte Gesellschaft deren Komplexität ohnehin nicht gerecht. Stattdessen sind von Zeithistorikern mehrere allgemeine Trends einander ergänzend betont worden, und zwar – in der Reihenfolge der Formulierung – „Modernisierung" [87: A. SCHILDT/A. SYWOTTEK, Modernisierung], Verwestlichung bzw. „Westernisierung" [108: A. DOERING-MANTEUFFEL, Wie westlich], „Liberalisierung" [61: U. HERBERT, Wandlungsprozesse]. Die Interpretation der Geschichte der Bundesrepublik als Entwicklung zu einer „Zivilgesellschaft" [66: K. JARAUSCH, Umkehr] im Sinne einer „Fundamentalliberalisierung" (J. Habermas) ist bisher vor allem auf die politische Kultur bezogen worden, bleibt aber auf eine sozialhistorische Grundierung angewiesen.

Begriffe von Zeithistorikern

Erfolgs- oder Problemgeschichte?

Zu den grundlegenden Diskussionspunkten gehört: Soll die gesellschaftliche Entwicklung seit 1945 eher als Erfolgs- oder als Problemgeschichte geschrieben werden? Hier muss die Bilanz, die am Ende der „alten" Bundesrepublik aufgemacht werden kann, von den auf Gegenwart und Zukunft des vereinigten Deutschlands gerichteten Diagnosen und Prognosen analytisch getrennt werden. Einer langen Friedensphase im Kalten Krieg, die von den skizzierten gesellschaftlichen Prozessen qualitativ gestiegenen Wohlstands, einer Ausweitung arbeitsfreier Zeit und neuer kultureller Möglichkeiten begleitet war, die eine moderne und liberale westliche Gesellschaft mit einer stabilen Demokratie hervorbrachte, kann wohl nicht ernsthaft der Erfolgscharakter abgesprochen werden [86: A. SCHILDT, Ankunft; 130: M. PRINZ, Demokratische Stabilisierung]. Dieser Prozess muss nicht teleologisch mythisiert oder als politische Heroengeschichte dargestellt werden; gerade die sozialhistorische Rekonstruktion mit der Betonung der dunklen Seiten der westdeutschen Gründergesellschaft der 1950er Jahre lässt nicht nur die erfolgreiche Bilanz, sondern auch deren inhärente Probleme noch eindrucksvoller hervortreten. Dies schließt durchaus ein, die Genese heutiger Problemlagen von Modernisierung – ökologische Probleme [433: F. J. BRÜGGEMEIER/J. I. ENGELS, Umwelt- und Naturschutz], die Krise des Sozial- und Steuerstaats, neue Armut und Zerstörung von Selbsthilfepotenzialen, anonyme Großstrukturen, neue Wohnungsnot und Obdachlosigkeit, Fremdenhass usw. – bereits in den Jahren des „Wirtschaftswunders" aufzusuchen und führt zu einer differenzierteren Sicht auf die Sozialgeschichte der Bundesrepublik, ohne diese damit gänzlich umzuschreiben.

2. Forschungsfragen

Insgesamt fällt auf, dass die sozialhistorische Forschung zur Bundesrepublik bisher stärker daran interessiert war, die einzelnen Phasen differenziert zu charakterisieren, wobei die empirische Durchdringung vom Ende des Zweiten Weltkriegs zur Gegenwart hin abnimmt. Demgegenüber weist die Analyse sozialer Gruppen und Milieus im historischen Längsschnitt große Ungleichgewichte auf.

2.1 Soziale Strukturen und Milieus

Dies betrifft zunächst die zentrale Frage der Existenz proletarischer Milieus. Als Ergebnis einschlägiger Forschungen bereits Anfang der 1950er Jahre, prominent darunter die Auswertung von Befragungen in der Hüttenindustrie 1953/54 [34: H. POPITZ u. a., Gesellschaftsbild; 35: H. POPITZ u. a., Technik], ließ sich feststellen, dass sich in der Industriearbeiterschaft nur noch Reste von politischem Klassenbewusstsein auffinden ließen, der Anspruch auf gesellschaftliche Veränderungen hingegen seine Faszination verloren hatte. Gleichzeitig aber herrschten nach wie vor dichotomische Muster von oben-unten und ein um die körperliche Arbeit zentriertes Weltbild vor [82: P. NOLTE, Ordnung, 351 ff.]. In der sozialhistorisch orientierten Zeitgeschichte zu den 1950er Jahren sind diese Befunde zwar – selten – in Studien auf lokaler

Arbeitermilieus

und betrieblicher Mikroebene des Belegschaftshandelns [291: K. LAUSCHKE/T. H. WELSKOPP, Mikropolitik; 283: P. ALHEIT u. a., Gebrochene Modernisierung; 297: D. SÜSS, Kumpel] mit unterschiedlichen Ergebnissen geprüft worden. In einer Studie zum Milieu Bremer Werftarbeiter z. B. ist eine „erstaunliche Beharrungskraft" [283: P. ALHEIT u. a., Gebrochene Modernisierung, Bd. 1, 344] von Traditionen der Arbeiterschaft konstatiert worden, aber die zeitlichen Bestimmungen für diese Beharrungskraft ebenso wie für Erosion oder Umformung proletarischer Milieus bleiben noch recht vage, obwohl sie z. B. auch für das politische System, etwa die Wahlgeographie, Auswirkungen zeitigten.

Milieu-Landkarten   Eine Historisierung der Gesellschaft im Blick auf ihre Milieu-Landkarten im Sinne des Feld-Begriffs von Pierre Bourdieu [277: M. VESTER u. a., Soziale Milieus] ist bisher kaum geleistet worden. Auffällig ist dies etwa bei der Zeitgeschichte der Stadt, die trotz reicher sozialökologischer Traditionen der Stadtforschung das Thema der sozialen Integration und Segregation auf der Ebene der Untersuchung einzelner Stadtviertel und Siedlungen – hier konzentrierte sich das Interesse eher auf ethnische Minderheiten in jüngster Vergangenheit als auf die einheimische Mehrheitsbevölkerung in längerer Perspektive – kaum aufgenommen hat [weiterführend: 237: U. HERLYN u. a., Neubausiedlungen; 239: A. VON SALDERN, Häuserleben]. Aber gerade auf der sozialräumlichen Ebene geraten gravierende soziale Ungleichheiten in den Blick, die Nivellierungsthesen absurd erscheinen lassen.

„Nivellierte Mittelstandsgesellschaft"   Empirisch unschwer zu widerlegen, aber zeitgenössisch und nachwirkend einflussreich war besonders die Formel des Soziologen Helmut Schelsky von der „nivellierten Mittelstandsgesellschaft", die dieser nach eigenem späteren Eingeständnis als polemischen Kontrapunkt gegen den „Klassenbegriff" lanciert hatte [101: H. BRAUN, Helmut Schelskys Konzept; J. MOOSER, Arbeiter, Angestellte und Frauen in der „nivellierten Mittelstandsgesellschaft", Thesen, in: 87: 352f.]. Die Nivellierung und Zusammenführung in eine „sehr breite verhältnismäßig einheitliche Gesellschaftsschicht" mit der Tendenz zur „Vereinheitlichung der sozialen und kulturellen Verhaltensformen" im Massenkonsum materieller und geistiger Güter ergebe sich durch gleichzeitige Abstiegsprozesse entwurzelter Eliten aus den ehemaligen Ostgebieten des Deutschen Reiches und Aufstiegsprozesse der gewerkschaftlich organisierten Arbeiterschaft [40: H. SCHELSKY, Auf der Suche, 339f.]. Interessanterweise erlangte diese Diagnose der gesellschaftlichen Realität der frühen 1950er Jahre ihre eigentliche Popularität erst, als sich auf einer neuen Stufe des Wohlstands eine distinkte Klassenunterscheidung immer schwerer treffen ließ, die von der zeitgenössischen Soziologie in ihren Definitionen betonte Selbsteinschätzung zunehmendes Gewicht erhielt [82: P. NOLTE, Ordnung, 342 ff.], während sich demgegenüber soziale Ungleichheiten als langfristig unerwartet „stabil" [263: R. GEISSLER, Sozialstruktur, 92; vgl. umfangreiches Datenmaterial in: 295: M. OSTERLAND u. a., Materialien] erwiesen. Allerdings erlebten die späten 1960er und 1970er Jahre auch eine kurze Renaissance sehr unterschiedlicher marxistischer Ansätze, die aber gemeinsam die Bundesrepublik als „Klassengesellschaft" charakterisierten [267: INSTITUT FÜR MARXISTISCHE STUDIEN und FORSCHUNGEN, Klassen- und Sozialstruktur; 276: M. TJADEN-STEINHAUER/K.-H. TJADEN, Klassenverhältnisse; 273: PROJEKT KLASSENANALYSE, Materialien].

Die kulturelle Dimension des Sozialen grundiert die sporadisch geführte Diskussion um das „Ende der Arbeiterkultur". Arbeiterkultur wird definiert als „diejenigen Manifestationen der proletarischen Lebensweise und der Arbeiterbewegung, die Werthaltungen ausdrücken und als solche tradierfähig sind" [K. TENFELDE, Ende der Arbeiterkultur: Das Echo auf eine These, in: 452: 21], wobei eine weitgehende Zerstörung des „Klassenmilieus der Lohnabhängigkeit" außerhalb der Betriebe [EBD., 24], insbesondere durch Flüchtlings- und Umsiedlerzuzug sowie aufgrund der Unterschichtung durch Ausländer sowie Veränderungen von Konsum, Freizeit, Medien zum Ende der „klassischen Arbeiterkultur" [EBD., 27] beigetragen hätten. „Die Arbeitnehmergesellschaft als ganze verfügt nicht mehr über eine geschlossene Lebensweise, aus der sich und in deren Zusammenhang sich Kultur definieren ließe" [EBD., 28]. Dagegen ist eingewandt worden, dass Arbeiterkultur und Arbeiterbewegungskultur zu unterscheiden seien und dass auch die Arbeiterkultur vor 1933 keine homogene Sache gewesen sei. Was zur historischen Spezifik der Lohnarbeiterexistenz gehörte, sei im „kollektiven Gedächtnis", in „existenziellen Grundannahmen" durchaus aufbewahrt worden [W. KASCHUBA, Arbeiterkultur heute: Ende oder Transformation, in: 452: 31–53, hier 46]. Lediglich der Abschied von der Legende der Arbeiterkultur sei zu begehen. In dieser Perspektive wären weniger die politisch überhöhten kulturellen Ausprägungen der Lohnarbeiterexistenz, sondern Lebensstil und Habitus im Sinne persönlichkeitsstruktureller Veränderungen zu untersuchen. Solche sozialhistorischen Forschungen existieren zwar in ersten Ansätzen für das erste Jahrzehnt nach dem Zweiten Weltkrieg (s. o.), aber kaum in einem weiteren Zeithorizont.

Ende der Arbeiterkultur?

Angesichts der heute in den Sozialwissenschaften bestehenden Übereinstimmung darin, dass Arbeiter „in einem immer noch bedeutungsvollen Maße ‚unter sich'" [294: J. MOOSER, Arbeiterleben, 140]

Neue Forschungsfelder zur Arbeiterkultur

leben und nach wie vor erhebliche Besonderheiten hinsichtlich der Lage der „Arbeiterschichten" [263: R. GEISSLER, Sozialstruktur, 230; S. HRADIL, Individualisierung, Pluralisierung, Polarisierung: Was ist von den Schichten und Klassen geblieben?, in: 62: 111–138] sowie hinsichtlich der Differenzierung – etwa zwischen „blue collar"- und „white collar"-Arbeitsplätzen – fortbestehen, ergeben sich für eine künftige Sozialgeschichte der Bundesrepublik noch große bisher kaum beachtete Forschungsfelder. Vor allem ist die Untersuchung der Überformung von „Klassenkultur" durch „Massenkultur", besonders durch das Fernsehen als neuem elektronischen Medium der Nachkriegszeit, bisher erst als Aufgabe formuliert [F. DEPPE/K. DÖRRE, Klassenbildung und Massenkultur im 20. Jahrhundert, in: 298, 726–791], aber noch nicht durchgeführt worden. Dies würde bedeuten, den Forschungshorizont in Richtung der feinen Differenzierung von Lebensstilen, etwa in den nach dem Zweiten Weltkrieg neu errichteten Siedlungen, zu erweitern. Hierzu liegen erst wenige Studien vor, die diesen Kontext einbeziehen [240: A. SCHILDT, Grindelhochhäuser; 239: A. VON SALDERN, Häuserleben; T. HARLANDER, Wohnen und Stadtentwicklung in der Bundesrepublik, in: 233, 233–417; G. WAGNER-KYORA, ‚Das Zweckmäßige ist fast immer auch schön' – Stadtplanung, Wohnkultur und Lebensstile in der Bundesrepublik der sechziger Jahre, in: 59: 615–646].

Andere soziale Gruppen

Die Erkundung der Kontinuität und Diskontinuität von proletarischen Milieus und kulturellen Traditionen der (Industrie-)Arbeiterschaft weist notwendig über dieses Thema hinaus auf die Einbeziehung anderer gesellschaftlicher Gruppen, die in den 1950er Jahren die sozialen Strukturen aufwirbelten. Hinzuweisen ist zum einen auf die durch die Modernisierung der Landwirtschaft freigesetzten agrarischen Arbeitskräfte, ein auch dörfliche Gesellschaften tiefgreifend verändernder Prozess, dem die zeitgenössische Sozialwissenschaft aber nur bis zur Mitte der 1950er Jahre größere Aufmerksamkeit schenkte und der von Sozialhistorikern noch wenig bearbeitet worden ist; erst in letzter Zeit sind wichtige Studien vorgelegt worden, die den langen Weg der Veränderungen von der Zwischenkriegszeit bis in die 1960er Jahre hinein untersuchen [302: D. MÜNKEL, Langer Abschied; 349: H. ALBERS, Hof; 300: P. EXNER, Ländliche Gesellschaft]. Noch geringere Aufmerksamkeit wurde den in der postindustriellen Gesellschaft anteilsmäßig am stärksten zunehmenden Gruppen der Angestellten gezollt, deren Abstand zur Arbeiterschaft – auch durch arbeitsrechtliche Reformen – sich in den unteren Gruppen tendenziell verringerte, so dass Übergangsfelder entstanden, die auch hinsichtlich der Ausprägung von Milieus relevant waren [288: J. KOCKA, Die Angestellten, 171 ff.; J. KOCKA/M.

PRINZ, Vom „neuen Mittelstand" zum angestellten Arbeitnehmer, in: 55: 210–255]. Es fehlt nach wie vor eine Sozialgeschichte der Beamten und insgesamt der Beschäftigten des öffentlichen Dienstes in kommunalen und Landesverwaltungen, beim Strafvollzug, der Lehrerschaft, ob an Haupt- und Realschulen, Gymnasien oder beruflichen Schulen. Auch eine Sozialgeschichte des Übergangs in den Beruf oder der Studierenden und Lehrenden an den Hochschulen, die für frühere historische Zeiten vorliegt, hat noch kaum eine Verlängerung in die Gesellschaft der Bundesrepublik hinein gefunden. Ähnliches gilt für die so genannten freien Berufe, Ärzte, Rechtsanwälte, Journalisten usw. Eine gewisse Ausnahme bilden einige neuere Studien zur Polizei [324: G. FÜRMETZ/H. REINKE/K. WEINHAUER, Nachkriegspolizei; 329: K. WEINHAUER, Schutzpolizei; 326: ST. NOETHEN, Alte Kameraden]. Ansonsten finden sich sozialhistorisch relevante Informationen und Deutungsmuster z.T. eingestreut in eher an politikgeschichtlichen Fragestellungen orientierten Arbeiten.

Die zunächst als Folge des Krieges bedingte Öffnung für zugewanderte „Neubürger" aus den ehemaligen deutschen Ostgebieten, danach für Menschen, die aus der DDR vorwiegend aus persönlichen oder familiären, insbesondere wirtschaftlichen Gründen, aber auch wegen politischer Verfolgung in die Bundesrepublik wechselten, und schließlich die volkswirtschaftlich induzierte Immigration südeuropäischer Arbeitskräfte seit den 1960er Jahren, parallel dazu und in den letzten Jahren der „alten" Bundesrepublik auch der Zustrom von Aussiedlern sowie eine zeitweilig große Zahl von Asylbewerbern, hat die westdeutsche Gesellschaft schubweise stark verändert, vordem konfessionell homogene Siedlungsgebiete pluralisiert, die Struktur von Betriebsbelegschaften verändert und mit zur Erosion von traditionellen Milieus beigetragen. Während bereits die zeitgenössische Sozialforschung der 1950er Jahre – auch vor dem Hintergrund der Biographien vieler Wissenschaftler – den Vertriebenen und Flüchtlingen und ihrer sozialen Integration große Aufmerksamkeit zollte und die Zeitgeschichte diese Gruppen seit den 1980er Jahren häufig zum Gegenstand von Studien gemacht hat (s. o.), ist die Immigration der Gastarbeiter der 1960er Jahre in der weiteren Perspektive der „multikulturellen" Veränderung der gesamten Gesellschaft in den 1970er und 1980er Jahren als Themenfeld der Zeitgeschichte erst seit kurzer Zeit intensiv bearbeitet [335: F. HECKMANN, Bundesrepublik; 333: J. FIJALKOWSKI, Gastarbeiter; 343: C. PAGENSTECHER, Ausländerpolitik] und in säkularer Perspektive [336: U. HERBERT, Geschichte] dargestellt worden. Studien zum Vergleich der Ausländerpolitik und der Migration in Großbritannien und

Forschungen zur Immigration

der Bundesrepublik von den 1950er bis zu den 1970er Jahren [345: K. SCHÖNWÄLDER, Einwanderung], zu einzelnen nationalen Gruppen der Gastarbeiter und dem Verhältnis zur einheimischen Bevölkerung [331: F. DUNKEL/G. STRAMAGLIA-FAGGION, Zur Geschichte; 342: A. VON OSWALD, Volkswagen; 337: K. HUNN „Nächstes Jahr kehren wir zurück"] und Arbeiten zu „Gastarbeiterinnen" [338: M. MATTES, „Gastarbeiterinnen"] liegen mittlerweile vor. Historische Arbeiten über die national und ethnisch fremden Gruppen seit dem „Anwerbestopp" 1973, ihre familialen und weiteren sozialen und kulturellen Netzwerke, das Verhältnis zur einheimischen Bevölkerung und schulische Probleme existieren allerdings noch kaum [332: A. EDER, „Wir sind auch da"]. Die Gruppe der ca. zwei Millionen Aussiedler, die seit 1950, zu mehr als zwei Dritteln seit den 1970er Jahren in die Bundesrepublik gelangten, weitere zwei Millionen Menschen folgten in den 1990er Jahren, wird eben erst geschichtswissenschaftlich entdeckt [160: K. J. BADE, Heimat im Westen, 128 ff.; 348: D. WIERLING, Heimat finden]. Dies gilt auch für die Immigranten aus Polen des letzten Vierteljahrhunderts [344: C. PALLASKE, Migranten]. Die zeitweilig starke Zuwanderung von Asylbewerbern seit den 1980er Jahren, häufig Bürgerkriegsflüchtlinge aus allen Teilen der Welt, hat ebenfalls noch kaum historiographische Aufmerksamkeit erfahren, obwohl sie Anlass heftiger politischer Diskussionen war [330 K. J. BADE, Ausländer]. Allerdings hat sich mittlerweile die Immigration insgesamt zu einem wichtigen Schwerpunkt sozialhistorischer Forschungen entwickelt, so dass eine Ausfüllung der benannten Lücken erwartet werden darf [340: J. MOTTE u. a., 50 Jahre; 341: R. MÜNZ u. a., Zuwanderung; 347: A. TREIBEL, Migration].

Elitenforschung

Erst spät in Gang gekommen ist die sozialhistorische Erforschung der „Eliten" der Bundesrepublik – eine selbst nicht unumstrittene und mit den Begriffen „politische Klasse" oder „herrschende Klasse", „Oberschicht", „Reiche" und Prominenz" konkurrierende Kategorie [263: R. GEISSLER, Sozialstruktur, 145]. Der Begriff der Elite wiederum wird unterschiedlich aufgefasst und sowohl auf Wert- und Bildungs- als auch auf Machteliten angewandt. Ein relativer Konsens hat sich mittlerweile dahingehend eingestellt, unter die Eliten jene Personen(gruppen) zu zählen, die den größten Einfluss auf wichtige gesellschaftliche Entscheidungen ausüben, und dabei angesichts der Ausdifferenzierung der Gesellschaft zwischen verschiedenen Funktionseliten zu unterscheiden. Nachdem schon frühe empirische Studien – je nach Sample – entweder einen hohen Grad an Kontinuität (bezogen auf Militär, hohe Verwaltungsbeamte, Wirtschaftsführer) oder aber einen erstaunlich tiefgreifenden Elitenaustausch festgestellt hatten [22: K. W. DEUTSCH/

L. J. EDINGER, Germany; 43: W. ZAPF, Wandlungen], standen auch spätere Untersuchungen generell vor dem gleichen Problem sehr unterschiedlicher Befunde. Zumindest im Blick auf die Wirtschaftseliten hat schon W. Zapf den starken Anteil der Selbstrekrutierung und deren geringe soziale Flexibilität hervorgehoben, und dies ist durch eine neuere Studie über die deutsche Wirtschaftselite zwischen 1970 und 1995, die eine „hohe Rekrutierungsstabilität in den Vorstandsetagen der deutschen Großunternehmen" [M. HARTMANN, Kontinuität oder Wandel? Die deutsche Wirtschaftselite zwischen 1970 und 1995, in: 309, 73–92, hier 92] nachwies, bekräftigt worden. Ansonsten wird im Blick auf die Zusammensetzung der Eliten in der Spätphase der „alten" Bundesrepublik von einer „Aufsteigerelite" mit Dominanz der oberen Mittelschicht ausgegangen [311: U. HOFFMANN-LANGE, Eliten, 118 ff.] die sich gegenüber Kindern aus Arbeiterhaushalten weitgehend verschließe. Allerdings sind wir nach wie vor nur in Umrissen über Zusammensetzung, Bildungs- und Ausbildungsvoraussetzungen sowie Rekrutierungsmuster der Eliten informiert.

Darüber hinausweisende explorative Studien zur „Erfahrungsbildung" von Vertretern industrieller Eliten existieren für die Zeit zwischen Zweitem Weltkrieg und Wiederaufbau, wobei ein Dissens hinsichtlich personeller und mentaler Kontinuitäten und Diskontinuitäten existiert. Einmal erscheinen gerade die besonders nationalsozialistisch belasteten jüngeren Manager als Verfechter moderner „amerikanischer" Stile betrieblicher Leitung, während die älteren Vertreter eines patriarchalischen Unternehmertypus weniger gut in die neue Zeit passten [304: V. R. BERGHAHN, Unternehmer; A. VON PLATO, Wirtschaftskapitäne. Biographische Selbstkonstruktionen von Unternehmern der Nachkriegszeit, in: 87: 129–154]; von anderer Seite wiederum wird der Zwang zum Umlernen als „Chimäre" bezeichnet, habe es doch „kein Umdenken und kaum ein Nachdenken bei den deutschen Unternehmern in der Umbruchphase" [P. ERKER, Einleitung, in: 306: 14, 16; abgewogen: W. BÜHRER, Auf eigenem Weg. Reaktionen deutscher Unternehmer auf den Amerikanisierungsdruck, in: 52: 181–201] der Besatzungsherrschaft gegeben. Abgesehen von diesen Streiflichtern auf eine der Funktionseliten – deren Verbandstätigkeit mittlerweile differenziert rekonstruiert wird [305: W. BÜHRER, Bundesverband] – muss allerdings festgehalten werden, dass ein Brückenschlag von der modernen sozialwissenschaftlichen Elitenforschung zur Forschung über Bürgertum und Bürgerlichkeit, deren Kategorien zunächst für das späte 18. und das 19. Jahrhundert entwickelt wurden, und umgekehrt noch nicht vorgenommen worden ist. Hinzuweisen ist zwar auf erste Studien über das

Industrielle Eliten

Bildungsbürgertum nach dem Zweiten Weltkrieg [H. Siegrist, Der Wandel als Krise und Chance. Die westdeutschen Akademiker 1945–1965, in: 92: 289–314; Ders., Der Akademiker als Bürger. Die westdeutschen gebildeten Mittelklassen 1945–1965 in historischer Perspektive, in: 383: 118–136], aber insgesamt hat die Forschung hier eben erst eingesetzt.

Integration von NS-Eliten

Einem besonderen Problem der Elitenforschung gilt die Debatte über die Integration von Funktionseliten, die bereits im „Dritten Reich" auf ihren Positionen gewesen waren. Hinsichtlich der Integration der Eliten des NS-Herrschaftsapparats ist dabei die These von Ulrich Herbert plausibel und durch einige weitere Arbeiten bestätigt worden [220: U. Herbert, Best; 229: M. Wildt, Generation; 217: N. Frei, Karrieren], dass Mitte der 1950er Jahre diese Personengruppe zum größten Teil und mit einer charakteristischen Unterbrechung der Karriere sich in etwa wieder auf jenem Stand, etwa im Polizeidienst [329: K. Weinhauer, Schutzpolizei; P. Wagner, Die Resozialisierung der NS-Kriminalisten, in: 61: 179–213] , befand, den sie bereits einmal erreicht hatte. Schwieriger ist die Überprüfung der Kontinuität professioneller Eliten außerhalb des unmittelbaren Herrschaftsapparats, die zwar zum Teil nationalsozialistisch belastet waren, aber eher als Eliten im Nationalsozialismus denn als NS-Eliten anzusprechen wären [zur Unterscheidung vgl. 225: A. Schildt, NS-Eliten], zumal das „Dritte Reich" häufig nur eine Etappe einer schon zuvor begonnenen Karriere war. Die einzige größere regional vergleichende Studie über Beamte zwischen Weltwirtschaftskrise und früher Bundesrepublik, die hinsichtlich des „Dritten Reiches" den Faktor der Konfession und dabei die größere Distanz des katholischen Elements betonte [327: C. Rauh-Kühne/M. Ruck, Regionale Eliten], hat eher Kontinuitäten konstatiert. Im Übrigen ist für die Vorstände der zehn größten Industrieunternehmen ermittelt worden, dass etwa 60 Prozent ihrer am Ende des Zweiten Weltkriegs amtierenden Mitglieder zwar während des „Dritten Reichs" berufen worden waren, dass sich aber ihre fachlichen Qualifikationsmerkmale nicht wesentlich von den vor 1933 berufenen Mitgliedern unterschieden [307: H. Joly, Großunternehmer, 124; Ders., Kontinuität und Diskontinuität der industriellen Elite nach 1945, in: 309: 54–72]. Dies verweist darauf, dass Kontinuitäten weniger direkt politischen Charakter hatten als durch soziale und professionelle Netzwerke bedingt waren.

Die 1950er Jahre: Jahrzehnt der Integration

In der Zusammenführung kollektivbiographischer Forschungen über Eliten des NS-Herrschaftsapparats und andere professionelle Eliten, über Flüchtlinge und Vertriebene sowie weitere von den Kriegsfolgen Betroffene sind die 1950er Jahre als ein Zeitraum enormer gesellschaftlicher Integration [249: H. G. Hockerts, Integration; K. Megerle, Die Radikalisierung blieb aus. Zur Integration gesellschaftlicher Gruppen in der Bundesrepublik Deutschland während des Nachkriegsbooms, in: 69: 107–126] zu profilieren. Dass die rasche Akzeptanz der neuen politischen Ordnung mit dem wirtschaftlichen Aufstiegsprozess und nicht zuletzt der dadurch ermöglichten Sozialpolitik zusammenhing, ist zwar mittlerweile bekannt, aber eine differenzierte sozialhistorische, auf einzelne gesellschaftliche Gruppen und Milieus sowie wichtige Institutionen bezogene dichte Beschreibung der Muster dieses Prozesses steht nach wie vor aus. Dies betrifft etwa die Notwendigkeit einer stärkeren sozialhistorischen Orientierung der kirchlichen Zeitgeschichte, aber auch der Anknüpfung an die zeitgenössischen soziologischen Studien zur lokalen Vereinskultur in ihren integrativen und sozial segregierenden Funktionen [bibliographische Hinweise in: 457: H. Best, Vereine; eine lokalhistorische Studie über die 1950er Jahre: 282: A. Schulze, Vereine].

Die Gesellschaft der frühen Bundesrepublik war eine angesichts des Fehlens von Militär und Militarismus – im Wortsinn – zivile Gesellschaft. Die eindeutige Unterordnung des Militärs unter den Primat der Politik nach Gründung der Bundeswehr und die Wiedereinführung der allgemeinen Wehrpflicht für „Bürger in Uniform" sicherte diese deutliche Diskontinuität im Vergleich zur Zwischenkriegszeit. Dennoch gab es in der ersten Hälfte der 1950er Jahre eine irritierende gesellschaftliche Aufwertung des Militärischen und der Rehabilitierung von zunächst in einer prekären gesellschaftlichen Rolle befindlichen Berufssoldaten [G. Meyer, Soldaten ohne Armee. Berufssoldaten im Kampf um Standesehre und Versorgung, in: 50, 683–750], sichtbar in einer selbstbewussten Veteranenkultur ehemaliger Angehöriger der Wehrmacht und der Waffen-SS, der auch die politischen Parteien ihre Reverenz erwiesen [459: P. Dudek/H.-G. Jaschke, Entstehung; 327: B.-O. Manig, Politik der Ehre]. Das ambivalente Leitbild der „ständischen Bürgerlichkeit des Bundeswehroffiziers" [K. Naumann, Schlachtfeld und Geselligkeit. Die ständische Bürgerlichkeit des Bundeswehroffiziers, in: 63: 310–346, hier 326] zeigte den schwierigen Übergang der Berufssoldaten in die demokratisch verfasste Gesellschaft der Bundesrepublik. Die Geschichte der Bundeswehr ist in dieser Perspektive erst in Umrissen skizziert worden [D. Bald, „Bürger in Uniform". Tradition und Neuanfang des Militärs in Westdeutschland, in: 87: 392–402; 323: D. Bald, Reform des Militärs]. Dies gilt auch für die Bedeutung, die eine Stationierung von Einheiten der neuen Armee für die jeweiligen lokalen Gesellschaften hatte [W. Schmidt, „Eine Garnison wäre eine

Zivile Gesellschaft

feine Sache." Die Bundeswehr als Standortfaktor 1955 bis 1975, in: 425: 357–441]; als Spezialfall wären hier auch die US-Garnisonen [359: M. HÖHN, GIs] sowie britische und französische Stationierungsorte einzubeziehen.

2.2 Konsumgeschichtliche Studien

Energisch hingewiesen worden ist in den letzten Jahren auf die Notwendigkeit konsumgeschichtlicher Studien [S. GOCH, Aufstieg der Konsumgesellschaft – Niedergang der Milieus? Viele Fragen, in: 441: 413–426], die in der Perspektive einer Geschichte der Lebensstile anschlussfähig für neuere sozialwissenschaftliche und kulturanthropologische Fragestellungen wären und von daher auf einer erweiterten Basis die sozialhistorischen Untersuchungen von Milieus und kulturellen Traditionen aufnehmen ließen. Nach einem eher grobflächigen Überblick [429: A. ANDERSEN, Traum] und einer eingehenden Studie zu den 1950er Jahren [451: M. WILDT, Am Beginn] nimmt sich die Forschung mittlerweile der Phase enormer Ausbreitung des Konsums im darauf folgenden Jahrzehnt an. Dazu gehörte die breite Durchsetzung von Teilzahlungskrediten [M. WILDT, Amerika auf Raten. Konsum und Teilzahlungskredit im Westdeutschland der fünfziger Jahre, in: 52: 202–230] ebenso wie die Ausbreitung des „Selbstbedienungsladens" [K. DITT, Rationalisierung im Einzelhandel. Die Einführung und Entwicklung der Selbstbedienung in der Bundesrepublik Deutschland 1949–2000, in: 441: 315–356].

<small>Konsum und Politisierung</small>

Neuere Studien gelten dem Spannungsbogen von verfeinertem Konsum und Politisierung in der Jugendkultur der 1960er Jahre [D. SIEGFRIED, Vom Teenager zur Pop-Revolution. Politisierungstendenzen in der westdeutschen Jugendkultur, in: 88: 582–623; umfassend: 409: DERS., „Time is on my Side"]. Auch die „Studentenrevolte" bzw. „68er-Bewegung" lässt sich nur unter Einbeziehung der konsumgeschichtlichen Dimensionen adäquat verstehen [377: W. BUCHER/K. POHL, Schock; J. TANNER, „The Times They Are A-Changin'". Zur subkulturellen Dynamik der 68er Bewegungen, in: 386: 206–223]. Die sich seither ausdifferenzierende Jugendteilkultur ist in mancher Hinsicht als Vorbote gesamtgesellschaftlicher Trends anzusehen. In der Perspektive einer Historisierung von Lebensstilen bleibt hier für den Zeitraum seit den 1970er Jahren noch viel zu entdecken [388: TH. GROSSBÖLTING, Bundesdeutsche Jugendkulturen; K. WEINHAUER, The End of Certanties: Drug Consumption and Youth Delinquency in West Germany during the 1960s and 1970s, in: 405: 371–392].

Im Übrigen ist das Thema des Konsums – und Konsumverzichts bzw. Sparens – bisher eher aus der Sicht der „Durchschnittsverdiener" und Trendsetter im jugendlichen Bereich dargestellt worden. Die Sozialgeschichte der Mehrheit der Rentner, die erst durch die große Rentenreform 1957 [248: H.G. HOCKERTS, Sozialpolitische Entscheidungen] in Maßen am neuen Konsum, etwa elektronischer Medien, partizipieren konnten, ist bisher ebenso wenig geschrieben worden wie die Geschichte des Reichtums und luxurierender Lebensweisen in der Bundesrepublik.

Zudem ist die Konsumgeschichte ein zentrales Feld für die transnationale Erweiterung deutscher Sozialgeschichte. Bisher ist diese Dimension vor allem in Studien zur „Amerikanisierung" der westdeutschen Gesellschaft untersucht worden [74: A. LÜDTKE/I. MARSSOLEK/ A. VON SALDERN, Amerikanisierung; 85: A. SCHILDT, Moderne Zeiten, 398–423; 435: A. DOERING-MANTEUFFEL, Dimensionen; 114: B. GREINER, Test the West; 134: A. SCHILDT, Sind die Westdeutschen amerikanisiert worden?]. Die USA waren nach dem Zweiten Weltkrieg nicht nur die unbestrittene militärische und wirtschaftliche Führungsmacht der westlichen Welt, sondern übten einen beträchtlichen Einfluss auf die gesellschaftliche und kulturelle Entwicklung Westdeutschlands bzw. der Bundesrepublik aus, die unter dem Schlagwort der „Amerikanisierung" diskutiert wird.

„Amerikanisierung"

Dabei sind zwei Wellen des massenkulturellen Transfers – direkt nach dem Zweiten Weltkrieg und seit Mitte der 50er Jahre – zu unterscheiden. Die weiter fortgeschrittenen Standards amerikanischen Konsums waren schon in der Zeit der Besatzung für Teile der deutschen Bevölkerung attraktiv gewesen; amerikanische Zigaretten bildeten die Grundwährung des Schwarzmarkts, CARE-Pakete und amerikanische Importe im Rahmen des Marshall-Plans wirkten in der gleichen Richtung. Aber erst mit der Durchsetzung eines breiten Wohlstandskonsums seit der zweiten Hälfte der 1950er Jahre begann sich die Orientierung an massenkulturellen Leitbildern der USA in breiterem Maße durchzusetzen, nicht zufällig unter Jugendlichen, die diese als Symbole für die Eroberung individueller Freiheit, als Ausweis einer neuen Zivilität für sich entdeckten und in ihrem Sinn nutzten [397: K. MAASE, Bravo; 389: T. GROTUM, Die Halbstarken]. Die Kategorie der „Amerikanisierung" ist schwer zu operationalisieren, ist es doch häufig kaum möglich, etwa hinsichtlich der Stile der Betriebsführung, technischer Geräte in den Haushalten [451: M. WILDT, Am Beginn; für die Zwischenkriegszeit als Vergleichsebene: 437: M. HESSLER, Mrs. Modern Woman] oder der Werbung [446: H. SCHRÖTER, Amerikanisierung], den Anteil kulturellen

Massenkultureller Transfer aus den USA

Imports, eigener nationaler Traditionen und schwieriger Mischungsverhältnisse exakt zu bestimmen. Im vergleichenden Blick auf die westdeutsche Gesellschaft der 1950er und der 1960er Jahre war es allerdings evident, dass ein tiefgreifender Prozess der Annäherung an westliche Konsumstile in Gang gekommen war, dessen westeuropäische Gemeinsamkeiten auch von zeitgenössischen Sozialwissenschaftlern bereits diskutiert wurden [42: E. ZAHN, Soziologie]. Für konsumgeschichtliche Ansätze ist es deshalb wichtig, neben der „Amerikanisierung" auch die Dimension der „Europäisierung", sowohl hinsichtlich der Ähnlichkeiten als auch der Spezifika zu beachten [444: A. SCHILDT, Sozialkulturelle Aspekte; 447: H. SIEGRIST u. a., Europäische Konsumgeschichte]. Solche transnationalen Themen deuten auf interessante Anschlussmöglichkeiten für sozialhistorische Studien hin.

Margin: „Amerikanisierung", „Europäisierung"

Die Betonung der integrativen Kraft der Wiederaufbaugesellschaft wirft die Frage nach den Verlierern auf, nach denjenigen, die von der allgemeinen Aufstiegsmobilität nicht erfasst wurden, sondern am Rande des neuen Wohlstands blieben. Am ehesten wird diese Dimension im Blick auf Flüchtlinge und Vertriebene berücksichtigt, aber auch hier steht die gelungene Integration im Vordergrund. Eine Sozialgeschichte der Armut im „Wirtschaftswunder" ist dagegen noch nicht geschrieben worden, weder der Altersrentner noch der im Krieg geschädigten Gruppen der körperlich Versehrten oder psychisch traumatisierten Personen, die sich nicht oder erst allmählich in die Nachkriegsgesellschaft eingliedern konnten. Das Massenschicksal des Untermieterdaseins der frühen 1950er Jahre ist bisher ebenso wenig dargestellt worden wie die prekäre Situation jener Personengruppen, die vom Lastenausgleich nicht erfasst wurden. Und noch weniger ist die Sozialgeschichte der Unterschichten über das erste Jahrzehnt der Bundesrepublik hinausreichend in Angriff genommen worden, obwohl dieses Thema nach dem endgültigen Abschied von der Vollbeschäftigung Anfang der 1970er Jahre zunehmend relevant geworden ist: Eine Sozialgeschichte der Erwerbslosigkeit und der Erwerbslosen, der Jugendarbeitslosigkeit und der Langzeitarbeitslosen, der kinderreichen Familien und alleinerziehenden Mütter, der neuen Wohnungsnot und Obdachlosigkeit, der Suchtkranken usw. wären wichtige Themen, für die überreichlich Unterlagen vorhanden sind. Immerhin liegt eine instruktive Skizze über gesellschaftliche Randgruppen vor, die die beiden ersten Jahrzehnte der Bundesrepublik erfasst [W. RUDLOFF, Im Schatten des Wirtschaftswunders. Soziale Probleme, Randgruppen und Subkulturen 1949 bis 1973, in: 426, 347–467]. Bei diesem Themenfeld käme es nicht zuletzt darauf an, den Zusammenhang der Bildung von „Versor-

Margin: Armut im Wohlstand

gungsklassen" [M. R. LEPSIUS, Soziale Ungleichheit und Klassenstrukturen in der Bundesrepublik Deutschland, in: 93: 166–209] und staatlicher Sozialpolitik zu beleuchten.

2.3 Staatliche Planung und Wertewandel

Über die Sozialpolitik hinaus erfreut sich seit kurzem insgesamt der Zusammenhang von Sozialgeschichte und der Geschichte staatlicher Planung einer erhöhten Aufmerksamkeit. Dabei sind bisher nicht zufällig vor allem die 1960er Jahre ein zeitlicher Schwerpunkt für Untersuchungen gewesen. Dieses Jahrzehnt ist als Zeitraum besonderer Planungsgläubigkeit profiliert worden [M. RUCK, Ein kurzer Sommer der konkreten Utopie. Zur westdeutschen Planungsgeschichte der langen 60er Jahre, in: 88: 362–401; H. G. HOCKERTS, Planung als Reformprinzip (Einführung), in: 59: 249–258]. Dies betraf zentral die wirtschaftswissenschaftliche Politikberatung [254: A. NÜTZENADEL, Stunde; 255: T. SCHANETZKY, Sachverständiger Rat] und insgesamt die Verwissenschaftlichung politischer Entscheidungen [253: G. METZLER, Konzeptionen].

In vielfacher Hinsicht bildet die Sozialgeschichte der Bildung und Ausbildung ein zentrales Desiderat, lassen sich doch hier wesentliche Prozesse des Erwerbs von „capital scolaire" (P. Bourdieu), der stetigen Höherqualifizierung der gesamten Bevölkerung, ebenso erfassen wie fortbestehende soziale Ungleichheiten, die in der Bildungsforschung mit der Formel einer Bildungsexpansion bei Fortdauer der Chancenungleichheit ausgedrückt werden. Über zahlreiche Themen der Bildungsentwicklung informiert mittlerweile zuverlässig ein einschlägiges Handbuch [412: C. FÜHR/K.-L. FURCK, Handbuch; vgl. auch 415: P. LUNDGREEN, Sozialgeschichte], aber nach wie vor sind die Trends einer zunächst allmählichen, dann rasanten Bildungsexpansion nur sozialstatistisch aufbereitet worden [414: H. KÖHLER, Der relative Schul- und Hochschulbesuch; 416: MAX-PLANCK-INSTITUT FÜR BILDUNGSFORSCHUNG, Projektgruppe Bildungsbericht, Bildung]. Wir sind nur über die Grundzüge der Bildungsreform und Bildungsplanung informiert [K. KÖHLE, Bildungsrestauration, „Bildungskatastrophe", Bildungsexplosion. Die Entwicklung des Bildungssystems in der Bundesrepublik von 1945 bis heute, in: 62: 234–254; A. KENKMANN, Von der bundesdeutschen „Bildungsmisere" zur Bildungsreform in den 60er Jahren, in: 88: 402–423; W. RUDLOFF, Bildungsplanung in den Jahren des Bildungsbooms, in: 59: 259–282; W. MÜLLER/I. SCHRÖDER/M. MÖSSLANG, „Vor uns liegt ein Bildungszeitalter". Umbau und Expansion – das bayerische Bildungs-

Bildung und Ausbildung

system 1950 bis 1975, in: 425: 273–352]. Abgesehen von ersten geschichtswissenschaftlichen Studien zum Gymnasium nach dem Zweiten Weltkrieg [413: T. GASS-BOLM, Gymnasium], besonders zu den „wilden Zeiten" des Umbruchs der späten 1960er Jahre [T. KÜSTER, Das Erlernen des Dialogs. Veränderungen des gesellschaftlichen Klimas nach 1968 am Beispiel eines Gütersloher Gymnasiums, in: 59: 683–705; A. SCHILDT, Nachwuchs für die Rebellion – die Schülerbewegung der späten 60er Jahre, in: 401: 229–241] fehlt es bisher an sozialhistorischen Arbeiten zu anderen Bildungs- und Ausbildungsbereichen, zu den Hauptschulen, Realschulen, zum „zweiten Bildungsweg", zu Berufs- und Berufsfachschulen, zur Lehrlingsausbildung und innerbetrieblichen Fort- und Weiterbildung [J. DRESCHER, Wirtschaftsentwicklung, berufliche Fortbildung und sozialer Aufstieg. Eine Studie am Beispiel Hamburgs, in: 87: 242–269], zu den Hochschulen, zu den dort Lernenden und Studierenden sowie Unterrichtenden und Lehrenden. In der Perspektive einer Historisierung der „Wissensgesellschaft" [142: M. SZÖLLÖSI-JANZE, Wissensgesellschaft] liegen hier noch große unerledigte Aufgaben für eine Sozialgeschichte der Bundesrepublik.

Wertewandel

Die sozialwissenschaftliche Forschung hat – bei heftigen Kontroversen zur Interpretation im Einzelnen – einhellig festgestellt, dass die großen gesellschaftlichen Veränderungen von einem tiefgreifenden Wertewandel begleitet waren, der wiederum auf das soziale Verhalten bis hin zu demographischen Trends – etwa bei den Ursachen des Geburtenrückgangs [263: R. GEISSLER, Sozialstruktur, 57 ff.] – und auf das politische System zurückwirkte. Diesen Wertewandel hat R. Inglehart in vergleichenden Untersuchungen für westliche Gesellschaften allgemein als Wechsel von „materialistischen" zu „postmaterialistischen" Werten beschrieben [486: R. INGLEHART, Kultureller Umbruch], während H. Klages eher einen tendenziellen Wandel von „Pflicht- und Akzeptanzwerten zu Selbstentfaltungswerten" annimmt, die aber jeweils weiterhin bestehen und in veränderbaren Kombinationen auftreten können [empirische Studien: 490: P. KMIECIAK, Wertstrukturen; 496: G. SCHMIDTCHEN, Protestanten; 487: H. KLAGES/P. KMIECIAK, Wertewandel; 493: E. NOELLE-NEUMANN/E. PIEL, Generation; 494: D. OBERNDÖRFER/H. RATTINGER/K. SCHMITT, Wirtschaftlicher Wandel; 491: H.-O. LUTHE/H. MEULEMANN, Wertewandel; 489: H. KLAGES /H.J. HIPPLER/W. HERBERT, Werte; 488: H. KLAGES Traditionsbruch].

Als Zeitraum enormer Beschleunigung des Wertewandels sind die „langen 1960er Jahre" profiliert worden, wobei etwa die Veränderung der Erziehungsziele von Unterordnung und Gehorsam zur Selbstbestimmung, der Einstellung zur Arbeit als Lebenszentrum, der kirchlichen Bindungen und religiösen Einstellungen thematisiert worden sind. Der Anregungsgrad dieser Studien für die Sozialgeschichte ist eher indirekter Natur, etwa für die Nachzeichnung der Mentalitätsveränderungen sozialer Gruppen. Allerdings kann nicht einfach eine Verlängerung des Wertewandelsschubs der langen 1960er Jahre angenommen werden. Mittlerweile sei ein „Pluralismus von Wertewandels-Pfaden" zu entdecken, „die faktisch um die Wandlungsführerschaft konkurrieren" [H. KLAGES, Werte und Wertewandel, in: 84: 698–709, hier 699].

3. Pluralisierung der Perspektiven

Die Einbeziehung der subjektiven Erfahrungsdimension in die Sozialgeschichte als qualitative Überwindung einer puren Historisierung sozialer Strukturen fordert forschungslogisch die Pluralisierung der Perspektiven. Neben der mittlerweile selbstverständlichen Berücksichtigung unterschiedlicher sozialer Klassen, Schichten und Milieus weist dies hin auf die Bedeutung von Geschlechterverhältnissen und sich daraus ergebenden differenten Wahrnehmungen, auf die Rolle von Generationen bei der Prägung einer Gesellschaft und schließlich auf die Notwendigkeit regionaler und lokaler Studien, um zu dichten Beschreibungen zu gelangen, aber nicht zuletzt auch, um das sozialstatistische Konstrukt eines nationalen Durchschnitts mit sehr unterschiedlichen Realitäten zu konfrontieren.

Eine systematische Berücksichtigung der Geschlechterverhältnisse setzt sich in der Sozialgeschichtsschreibung der Bundesrepublik nur allmählich und vor allem in den Bereichen durch, für die es besonders nahe liegt, in der Geschichte der Familie und Erziehung, im Blick auf die Veränderungen des Erwerbssystems und Arbeitslebens. Hier gibt es mittlerweile eine ganze Reihe von soliden Überblicksdarstellungen [366: M. NIEHUSS, Familie; 352: G.-F. BUDDE, Frauen arbeiten] und Studien zu speziellen Aspekten, etwa zum Hausarbeitstag [371: C. SACHSE, Hausarbeitstag], zur Teilzeitarbeit [367: C. VON OERTZEN, Teilzeitarbeit] oder „Gastarbeiterinnen" [338: M. MATTES, „Gastarbeiterinnen"]. Abgesehen von etlichen Würdigungen der besonderen Anforderungen an Frauen in der unmittelbaren Nachkriegszeit sind zahlreiche Studien entstanden, in denen der Wandel der Frauenrolle von der häuslich gefesselten „Mithelferin" des Mannes zur außerhäuslich erwerbstätigen Arbeitnehmerin und innerhalb der Ehe zunehmend gleichbe-

Geschlechterverhätnisse

Wandel der Frauenrolle

rechtigteren Partnerin auch in seinen ambivalenten Erscheinungsformen, etwa hinsichtlich der Doppelrolle als Hausfrau und Mutter in der technisch gut ausgestatteten „Einbauküche" [U. LINDNER, Rationalisierungsdiskurse und Aushandlungsprozesse. Der moderne Haushalt und die traditionelle Hausfrauenrolle in den 1960er Jahren, in: 59: 83–106; M. TRÄNKLE, Neue Wohnhorizonte. Wohnalltag und Haushalt seit 1945 in der Bundesrepublik, in: 233: 687–805, hier 753 ff.] und als zeitlich gestresste, hinzuverdienende Ehefrau, thematisiert worden ist. Die demoskopisch belegte Entwicklung zu eher partnerschaftlich als patriarchalisch bestimmten Verhältnissen in der Ehe [R. NAVE-HERZ, Kontinuität und Wandel in der Bedeutung, in der Struktur und Stabilität von Ehe und Familie in der Bundesrepublik Deutschland, in: 365: 61–94, hier 78 ff.; vgl. für die 1960er Jahre die Skizze: J. PAULUS, Familienrollen und Geschlechterverhältnisse im Wandel, in: 59: 107–120] sowie veränderter Erziehungsmuster [Y. SCHÜTZE, Zur Veränderung im Eltern-Kind-Verhältnis seit der Nachkriegszeit, in: 365: 95–114; 382: H. FEND, Sozialgeschichte, 106 ff.] sind bisher eher aus der Sicht gesellschaftlicher Sozialisationsagenturen dargestellt worden, etwa in einer instruktiven Studie über den Zusammenhang von Katholizismus und bürgerlichem Familienideal [369: L. RÖLLI-ALKEMPER, Familie]. Auch mangelt es an Untersuchungen über die auf diesem Hintergrund erfolgte oder erwogene Veränderung weiblicher und männlicher Lebenspläne, von Karriereverläufen bis zu Gesellungsformen in der Freizeit. Erste Erkundungen zeigen, dass die „langen 60er Jahre" gerade in dieser Hinsicht als wichtiger Transformationszeitraum hinsichtlich von Leitbildern anzusehen sind – wenngleich eine Verbreiterung weiblicher Emanzipationsprozesse wohl eher erst in den 1970er Jahren einsetzte [U. FREVERT, Umbruch der Geschlechterverhältnisse? Die 60er Jahre als geschlechterpolitischer Experimentierraum, in: 88: 642–660]. Allerdings fehlen hierzu bisher detaillierte Studien.

Generationalität Die Berücksichtigung der sozialhistorischen Prägung der Bundesrepublik durch verschiedene markante Generationen meint mehr als die bloße Berücksichtigung des Faktors von beliebigen altersabhängigen Erfahrungen. Nicht allein die Zugehörigkeit zu gleichen Jahrgängen, sondern erst die „Partizipation an den gemeinsamen Schicksalen" konstituiere die Generation mit Tendenz ähnlicher „Verhaltungs-, Gefühls- und Denkweisen" [125: K. MANNHEIM, Problem; dazu J. ZINNECKER, „Das Problem der Generationen". Überlegungen zu Karl Mannheims kanonischem Text, in: 401: 33–58], die insofern als sinnstiftendes, aber gleichwohl geschichtsmächtiges Konstrukt jeweiliger Akteure zu begreifen sei. Aus diesem Grund ist auch nicht jeder Alterskohorte retrospektiv eine generationelle Charakterisierung verliehen worden. Unbeschadet der Kritik, dass es sich – jedenfalls in der bisherigen Forschung – um ein vorwiegend männliches und mit reichlichem „kulturellem Kapital" ausgestattetes bürgerliches Konstrukt handelt, hat die generationelle Verortung – insbesondere in der Elitenforschung – sehr entscheidend zum Verständnis von Grundzügen der Nachkriegsgesellschaft beigetragen und die Sozialgeschichte der Bundesrepublik in den Horizont des gesamten 20. Jahrhunderts gerückt. Unterscheiden lassen sich in diesem Sinne vier Generationen, wobei die in den 1880er Jahren Geborenen als Gründergeneration der Bundesrepublik noch am wenigsten Aufmerksamkeit erhielten. Diese konzentrierte sich vor allem auf die Jahrgänge der Jahrhundertwende, der zweiten Hälfte der 1920er und der um 1940 Geborenen [U. HERBERT, Drei politische Generationen, in: 401: 95–114; M. KOHLI, Lebenslauftheoretische Ansätze in der Sozialisationsforschung, in: 392: 299–320]. Vier Generationen in der Bundesrepublik

Auffällig bis hin zum honoratiorenmäßigen Stil war die Überalterung der männlich geprägten Elite in Politik, Verbandswesen, Kultur usw., die der Gründerzeit des westdeutschen Staates ihre Konturen verlieh. Wenn dies als Rückkehr der „Weimarianer" bezeichnet wurde, dann war daran nur soviel richtig, dass viele Angehörige der Eliten in den Jahren vor 1933 häufig bereits hohe Stellungen erreicht hatten. Ihre Ausbildung genossen hatten sie und beruflich sozialisiert worden waren sie hingegen in der Wilhelminischen Gesellschaft des Kaiserreichs – wer um 1950 in den Ruhestand ging, war Mitte der 1880er Jahre geboren worden, und als „Wilhelminer" wären sie eher zu fassen. Sie mochten von den „Lebensreform"-Bestrebungen der Jahrhundertwende berührt worden sein, hatten als bildungsbürgerlicher Nachwuchs ihr Studium bis zum Beginn des Ersten Weltkriegs abgeschlossen, erste berufliche Erfahrungen gesammelt und den Krieg als Ehemänner und Familienväter mitgemacht, revolutionäre Nachkriegswirren, Inflation und Weltwirtschaftskrise sowie den Machtantritt des NS-Regimes im mittleren Alter erlebt und waren mitunter am Ende des Zweiten Weltkriegs noch zur Wehrmacht oder zum Volkssturm einberufen worden. Die Einbeziehung der Lebensgeschichte dieser Generation, die mit ihren Erfahrungen die Nachkriegsgesellschaft bereicherte und belastete, zeigt besonders deutlich, dass es unmöglich ist, die Sozialgeschichte der Bundesrepublik von ihren Kontinuitätssträngen abzuschneiden und 1945/49 als absoluten Neubeginn anzusehen. Die Wilhelminer

Dass gerade diese älteren „Wilhelminer" die Gründergeneration darstellten, lag zum einen am hohen Blutzoll der mittleren Jahrgänge, zum anderen daran, dass die nationalsozialistische Bewegung ausge- Generation der Jahrhundertwende sprochen jugendlich geprägt war. Diese zur Zeit der Gründung der Bundesrepublik etwa 50-jährigen sind als „Jahrhundertwende"- bzw. „Kriegsjugendgeneration" [T. A. KOHUT, History, Loss, and the Generation of 1914: The Case of the „Freideutsche Kreis", in: 401: 253–277] sehr markant profiliert worden: als zu jung, um schon als Soldat im Ersten Weltkrieg dabei gewesen zu sein, dies mit besonderer Neigung zum politischen Kampf und der Selbststilisierung als Generation heroischer Sachlichkeit in den 1920er Jahren kompensierend [390: U. HERBERT, Generation], um dann mit besonderer Härte den wirtschaftlichen Niedergang in noch ungefestigter beruflicher Position zu erleben. Die kurze „Friedensphase" des „Dritten Reiches", aber zum Teil auch der Zweite Weltkrieg wurden nicht selten als glückliche Zeit mit beträchtlichen Chancen der Aufwärtsmobilisierung empfunden. Diese „Kriegsjugendgeneration" erreichte das Ende ihres Berufslebens in den 1960er Jahren.

HJ-Generation   Als „Hitler-Jugend"- oder „Flakhelfergeneration" ist die den Wiederaufbau „vielleicht faktisch", wenn auch nicht „normativ" prägende Generation der in den späten 1920er Jahren Geborenen bezeichnet worden [378: H. BUDE, Deutsche Karrieren, 182]. Diese Generation erlebte die „Friedenszeit" des „Dritten Reiches" und die Zeit des Krieges als Kind [402: G. ROSENTHAL, „... wenn alles in Scherben fällt"; 391: S. HÜBNER-FUNK, Loyalität; 380: M. BUDDRUS, Totale Erziehung] und eroberte als Jugendliche am Ende des Zweiten Weltkriegs – dafür steht die Tätigkeit des Luftwaffenhelfers eher symbolisch [406: R. SCHÖRKEN, Luftwaffenhelfer; 407: DERS., Jugend 1945] – und in der unmittelbaren Nachkriegszeit zum Teil einige Freiräume [393: A. KENKMANN, Wilde Jugend; 385: D. FOITZIK, Jugend]. Sie hatte aber auch erhebliche Leistungen für die unmittelbare familiäre Reproduktion zu erbringen. Der Topos der „Jugend ohne Jugend" [411: J. ZINNECKER, Jugendkultur, 39] zielt auf diesen Umstand. Diese Generation begann ihr Berufsleben häufig erst in der Nachkriegszeit und wurde durch den langen wirtschaftlichen Aufstieg im Wiederaufbau und die Stabilisierung der demokratischen Ordnung geprägt, erlebte den gesellschaftlichen Strukturbruch der 1960er Jahre in den mittleren Lebensjahren und schloss ihr Berufsleben in etwa mit dem Ende der „alten" Bundesrepublik ab. Bezogen auf diese Generationseinheit, aber auch die Geburtsjahrgänge der frühen 1920er Jahre einbeziehend, ist von den „Forty-Fivers" [395: D. MOSES, Die 45er] gesprochen worden. Hier wird der Blick auf die entscheidende Öffnung von Biographien durch das Kriegsende und die neuen Möglichkeiten insbesondere für den Nachwuchs des Bürgertums gerichtet.

3. Pluralisierung der Perspektiven 105

Mit einem zeitlich etwas unbestimmteren Generationskonzept arbeitet hingegen eine neuere Studie zu katholischen Milieus, die im Blick auf die Erosion kirchlicher Jugendarbeit und der Probleme des Priesternachwuchses seit den 1960er Jahren fordert: „Zukünftige Forschungen werden sich (...) in besonderer Weise mit der Mentalitätsgeschichte der zwischen 1920 und 1940 geborenen Generation zu befassen haben. In dieser Generation erfolgte eine Weichenstellung, die in allen europäischen Industrienationen das Verhältnis des Individuums zu den religiösen Gemeinschaften nachhaltig veränderte [315: W. DAMBERG, Abschied vom Milieu, 610].

In scharfer Absetzung von der „Flakhelfer"-Generation wird schließlich eine Generation der um 1940 geborenen Kriegskinder vorgestellt, die erste Generation, die ihre Jugend vollständig im Frieden erlebte. In der zeitgenössischen Soziologie erhielt sie, hier allerdings auch Vorkriegsjahrgänge einbeziehend, das prominent gewordene Prädikat der „Skeptischen Generation" [39: H. SCHELSKY, Skeptische Generation; dazu: 119: F.-W. KERSTING, Helmut Schelskys „Skeptische Generation"] verliehen, der dann die Bezeichnung „Generation der Unbefangenen" [16: V. GRAF BLÜCHER, Generation] folgte. Während ein kleines männlich-proletarisches Segment davon als „Halbstarkenbewegung" Mitte der 1950er Jahre öffentliches Interesse erhielt, hat die Kennzeichnung als „68er-Generation" die nachhaltigste Wirkung erzielt, unabhängig davon, ob sich die altersmäßig Zugehörigen nun als Teil einer (politischen) Generation oder in einer Generationenlücke empfinden [U. HERRMANN, „ungenau in dieser Welt" – kein Krawall, kein Protest: Der unaufhaltsame Aufstieg um 1940 Geborener in einer „Generationen"-Lücke, in: 401: 159–186] – letzteres war und ist ohnehin das Schicksal der Mehrheit der Bevölkerung. Nicht zuletzt die krass positive oder aber negative Bewertung der Protestbewegung am Ende der 1960er Jahre in ihren gesellschaftlichen Auswirkungen, die bis heute in politischen Debatten funktionalisiert wird, hat zur Befestigung eines Mythos im gemeinsamen Bezug auf Gegensätzliches beigetragen, der im Übrigen erst im Abstand von etwa einem Jahrzehnt zu den Ereignissen entstand. Als materieller Hintergrund kann die Verknüpfung prägender Jugenderlebnisse in einer Phase, in der ähnlich der Zwischenkriegszeit ein besonderer Jugendkult gepflegt wurde, mit der kurzzeitig enormen Ausweitung des Bildungssystems und generell ausgezeichneten Bedingungen für den Beginn beruflicher Karrieren um 1970 gelten. Die Frage nach dem Zusammenhang von „Milieuauflösung und Generationenwandel" [J. ZINNECKER, Milieuauflösung und Generationenwandel. Zwei Deutungsmuster in den sechziger Jahren

Generation der Kriegskinder

und deren Verknüpfung, in: 59: 759–776] könnte von hier aus untersucht werden. Es bleibt allerdings erklärungsbedürftig, dass eine retrospektive, medial stilisierte Stiftung eines Generationszusammenhangs als kommunikativer Prozess im Falle der „68er" [379: H. BUDE, Altern] derart gelungen scheint, dass sie sogar als letzte abgrenzbare Generation fungieren. Alle seitherigen, teilweise politisch induzierten, Versuche, für spätere Alterskohorten eine Generationskennzeichnung zu lancieren, von den „78ern" und „89ern" [394: C. LEGGEWIE, Die 89er] bis zur „Generation Golf", der „Generation Berlin" oder „Generation Reform", haben sich dagegen nicht allgemein durchsetzen können.

Medialität als Zentrum der Sozialgeschichte

Erfolge und Misserfolge bei der Konstruktion von Generationen verweisen darauf, dass es sich nicht einfach um Erzählgemeinschaften handelt, die sich ihrer Erfahrungen gemeinschaftlich versichern, sondern dass hinter deren Durchsetzung ein gesellschaftlicher Kommunikationsprozess steht, der nur in seiner (massen-)medialen Vermittlung zu begreifen ist [410: B. WEISBROD, Generation]. Es mag kultursoziologisch eine Trivialität sein, dass die zunehmende Bedeutung der medialen Überformung menschlicher Erfahrungen eine grundlegende Tendenz der Moderne darstellt, aber dies hat in der gegenwartsnahen Sozialgeschichtsschreibung konzeptionell noch wenige Konsequenzen gezeitigt. Gemeint ist damit nicht nur die Notwendigkeit, die Medien selbst, ihre Akteure, ihre Programmangebote zur Information und Unterhaltung des Publikums sowie die Nutzung der einzelnen Medien durch das Publikum als wichtiges Thema der Sozialgeschichte anzuerkennen. Die Medien sind darüber hinaus auch allgemein als Ensemble mit einer eigenen Geschichte zu profilieren [A. SCHILDT, Massenmedien im Umbruch der 50er Jahre, in: 483: 633–645], das jeweilige Öffentlichkeiten prägt. Die „Medialität" als Faktor gerade der gegenwartsnahen Zeitgeschichte, die es mit einer nahezu absoluten Erfassung der Bevölkerung durch Medien zu tun hat, ist insofern generell bei allen Themen zu reflektieren und nicht nur bei jenen, wo sie als entscheidender Faktor evident ist, etwa bei der Untersuchung von Jugendkulturen.

Bei der Sozialgeschichte der Medien der Bundesrepublik [wichtige Aspekte werden behandelt in: 483: J. WILKE, Mediengeschichte] fällt auf, dass die elektronischen Massenmedien, Hörfunk und Fernsehen [85: A. SCHILDT, Moderne Zeiten, 262 ff.; 470: K. HICKETHIER, Geschichte], eingehender untersucht worden sind als die Druckerzeugnisse. Insbesondere fehlen detaillierte Studien zu den auflagenstärksten Tageszeitungen und ihrer Leserschaft, aber auch einflussreicher Wochenzeitungen und Zeitschriften, während immerhin instruktive Darstellungen zur führenden Rundfunkprogrammzeitschrift der 1950er und 1960er Jahre (L. Seegers, Eduard Rhein) sowie eines wichtigen Segments, der provinziellen Presselandschaft [474: G. MEIER, Zwischen Milieu und Markt], vorliegen.

Kräftige Anstöße hat die sozialhistorische Forschung immer wieder von bedeutenden regionalhistorisch orientierten Projekten erhalten, die viele Dinge genauer betrachten und dichter darstellen lassen als dies für die nationale Ebene der Gesellschaft möglich ist. Als Beispiel zu nennen sind vor allem das LUSIR-Projekt zum Ruhrgebiet sowie die Studien zu „Bayern im Bund" und zu Westfalen, die in verschiedenen Zusammenhängen bereits genannt wurden. Diese regionalen sozialhistorischen Schwerpunkte verdanken sich vor allem dem Sitz entsprechender Forschungseinrichtungen, etwa dem Institut für Zeitgeschichte in München und dem Westfälischen Institut für Regionalgeschichte in Münster. Zu erwähnen sind hier auch die Forschungsstelle für Zeitgeschichte in Hamburg und das Institut für schleswig-holsteinische Regional- und Zeitgeschichte in Schleswig, die zeit- und sozialhistorische Studien in ihrer Region betreiben. Hinzu kommen Arbeitszusammenhänge auf Landesebene wie etwa der Zeitgeschichtliche Arbeitskreis für die Geschichte Niedersachsens in Göttingen, stadtgeschichtliche Institute und Archive, etwa in Berlin, Köln, Gelsenkirchen und Frankfurt/M., sowie Lehrstühle an verschiedenen Universitäten, von denen regionalhistorische Aktivitäten in der Perspektive einer sozialhistorisch orientierten Zeitgeschichte ausgehen. Auch die Gesellschaft für Stadtgeschichte und Urbanisierungsforschung mit ihrer Zeitschrift „Informationen zur modernen Stadtgeschichte" arbeitet in dieser Richtung. Ein mittlerweile breit verankerter Konsens besteht darin, dass es sich bei den zeitsozialhistorischen Regionalforschungen nicht um herkömmliche Landesgeschichte handeln soll, die der heimatlichen Identitätsvergewisserung dient – ein im Übrigen durchaus legitimes Anliegen –, sondern um die exemplarische Untersuchung von Grundzügen der Entwicklung moderner Gesellschaften, die allerdings gleichzeitig die regionalen und lokalen Spezifika hervortreten lassen, denn die Regionalität ist selbst wiederum ein Kennzeichen der Lebensweise in der Moderne als „mentales Konstrukt" bzw. „Element der sozialen Kommunikation" [G. BRUNN, Einleitung, in: 421: 9–24, hier 11; G. STIENS, Region und Regionalismus, in: 84: 9–24]. Die Umstrukturierungsprozesse ehemals agrarischer in industrielle Regionen (wie vom Projekt „Bayern im Bund" untersucht), aber auch Prozesse der Deindustrialisierung von ehemals industriellen Kernregionen wie dem Ruhrgebiet [290: K. LAUSCHKE, Schwarze Fahnen; 271: C. NONN, Ruhrbergbaukrise; 247: S. GOCH, Region] hatten tiefgreifende gesellschaftliche Auswirkungen.

Bedeutung des Regionalen

Die Heterogenität und zum Teil auch die erst nach dem Zweiten Weltkrieg vorgenommene Zusammenfügung einzelner Bundesländer [423: J. HARTMANN, Handbuch] lässt es im Übrigen als fraglich erscheinen, ob sie generell als Bezugsrahmen passen, wenngleich die Ordnung der Quellen – auch der statistischen Daten – und die Forschungsförderung einzelner Länder dies teilweise nahe legen. Zudem kann diese Heterogenität auch eine Chance bedeuten, Ungleichzeitigkeiten der Modernisierung und Moderne zu reflektieren [422: G. BRUNN/J. REULECKE, Kleine Geschichte; 420: D. BRIESEN, Warum Bundeslandgeschichte?].

Deutsch-deutsche Dimensionen

Bereits vor dem Ende der DDR und der folgenden deutschen Vereinigung wurde von C. Kleßmann vorgeschlagen, die deutsche Nachkriegsgeschichte systematisch vergleichend und in ihren gegenseitigen Bezügen zu erfassen, und er legte dazu zwei wegweisende Bände mit starken sozialhistorischen Anteilen vor [70: C. KLESSMANN, Doppelte Staatsgründung; 71: DERS., Zwei Staaten]. Nach der historischen Zäsur von 1989 ist diese Perspektive einer vergleichenden und asymmetrisch aufeinander bezogenen Parallelgeschichte [122: C. KLESSMANN, Verflechtung; 123: DERS. u. a., Deutsche Vergangenheiten] – nach einer Phase der besonders auf die Sozialgeschichte der DDR bezogenen Forschung – vom Potsdamer Zentrum für Zeithistorische Forschung in verschiedenen Projekten verfolgt worden. Diese Perspektive hat sich für zahlreiche Felder als Erweiterung des Verständnisses auch der westdeutschen Gesellschaft erwiesen, etwa im Blick auf Forschungen zu Flüchtlingen und Vertriebenen, aber auch des Konsums oder der Medienentwicklung [47: A. BAUERKÄMPER u. a., Doppelte Zeitgeschichte]. Allerdings haben westdeutsche Einflüsse stärker auf die ostdeutsche Gesellschaft als umgekehrt gewirkt, lassen sich grundlegende sozialhistorische Trends der Bundesrepublik eher aus älteren nationalen Traditionen und durch westliche Einflüsse erklären, während es ostdeutsche Einflüsse auf die westdeutsche Gesellschaft in geringerem Ausmaß gab [67: K. H. JARAUSCH/H. SIEGRIST, Amerikanisierung].

Intranationaler Dreiecksvergleich

Einen „intranationalen" Dreiecksvergleich der deutschen Geschichte, exemplifiziert an den Unterschieden der jeweiligen Sozialstaatlichkeit, zwischen NS-Diktatur, DDR und Bundesrepublik, hat H.-G. Hockerts vorgeschlagen, wobei auch hier als „Grundtatsache eine starke Asymmetrie", das „ungleich höhere Eigengewicht" der westdeutschen gegenüber der ostdeutschen Seite konstatiert wird [250: H.-G. HOCKERTS, Drei Wege, 24].

Europäischer Vergleich

Neben den deutsch-deutschen Vergleich ist in den letzten Jahren wieder verstärkt der Vergleich bundesrepublikanischer Entwicklungen mit sozialstaatlichen Komponenten, den Bildungssystemen, den Jugendbewegungen u. a. in anderen westeuropäischen Ländern, vor allem Großbritannien und Skandinavien gerückt [neuere Studien: 360: W. KOLBE, Elternschaft; 252: U. LINDNER, Gesundheitspolitik; 405: A. SCHILDT/D. SIEGFRIED, Between Marx and Coca Cola]. Zudem werden die Möglichkeiten beziehungsgeschichtlicher Ansätze diskutiert und einige darauf bezogene Projekte derzeit bearbeitet. Die Transnationalisierung der Sozialgeschichtsschreibung der Bundesrepublik kommt allmählich voran, wird allerdings immer auf ein breites Fundament national, regional und lokal konzipierter Studien angewiesen bleiben.

Transnationalisierung

III. Quellen und Literatur

Es gelten die Abkürzungen der Historischen Zeitschrift.

1. Dokumentationen und Statistiken

1. O. Anweiler u. a. (Hrsg.), Bildungspolitik in Deutschland 1945–1990. Ein historisch-vergleichender Quellenband, Bonn 1992.
2. Bundesministerium für Vertriebene, Flüchtlinge und Kriegsgeschädigte (Hrsg.), Dokumente deutscher Kriegsschäden, 5 Bde., Bonn 1958–1968 (Nachdruck München 2004).
3. H. Grebing/P. Pozorski/R. Schulze (Hrsg.), Die Nachkriegsentwicklung in Westdeutschland: 1945–1949, 2 Bde., Stuttgart 1980.
4. E. Maschke (Hrsg.), Zur Geschichte der deutschen Kriegsgefangenen des Zweiten Weltkrieges, 15 Bde., München 1962–1974.
5. E. Noelle-Neumann/P. Neumann (Hrsg.), Jahrbuch der Öffentlichen Meinung 1947–1955, Allensbach 1956; 1957, Allensbach 1957; 1958–1964, Allensbach 1965; 1965–1967, Allensbach 1967.
6. A. von Plato/A. Leh, „Ein unglaublicher Frühling". Erfahrene Geschichte im Nachkriegsdeutschland 1945–1948, Bonn 1997.
7. G. A. Ritter/M. Niehuss, Wahlen in Deutschland 1946–1991. Ein Handbuch, München 1991.
8. R. Rytlewski/M. Opp de Hipt, Die Bundesrepublik Deutschland in Zahlen 1945/49–1980, München 1987.
9. Statistisches Jahrbuch für die Bundesrepublik Deutschland, 1949 ff.
10. Statistisches Bundesamt (Hrsg.), Bevölkerung und Wirtschaft 1872–1972, Stuttgart 1972.
11. Statistisches Bundesamt (hrsg. in Zusammenarbeit mit dem Sonderforschungsbereich 3 der Universitäten Frankfurt/M. und Mannheim), Datenreport 1989. Zahlen und Fakten über die Bundesrepublik Deutschland, Bonn 1989.
12. Wirtschaft und Statistik, N.F., Jg. 1, 1949 ff.

2. Ausgewählte zeitgenössische Analysen bis zum Ende der 1960er Jahre

13. W. ABENDROTH, Wirtschaft, Gesellschaft und Demokratie in der Bundesrepublik, Frankfurt/M. 1965.
14. H.P. BAHRDT, Die moderne Großstadt. Soziologische Überlegungen zum Städtebau, Reinbek 1961.
15. H.P. BAHRDT, Humaner Städtebau, Hamburg 1968.
16. V. GRAF BLÜCHER, Die Generation der Unbefangenen. Zur Soziologie der jungen Menschen heute, Düsseldorf/Köln 1966.
17. K. M. BOLTE, Deutsche Gesellschaft im Wandel, Opladen 1966.
18. K. M. BOLTE, Deutsche Gesellschaft im Wandel 2, Opladen 1969.
19. D. CLAESSENS/A. KLÖNNE/A. TSCHOEPE, Sozialkunde der Bundesrepublik Deutschland, Düsseldorf/Köln 1965 (^{4}1970).
20. W. CONZE, Die Strukturgeschichte des technisch-industriellen Zeitalters als Aufgabe für Forschung und Unterricht, Köln/Opladen 1957.
21. R. DAHRENDORF, Gesellschaft und Demokratie in Deutschland (Ungekürzte Sonderausgabe), München 1968.
22. K. W. DEUTSCH/L. J. EDINGER, Germany rejoins the Powers: Mass Opinion, Interest Groups, and Elites in Contemporary Foreign Policy, Stanford 1959.
23. L. J. EDINGER, Post-Totalitarian Leadership. Elites in the German Federal Republic, in: American Political Science Review 54 (1960) 58–82.
24. J. FOURASTIÉ, Die große Hoffnung des 20. Jahrhunderts, Köln-Deutz 1954 (Paris 1949).
25. H. FREYER, Theorie des gegenwärtigen Zeitalters, Stuttgart 1955.
26. A. G. GEHLEN, Soziologie. Ein Lehr- und Handbuch zur modernen Gesellschaftskunde, Düsseldorf 1955.
27. M. JANOWITZ, Soziale Schichtung und Mobilität in Westdeutschland, in: KZSS 10 (1958) 1–38.
28. E. LEMBERG/F. EDDING (Hrsg.), Die Vertriebenen in Westdeutschland. Ihre Eingliederung und ihr Einfluß auf Gesellschaft, Wirtschaft, Politik und Geistesleben, 3 Bde., Kiel 1959.
29. R. MAYNTZ, Soziale Schichtung und sozialer Wandel in einer Industriegemeinde, Stuttgart 1958.
30. H. MOORE/G. KLEINING, Das soziale Selbstbild der Gesellschaftsschichten in Deutschland, in: KZSS 12 (1960) 86–119.

31. O. NEULOH, Die deutsche Betriebsverfassung und ihre Sozialformen bis zur Mitbestimmung, Tübingen 1956.
32. E. PFEIL, Der Flüchtling. Gestalt einer Zeitenwende, Hamburg 1948.
33. E. PFEIL, Großstadtforschung, Bremen-Horn 1950 (^{2}1972).
34. H. POPITZ/H. P. BAHRDT/E. A. JÜRES/H. KESTING, Das Gesellschaftsbild des Arbeiters. Soziologische Untersuchungen in der Hüttenindustrie, Tübingen 1957.
35. H. POPITZ/H. P. BAHRDT/E. A. JÜRES/H. KESTING, Technik und Industriearbeit. Soziologische Untersuchungen in der Hüttenindustrie, Tübingen 1957.
36. E. REIGROTZKI, Soziale Verflechtungen in der Bundesrepublik. Elemente der sozialen Teilnahme in Kirche, Politik, Organisationen und Freizeit, Tübingen 1956.
37. H.-W. RICHTER (Hrsg.), Bestandsaufnahme. Eine deutsche Bilanz 1962, München 1962.
38. H. SCHELSKY (Hrsg.), Arbeiterjugend gestern und heute, Heidelberg 1955.
39. H. SCHELSKY, Die skeptische Generation. Eine Soziologie der deutschen Jugend, Düsseldorf/Köln 1957.
40. H. SCHELSKY, Auf der Suche nach der Wirklichkeit. Gesammelte Aufsätze, Düsseldorf 1965.
41. G. WURZBACHER (hrsg. unter Mitarbeit von R. PFLAUM), Das Dorf im Spannungsfeld industrieller Entwicklung. Untersuchung an den 45 Dörfern und Weilern einer westdeutschen ländlichen Gemeinde, Stuttgart 1954.
42. E. ZAHN, Soziologie der Prosperität. Wirtschaft und Gesellschaft im Zeichen des Wohlstandes, München ^{2}1964.
43. W. ZAPF, Wandlungen der deutschen Elite. Ein Zirkulationsmodell deutscher Führungsgruppen 1919–1961, München 1965.
44. W. ZAPF (Hrsg.), Beiträge zur Analyse der deutschen Oberschicht, München 1965.

3. Handbücher, Überblicksdarstellungen und allgemeine Sammelbände

45. W. ABELSHAUSER, Wirtschaftsgeschichte der Bundesrepublik Deutschland 1945–1980, Frankfurt/M. 1983.
46. W. ABELSHAUSER, Die Langen Fünfziger Jahre. Wirtschaft und Ge-

sellschaft der Bundesrepublik Deutschland 1949–1966, Düsseldorf 1987.
47. BAUERKÄMPER u.a. (Hrsg.), Doppelte Zeitgeschichte. Deutschdeutsche Beziehungen 1945–1990, Bonn 1998.
48. W. BENZ (Hrsg.), Die Geschichte der Bundesrepublik Deutschland, 4 Bde., aktualisierte u. erweiterte Neuausgabe, Frankfurt/M. 1989.
49. W. BENZ (Hrsg.), Deutschland unter alliierter Besatzung 1945–1949/55, Berlin 1999.
50. M. BROSZAT/K.-D. HENKE/H. WOLLER (Hrsg.), Von Stalingrad zur Währungsreform. Zur Sozialgeschichte des Umbruchs in Deutschland, München ²1989.
51. M. BROSZAT (Hrsg.), Zäsuren nach 1945. Essays zur Periodisierung der deutschen Nachkriegsgeschichte, München 1990.
52. H. BUDE/B. GREINER (Hrsg.), Westbindungen. Amerika in der Bundesrepublik, Hamburg 1999.
53. W. BÜHRER (Hrsg.), Die Adenauer-Ära. Die Bundesrepublik Deutschland. 1949–1963, München/Zürich 1993.
54. E. CONZE/G. METZLER (Hrsg.), 50 Jahre Bundesrepublik. Daten und Diskussionen, Stuttgart 1999.
55. W. CONZE/M.R. LEPSIUS (Hrsg.), Sozialgeschichte der Bundesrepublik Deutschland. Beiträge zum Kontinuitätsproblem, Stuttgart 1983.
56. J. ECHTERNKAMP (hrsg. im Auftrag des Militärgeschichtlichen Forschungsamtes), Das Deutsche Reich und der Zweite Weltkrieg, Bd. 9/2: Die deutsche Kriegsgesellschaft 1939 bis 1945. Ausbeutung, Deutungen, Ausgrenzung, München 2005.
57. T. ELLWEIN, Krisen und Reformen. Die Bundesrepublik seit den 60er Jahren, München 1989.
58. M. FRESE/M. PRINZ (Hrsg.), Politische Zäsuren und gesellschaftlicher Wandel im 20. Jahrhundert. Regionale und vergleichende Perspektiven, Paderborn 1996.
59. M. FRESE/J. PAULUS/K. TEPPE (Hrsg.), Demokratisierung und gesellschaftlicher Aufbruch. Die sechziger Jahre als Wendezeit der Bundesrepublik, Paderborn u.a. 2003.
60. M. GÖRTEMAKER, Geschichte der Bundesrepublik Deutschland. Von der Gründung bis zur Gegenwart, München 1999.
61. U. HERBERT (Hrsg.), Wandlungsprozesse in Westdeutschland. Belastung, Integration, Liberalisierung 1945–1980, Göttingen 2002.
62. R. HETTLAGE (Hrsg.), Die Bundesrepublik. Eine historische Bilanz, München 1990.

63. M. HETTLING/B. ULRICH (Hrsg.), Bürgertum nach 1945, Hamburg 2005.
64. L. HERBST (Hrsg.), Westdeutschland 1945–1955. Unterwerfung, Kontrolle, Integration, München 1986.
65. H. G. HOCKERTS (Hrsg.), Drei Wege deutscher Sozialstaatlichkeit. NS-Diktatur, Bundesrepublik und DDR im Vergleich, München 1998.
66. K. JARAUSCH, Die Umkehr. Deutsche Wandlungen 1945–1995, München 2004.
67. K.H. JARAUSCH/H. SIEGRIST (Hrsg.), Amerikanisierung und Sowjetisierung in Deutschland 1945–1970, Frankfurt/M./New York 1997.
68. D. JUNKER (Hrsg.), Die USA und Deutschland im Zeitalter des Kalten Krieges 1945–1990. Ein Handbuch. 2 Bde., Stuttgart/ München 2001.
69. H. KAELBLE (Hrsg.), Der Boom 1948–1973. Gesellschaftliche und wirtschaftliche Folgen in der Bundesrepublik und Europa, Opladen 1992.
70. C. KLESSMANN, Die doppelte Staatsgründung. Deutsche Geschichte 1945–1955, Göttingen 1982.
71. C. KLESSMANN, Zwei Staaten, eine Nation. Deutsche Geschichte 1955–1970, Bonn 1988.
72. H. KORTE, Eine Gesellschaft im Aufbruch. Die Bundesrepublik Deutschland in den 60er Jahren, Frankfurt/M. 1987.
73. M. R. LEPSIUS, Demokratie in Deutschland. Soziologisch-historische Konstellationsanalysen. Ausgewählte Aufsätze, Göttingen 1993.
74. A. LÜDTKE/I. MARSSOLEK/A. VON SALDERN (Hrsg.), Amerikanisierung. Traum und Alptraum im Deutschland des 20. Jahrhunderts, Stuttgart 1996.
75. R. G. MOELLER (Hrsg.), West Germany under Construction. Politics, Society and Culture in the Adenauer Era, Ann Arbor 1997.
76. R. MORSEY, Die Bundesrepublik Deutschland. Entstehung und Entwicklung bis 1969, 4., überarbeitete und erweiterte Auflage, München 2000 (1986).
77. K. NAUMANN (Hrsg.), Nachkrieg in Deutschland, Hamburg 2001.
78. L. NIETHAMMER (Hrsg.), „Die Jahre weiß man nicht, wo man die heute hinsetzen soll". Faschismuserfahrungen im Ruhrgebiet, Berlin/Bonn 1983.
79. L. NIETHAMMER (Hrsg.), „Hinterher merkt man, daß es richtig war,

daß es schiefgegangen ist". Nachkriegs-Erfahrungen im Ruhrgebiet, Berlin/Bonn 1983.
80. L. Niethammer u. a. (Hrsg.), Bürgerliche Gesellschaft in Deutschland. Historische Einblicke, Fragen, Perspektiven, Frankfurt/M. 1990.
81. L. Niethammer/A. von Plato (Hrsg.), „Wir kriegen jetzt andere Zeiten". Auf der Suche nach der Erfahrung des Volkes in nachfaschistischen Ländern, Berlin/Bonn 1985.
82. P. Nolte, Die Ordnung der deutschen Gesellschaft. Selbstentwurf und Selbstbeschreibung im 20. Jahrhundert, München 2000.
83. A. Rödder, Die Bundesrepublik Deutschland 1969–1990, München 2004.
84. B. Schäfers/W. Zapf (Hrsg.), Handwörterbuch zur Gesellschaft Deutschlands, Opladen 1998 (2., aktualisierte Auflage 2001).
85. A. Schildt, Moderne Zeiten. Freizeit, Massenmedien und ‚Zeitgeist' in der Bundesrepublik der 50er Jahre, Hamburg 1995.
86. A. Schildt, Ankunft im Westen. Ein Essay zur Erfolgsgeschichte der Bundesrepublik, Frankfurt/M. 1999.
87. A. Schildt/A. Sywottek (Hrsg.), Modernisierung im Wiederaufbau. Die westdeutsche Gesellschaft der 50er Jahre, Bonn 1993 (^{2}1998).
88. A. Schildt/D. Siegfried/K.-C. Lammers (Hrsg.), Dynamische Zeiten. Die 60er Jahre in den beiden deutschen Gesellschaften, Hamburg 2000 (^{2}2003).
89. H. Schissler (Hrsg.), The Miracle Years. A Cultural History of West Germany, 1949 to 1968, Princeton, N.J. 2001.
90. H.-P. Schwarz, Die Ära Adenauer. Gründerjahre der Republik 1949–1957, Stuttgart/Wiesbaden 1981.
91. H.-P. Schwarz, Die Ära Adenauer. Epochenwechsel 1957–1963, Stuttgart/Wiesbaden 1983.
92. K. Tenfelde/H.-U. Wehler (Hrsg.), Wege zur Geschichte des Bürgertums, Göttingen 1994.
93. H.-U. Wehler (Hrsg.), Klassen in der europäischen Sozialgeschichte, Göttingen 1979.
94. E. Wolfrum, Die Bundesrepublik Deutschland 1945–1990, Stuttgart 2005.

4. Theoretische Ansätze, wissenschaftsgeschichtliche Skizzen und Literaturberichte

95. P. ALHEIT, Alltagsleben. Zur Bedeutung eines gesellschaftlichen Restphänomens, Frankfurt/M. 1983.
96. R. BAVAJ, Die Ambivalenzen der Moderne im Nationalsozialismus. Eine Bilanz der Forschung, München 2003.
97. U. BECK, Risikogesellschaft. Auf dem Weg in eine andere Moderne, Frankfurt/M. 1986.
98. U. BECK/W. BONSS (Hrsg.), Die Modernisierung der Moderne, Frankfurt/M. 2001.
99. D. BELL, Die nachindustrielle Gesellschaft, Frankfurt/M./New York 1975.
100. H. BRAUN, Die gesellschaftliche Ausgangslage der Bundesrepublik Deutschland als Gegenstand der zeitgenössischen soziologischen Forschung. Ein Beitrag zur Geschichte der neueren deutschen Soziologie, in: KZSS 31 (1979) 766–795.
101. H. BRAUN, Helmut Schelskys Konzept einer „nivellierten Mittelstandsgesellschaft", in: AfS 24 (1989) 199–223.
102. H. BRAUN/S. ARTICUS, Sozialwissenschaftliche Forschung im Rahmen der amerikanischen Besatzungspolitik 1945–1949, in: KZfSS 36 (1984) 703–737.
103. F.-J. BRÜGGEMEIER/J. KOCKA (Hrsg.), „Geschichte von unten – Geschichte von innen". Kontroversen um die Alltagsgeschichte, Fernuniversität Hagen 1985.
104. S. CONRAD, Doppelte Marginalisierung. Plädoyer für eine transnationale Perspektive auf die deutsche Geschichte, GG 28 (2002) 145–169.
105. E. CONZE, Eine bürgerliche Republik? Bürgertum und Bürgerlichkeit in der westdeutschen Nachkriegsgesellschaft, in: GG 30 (2004) 527–540.
106. U. DANIEL, Kompendium Kulturgeschichte. Theorien, Praxis, Schlüsselwörter, Frankfurt/M. ³2002.
107. A. DOERING-MANTEUFFEL, Deutsche Zeitgeschichte nach 1945, in: VfZ 41 (1993) 1–29.
108. A. DOERING-MANTEUFFEL, Wie westlich sind die Deutschen? Amerikanisierung und Westernisierung im 20. Jahrhundert, Göttingen 1999.
109. R. VAN DÜLMEN, Historische Anthropologie in der deutschen Sozialgeschichtsschreibung, in: GWU 42 (1991) 692–709.

110. P. ERKER, Zeitgeschichte als Sozialgeschichte, in: GG 19 (1993) 202–238.
111. TH. ETZEMÜLLER, Sozialgeschichte als politische Geschichte. Werner Conze und die Neuorientierung der westdeutschen Geschichtswissenschaft nach 1945, München 2001.
112. PH. GASSERT, Amerikanismus, Antiamerikanismus, Amerikanisierung. Neue Literatur zur Sozial-, Wirtschafts- und Kulturgeschichte des amerikanischen Einflusses in Deutschland und Europa, in: AfS 29 (1999) 531–561.
113. S. GOCH, Deutschlands Erfolgsweg zur demokratischen Gesellschaft? Zu neueren Darstellungen der Entwicklung der Bundesrepublik Deutschland, in: AfS 41 (2001) 633–662.
114. B. GREINER, „Test the West". Über die „Amerikanisierung" der Bundesrepublik Deutschland, in: 52: 16–54.
115. J. HABERMAS, Der philosophische Diskurs der Moderne. Zwölf Vorlesungen, Frankfurt/M. 1985.
116. W. HARDTWIG/H.-U. WEHLER (Hrsg.), Kulturgeschichte Heute, Göttingen 1996.
117. PH. HELDMANN, Das „Wirtschaftswunder" in Westdeutschland. Überlegungen zu Periodisierung und Ursachen, in: AfS 36 (1996) 323–344.
118. F.-W. KERSTING, Entzauberung des Mythos? Ausgangsbedingungen und Tendenzen einer gesellschaftsgeschichtlichen Standortbestimmung der westdeutschen „68er"-Bewegung, in: Westfälische Forschungen 48 (1998) 1–19.
119. F.-W. KERSTING, Helmut Schelskys „Skeptische Generation" von 1957. Zur Publikations- und Wirkungsgeschichte eines Standardwerkes, in: VfZ 50 (2002) 465–495.
120. C. KLESSMANN, Ein stolzes Schiff und krächzende Möwen. Die Geschichte der Bundesrepublik und ihre Kritiker, in: GG 11 (1985) 476–494.
121. C. KLESSMANN, 1968 – Studentenrevolte oder Kulturrevolution?, in: M. Hettling (Hrsg.), Revolution in Deutschland? 1789–1989, Göttingen 1991, 90–105.
122. C. KLESSMANN, Verflechtung und Abgrenzung. Aspekte der geteilten und zusammengehörigen deutschen Nachkriegsgeschichte, in: PolZG 29–30 (1993) 30–41.
123. C. KLESSMANN u. a. (Hrsg.), Deutsche Vergangenheiten – eine gemeinsame Herausforderung. Der schwierige Umgang mit der doppelten Nachkriegsgeschichte, Berlin 1999.

124. G. LÜSCHEN (Hrsg.), Deutsche Soziologie seit 1945. Entwicklungsrichtungen und Praxisbezug, Opladen 1979.
125. K. MANNHEIM, Das Problem der Generationen, in: Kölner Vierteljahreshefte für Soziologie 7 (1928) 157–185, 309–330.
126. TH. MERGEL/TH. WELSKOPP (Hrsg.), Geschichte zwischen Kultur und Gesellschaft. Beiträge zur Theoriedebatte, München 1997.
127. I. MÖRTH/G. FRÖHLICH (Hrsg.), Das symbolische Kapital der Lebensstile. Zur Kultursoziologie der Moderne nach Pierre Bourdieu, Frankfurt/M./New York 1994.
128. O. NEULOH u. a., Sozialforschung aus gesellschaftlicher Verantwortung. Entstehungs- und Leistungsgeschichte der Sozialforschungsstelle Dortmund, Opladen 1983.
129. W. OBERKROME, Volksgeschichte. Methodische Innovation und völkische Ideologisierung in der deutschen Geschichtswissenschaft 1918–1945, Göttingen 1993.
130. M. PRINZ, Demokratische Stabilisierung, Problemlagen von Modernisierung im Selbstbezug und historische Kontinuität – Leitbegriffe einer Zeitsozialgeschichte, in: Westfälische Forschungen 43 (1993) 655–675.
131. L. RAPHAEL, Die Verwissenschaftlichung des Sozialen als methodische und konzeptionelle Herausforderung für eine Sozialgeschichte des 20. Jahrhunderts, in: GG 22 (1996) 165–193.
132. L. RAPHAEL (Hrsg.), Von der Volksgeschichte zur Strukturgeschichte. Die Anfänge der westdeutschen Sozialgeschichte 1945–1968, Leipzig 2002.
133. A. SCHILDT, Nachkriegszeit. Möglichkeiten und Probleme einer Periodisierung der westdeutschen Gesellschaft nach dem Zweiten Weltkrieg und ihrer Einordnung in die deutsche Geschichte des 20. Jahrhunderts, in: GWU 44 (1993) 567–584.
134. A. SCHILDT, Sind die Westdeutschen amerikanisiert worden? Zur zeitgeschichtlichen Erforschung kulturellen Transfers und seiner gesellschaftlichen Folgen nach dem Zweiten Weltkrieg, in: PolZG, 50 (2000) 3–10.
135. A. SCHILDT, „Massengesellschaft" und „Nivellierte Mittelschicht". Zeitgenössische Deutungen der westdeutschen Gesellschaft im Wiederaufbau der 1950er Jahre, in: K. C. FÜHRER u. a. (Hrsg.), Eliten im Wandel. Gesellschaftliche Führungsschichten im 19. und 20. Jahrhundert. Für Klaus Saul zum 65. Geburtstag, Münster 2004, 198–213.
136. K. SCHÖNHOVEN, Aufbruch in die sozialliberale Ära. Zur Bedeu-

tung der 60er Jahre in der Geschichte der Bundesrepublik, in: GG 25 (1999) 123–145.
137. G. Schulze, Die Erlebnisgesellschaft. Kultursoziologie der Gegenwart, Frankfurt/M./New York ⁷1997.
138. W. Schulze, Mikrohistorie versus Makrohistorie? Anmerkungen zu einem aktuellen Thema, in: Chr. Meier/J. Rüsen (Hrsg.), Historische Methode, München 1988, 319–341.
139. W. Schulze, Deutsche Geschichtswissenschaft nach 1945, München 1989.
140. H.-P. Schwarz, Die fünfziger Jahre als Epochenzäsur, in: J. Heideking/G. Hufnagel/F. Knipping (Hrsg.), Wege in die Zeitgeschichte. FS zum 65. Geburtstag von Gerhard Schulz, Berlin 1989, 473–496.
141. H.-P. Schwarz, Die ausgebliebene Katastrophe. Eine Problemskizze zur Geschichte der Bundesrepublik, in: H. Rudolph (Hrsg.), Den Staat denken. Theodor Eschenburg zum Fünfundachtzigsten, Berlin 1990, 151–174.
142. M. Szöllösi-Janze, Wissensgesellschaft in Deutschland. Überlegungen zur Neubestimmung der deutschen Zeitgeschichte über Verwissenschaftlichungsprozesse, in: GG 30 (2004) 277–313.
143. K. Tenfelde, Schwierigkeiten mit dem Alltag, in: GG 10 (1984) 376–394.
144. H.-U. Wehler, Modernisierungstheorie und Geschichte, Göttingen 1975.
145. H.-U. Wehler, Die Herausforderung der Kulturgeschichte, München 1998.
146. W. Welsch, Unsere postmoderne Moderne, Berlin ⁵1997.
147. J. Weyer, Westdeutsche Soziologie 1945–1960. Deutsche Kontinuitäten und nordamerikanischer Einfluß, Berlin 1984.
148. R. Wiggershaus, Die Frankfurter Schule. Geschichte, theoretische Entwicklung, politische Bedeutung, München 1986 (⁵1997).
149. H.-A. Winkler, Sozialer Umbruch zwischen Stalingrad und Währungsreform?, in: GG 16 (1990) 403–409.
150. B. Ziemann, Überlegungen zur Form der Gesellschaftsgeschichte angesichts des ‚cultural turn', in: AfS 43 (2003) 600–616.
151. J. Zinnecker, „Das Problem der Generationen". Überlegungen zu Karl Mannheims kanonischem Text, in: 401: 33–58.

5. Bilanz des Zweiten Weltkriegs

152. O. GROEHLER, Bombenkrieg gegen Deutschland, Berlin 1990.
153. K.-D. HENKE, Die amerikanische Besetzung Deutschlands, München ²1996.
154. U. HERBERT/A. SCHILDT (Hrsg.), Kriegsende in Europa. Vom Beginn des deutschen Machtzerfalls bis zur Stabilisierung der Nachkriegsordnung 1944–1948, Essen 1998.
155. R. OVERMANS, Deutsche militärische Verluste im Zweiten Weltkrieg, München 1999.
156. B.-A. RUSINEK (Hrsg.), Kriegsende 1945. Verbrechen, Katastrophen, Befreiungen in nationaler und internationaler Perspektive, Göttingen 2004.
157. H.-E. VOLKMANN (Hrsg.), Ende des Dritten Reiches – Ende des Zweiten Weltkriegs. Eine perspektivische Rückschau, München/ Zürich 1995.

6. Kriegsgefangene, Flüchtlinge, Vertriebene und andere Kriegsopfer

158. V. ACKERMANN, Der „echte" Flüchtling. Deutsche Vertriebene und Flüchtlinge aus der DDR 1945–1961, Osnabrück 1995.
159. V. ACKERMANN, Das Schweigen der Flüchtlingskinder. Psychische Folgen von Krieg, Flucht und Vertreibung bei den Deutschen, in: GG 30 (2004) 434–464.
160. K. J. BADE (Hrsg.), Heimat im Westen. Vertriebene – Flüchtlinge – Aussiedler, Münster 1990.
161. F. J. BAUER, Zwischen Wunder und Strukturzwang. Zur Integration der Vertriebenen in der Bundesrepublik, in: W. Becker (Hrsg.), Die Kapitulation von 1945 und der Neubeginn in Deutschland, Köln 1987, 73–95.
162. S. VON BEHRENS, Die Zeit der „Polendörfer", Petershagen 2005.
163. R. BENDEL, Aufbruch aus dem Glauben? Katholische Heimatvertriebene in den gesellschaftlichen Transformationen der Nachkriegszeit 1945–1965. Köln u. a. 2003.
164. W. BENZ (Hrsg.), Die Vertreibung der Deutschen aus dem Osten. Ursachen, Ereignisse, Folgen, Frankfurt/M. 1985.
165. R. BESSEL/D. SCHUMANN (Hrsg.), Life after Death. Approaches to a

Cultural and Social History of Europe during the 1940s and 1950s, Washington, D.C./Cambridge 2003.
166. S. BETHLEHEM, Heimatvertreibung, DDR-Flucht, Gastarbeiterzuwanderung. Wanderungsströme und Wanderungspolitik in der Bundesrepublik Deutschland, Stuttgart 1982.
167. J. M. DIEHL, The Thanks of the Fatherland. German Veterans after the Second World War, Chapel Hill 1998.
168. A. EDER, Flüchtige Heimat. Jüdische Displaced Persons in Landsberg am Lech 1945–1950, München 1998.
169. A. EDER, Displaced Persons/„Heimatlose Ausländer" als Arbeitskräfte in Westdeutschland, in: AfS 42 (2002) 1–17.
170. R. ENDRES (Hrsg.), Bayerns vierter Stamm. Die Integration der Flüchtlinge und Heimatvertriebenen nach 1945, Köln u. a. 1998.
171. P. ERKER, Vom Heimatvertriebenen zum Neubürger. Sozialgeschichte der Flüchtlinge in einer agrarischen Region Mittelfrankens 1945–1955, Wiesbaden 1988.
172. M. FRANTZIOCH, Die Vertriebenen. Hemmnisse, Antriebskräfte und Wege ihrer Integration in der Bundesrepublik Deutschland, Berlin 1987.
173. K. E. FRANZEN, Die Vertriebenen. Hitlers letzte Opfer, München 2001.
174. M. HIRSCHFELD, Katholisches Milieu und Vertriebene. Eine Fallstudie am Beispiel des Oldenburger Landes, Köln u. a. 2002.
175. D. HOFFMANN/M. SCHWARTZ (Hrsg.), Integration von Flüchtlingen im Nachkriegsdeutschland, München 1998.
176. D. HOFFMANN/M. KRAUSS/M. SCHWARTZ (Hrsg.), Vertriebene in Deutschland. Interdisziplinäre Ergebnisse und Forschungsperspektiven, München 2000.
177. W. JACOBMEYER, Vom Zwangsarbeiter zum heimatlosen Ausländer. Die Displaced Persons in Westdeutschland 1945–1951, Göttingen 1985.
178. A. KAMINSKY (Hrsg.), Heimkehr 1948, München 1998.
179. U. KLEINERT, Flüchtlinge und Wirtschaft in Nordrhein-Westfalen 1945–1961. Arbeitsmarkt – Gewerbe – Staat, Düsseldorf 1988.
180. A. KÖNIGSEDER, Flucht nach Berlin. Jüdische Displaced Persons 1945–1948, Berlin 1998.
181. M. KRAUSE, Flucht vor dem Bombenkrieg. „Umquartierungen" im Zweiten Weltkrieg und die Wiedereingliederung der Evakuierten in Deutschland 1943–1963, Düsseldorf 1997.
182. M. KRAUSS, Heimkehr in ein fremdes Land. Geschichte der Remigration nach 1945, München 2001.

183. C.-D. KROHN/P. VON ZUR MÜHLEN (Hrsg.), Rückkehr und Aufbau. Deutsche Remigranten im öffentlichen Leben Nachkriegsdeutschlands, Marburg 1997.
184. C.-D. KROHN/A. SCHILDT (Hrsg.), Zwischen den Stühlen? Remigranten und Remigration in der deutschen Medienöffentlichkeit der Nachkriegszeit, Hamburg 2002.
185. H. LAVSKY, New beginnings. Holocaust survivors in Bergen-Belsen and the British Zone in Germany, Detroit 2002.
186. A. LEHMANN, Gefangenschaft und Heimkehr. Deutsche Kriegsgefangenschaft in der Sowjetunion, München 1986.
187. P. LÜTHINGER (unter Mitwirkung von R. ROSSMANN), Integration der Vertriebenen. Eine empirische Analyse, Frankfurt/M. 1989.
188. K. MEGERLE, Die Radikalisierung blieb aus. Zur Integration gesellschaftlicher Gruppen in der Bundesrepublik Deutschland während des Nachkriegsbooms, in: 69: 107–126.
189. K.-D. MÜLLER u. a. (Hrsg.), Die Tragödie der Gefangenschaft in Deutschland und der Sowjetunion 1941–1956, Köln/Weimar 1998.
190. V. NEUMANN, Nicht der Rede wert. Die Privatisierung von Kriegsfolgen in der frühen Bundesrepublik. Lebensgeschichtliche Erinnerungen, Münster 1999.
191. R. OVERMANS (in Zusammenarbeit mit U. GOEKEN-HAIDL), Soldaten hinter Stacheldraht. Deutsche Kriegsgefangene des Zweiten Weltkriegs, Berlin/München 2000.
192. H. RADEBOLD, Abwesende Väter. Folgen der Kriegskindheit in Psychoanalysen, Göttingen 2000.
193. H.-W. RAUTENBERG, Die Wahrnehmung von Flucht und Vertreibung in der deutschen Nachkriegsgesellschaft bis heute, in: PolZG 53 (1997) 34–46.
194. H. RUDOLPH, Evangelische Kirche und Vertriebene 1945 bis 1972, 2 Bde., Göttingen 1984–1985.
195. S. SALZBORN, Grenzenlose Heimat. Geschichte, Gegenwart und Zukunft der Vertriebenenverbände, Berlin 2000.
196. A. SCHMELZ, Die West-Ost-Migration aus der Bundesrepublik in die DDR 1949–1961, in: AfS 42 (2002) 19–54.
197. S. SCHRAUT/TH. GROSSER (Hrsg.), Die Flüchtlingsfrage in der deutschen Nachkriegsgesellschaft, Mannheim 1996.
198. R. SCHULZE/D. VON DER BRELIE-LEWIEN/H. GREBING (Hrsg.), Flüchtlinge und Vertriebene in der westdeutschen Nachkriegsgeschichte. Bilanzierung der Forschung und Perspektiven für die künftige Forschungsarbeit, Hildesheim 1987.

199. A. L. SMITH, Heimkehr aus dem Zweiten Weltkrieg. Die Entlassung der deutschen Kriegsgefangenen, Stuttgart 1985.
200. A. L. SMITH, Die „vermißte Million. Zum Schicksal deutscher Kriegsgefangener nach dem Zweiten Weltkrieg, München 1992.
201. M. SOMMER, Flüchtlinge und Vertriebene in Rheinland-Pfalz. Aufnahme, Unterbringung und Eingliederung, Mainz 1990.
202. J.-D. STEINERT, Die große Flucht und die Jahre danach, in: 157: 557–579.
203. M. STICKLER, „Ostdeutsch heißt Gesamtdeutsch". Organisation, Selbstverständnis und heimatpolitische Zielsetzungen der deutschen Vertriebenenverbände 1949–1972, Düsseldorf 2004.
204. M. ULICZKA, Berufsbiographie und Flüchtlingsschicksal. VW-Arbeiter in der Nachkriegszeit, Hannover 1993.
205. P. WAGNER, Displaced Persons in Hamburg. Stationen einer halbherzigen Integration 1945–1958, Hamburg 1997.

7. Soziale Probleme der Nachkriegszeit

206. W. A. BOELKE, Der Schwarzmarkt 1945–1948. Vom Überleben nach dem Kriege, Braunschweig 1986.
207. D. ELLERBROCK, „Healing Democracy" – Demokratie als Heilmittel. Gesundheit, Krankheit und Politik in der amerikanischen Besatzungszone 1945–1949, Bonn 2004.
208. P. ERKER, Ernährungskrise und Nachkriegsgesellschaft. Bauern und Arbeiterschaft in Bayern 1943–1953, Stuttgart 1990.
209. R. GRIES, Die Rationen-Gesellschaft. Versorgungskampf und Vergleichsmentalität: Leipzig, München und Köln nach dem Kriege, Münster 1991.
210. K.-H. ROTHENBERGER, Die Hungerjahre nach dem Zweiten Weltkrieg. Ernährungs- und Landwirtschaft in Rheinland-Pfalz 1945–1950, Boppard 1980.
211. K.-L. SOMMER, Humanitäre Auslandshilfe als Brücke zu atlantischer Partnerschaft. CARE, CRALOG und die Entwicklung der deutsch-amerikanischen Beziehungen nach Ende des Zweiten Weltkriegs, Bremen 1999.
212. G. STÜBER, Der Kampf gegen den Hunger 1945–1950 – Die Ernährungslage in der britischen Zone Deutschlands, insbesondere in Schleswig-Holstein und Hamburg, Neumünster 1984.

213. G. J. TRITTEL, Hunger und Politik. Die Ernährungskrise in der Bizone (1945–1949), Frankfurt/M./New York 1990.
214. M. WILDT, Der Traum vom Sattwerden. Hunger und Protest, Schwarzmarkt und Selbsthilfe, Hamburg 1986.
215. H. WOLLER, Gesellschaft und Politik in der amerikanischen Besatzungszone. Die Region Ansbach und Fürth, München 1986.

8. Entnazifizierung und soziale Integration von nationalsozialistisch belasteten Personen

216. N. FREI, Vergangenheitspolitik. Die Anfänge der Bundesrepublik und die NS-Vergangenheit, München 1996.
217. N. FREI, Karrieren im Zwielicht. Hitlers Eliten nach 1945, Frankfurt/M. 2001.
218. J. FRIEDRICH, Die kalte Amnestie. NS-Täter in der Bundesrepublik, Frankfurt/M. 1984.
219. K.-D. HENKE/H. WOLLER (Hrsg.), Politische Säuberung in Europa. Die Abrechnung mit Faschismus und Kollaboration nach dem Zweiten Weltkrieg, München 1991.
220. U. HERBERT, Best. Biographische Studien über Radikalismus, Weltanschauung und Vernunft, 1903–1989, Bonn 1996.
221. U. HERBERT, Deutsche Eliten nach Hitler, in: Mittelweg 36, Jg. 8 (1999) 66–82.
222. R. MÖHLER, Entnazifizierung in Rheinland-Pfalz und im Saarland unter französischer Besatzung von 1945–1952, Mainz 1992.
223. L. NIETHAMMER, Die Mitläuferfabrik. Die Entnazifizierung am Beispiel Bayerns, Berlin 1982.
224. C. RAUH-KÜHNE, Die Entnazifizierung und die deutsche Gesellschaft, in: AfS 35 (1995) 35–70.
225. A. SCHILDT, NS-Eliten in der Bundesrepublik Deutschland, in: Geschichte, Politik und ihre Didaktik 24 (1996) 20–32.
226. A. SCHUSTER, Die Entnazifizierung in Hessen 1945–1954. Vergangenheitspolitik in der Nachkriegszeit, Wiesbaden 1999.
227. C. VOLLNHALS (hrsg. in Zusammenarbeit mit TH. SCHLEMMER), Entnazifizierung. Politische Säuberung und Rehabilitierung in den vier Besatzungszonen 1945–1949, München 1991.
228. A. WEINKE, Die Verfolgung von NS-Tätern im geteilten Deutschland. Vergangenheitsbewältigungen 1949–1969 oder: Eine

deutsch-deutsche Beziehungsgeschichte im Kalten Krieg, München/Wien/Zürich 2002.
229. M. WILDT, Generation des Unbedingten. Das Führungskorps des Reichssicherheitshauptamtes, Hamburg 2002.

9. Wiederaufbau, Wohnen

230. K. VON BEYME, Der Wiederaufbau. Architektur und Städtebaupolitik in beiden deutschen Staaten, München/Zürich 1987.
231. K. VON BEYME/W. DURTH/N. GUTSCHOW/W. NERDINGER/TH. TOPFSTEDT (Hrsg.), Neue Städte aus Ruinen. Deutscher Städtebau der Nachkriegszeit, München 1992.
232. W. DURTH/N. GUTSCHOW, Träume in Trümmern. Planungen zum Wiederaufbau zerstörter Städte im Westen Deutschlands 1940–1950, 2 Bde., Braunschweig/Wiesbaden 1988.
233. I. FLAGGE (Hrsg.), Geschichte des Wohnens, Bd. 5: 1945 bis heute. Aufbau, Neubau, Umbau, Stuttgart 1999.
234. K.C. FÜHRER, Mieter, Hausbesitzer, Staat und Wohnungsmarkt. Wohnungsmangel und Wohnungszwangswirtschaft in Deutschland 1914–1960, Stuttgart 1995.
235. D. HÄRING, Zur Geschichte und Wirkung staatlicher Interventionen im Wohnungssektor. Gesellschaftliche und sozialpolitische Aspekte der Wohnungspolitik in Deutschland, Hamburg 1974.
236. U. u. I. HERLYN, Wohnverhältnisse in der Bundesrepublik, Frankfurt/M./New York ²1983.
237. U. HERLYN u.a., Neubausiedlungen der 20er und 60er Jahre. Ein historisch-soziologischer Vergleich, Frankfurt/M./New York 1988.
238. W. PEHNT (Hrsg.), Die Stadt in der Bundesrepublik, Stuttgart 1974.
239. A. VON SALDERN, Häuserleben. Zur Geschichte städtischen Arbeiterwohnens vom Kaiserreich bis heute, Bonn 1995.
240. A. SCHILDT, Die Grindelhochhäuser. Eine Sozialgeschichte der ersten deutschen Wohnhochhausanlage. Hamburg-Grindelberg 1945–1956, Hamburg 1988.
241. A. SCHILDT/A. SYWOTTEK (Hrsg.), Massenwohnung und Eigenheim. Wohnungsbau und Wohnen in der Großstadt seit dem Ersten Weltkrieg, Frankfurt/M./New York 1988.
242. G. SCHULZ, Wiederaufbau in Deutschland. Die Wohnungsbaupoli-

tik in den Westzonen und der Bundesrepublik von 1945–1957, Düsseldorf 1994.
243. G. WAGNER, Sozialstaat gegen Wohnungsnot. Wohnraumbewirtschaftung und Sozialer Wohnungsbau im Bund und in Nordrhein-Westfalen 1950–1970, Paderborn 1995.

10. Sozialpolitik und staatliche Planungsprozesse

244. N. BLÜM/H. F. ZACHER (Hrsg.), 40 Jahre Sozialstaat Bundesrepublik Deutschland, Baden-Baden 1989.
245. BUNDESMINISTERIUM FÜR ARBEIT UND SOZIALORDNUNG (Hrsg.), Geschichte der Sozialpolitik in Deutschland seit 1945. Bd. 2/1: 1945–1949. Die Zeit der Besatzungszonen. Sozialpolitik zwischen Kriegsende und der Gründung zweier deutscher Staaten (Bandverantwortlicher: Udo Wengst), Baden-Baden 2001.
246. J. FRERICH/M. FREY, Handbuch der Geschichte der Sozialpolitik in Deutschland, Bd. 3: Sozialpolitik in der Bundesrepublik Deutschland bis zur Herstellung der Deutschen Einheit, München/Wien 1993.
247. S. GOCH, Eine Region im Kampf mit dem Strukturwandel. Bewältigung von Strukturwandel und Strukturpolitik im Ruhrgebiet, Essen 2002.
248. H. G. HOCKERTS, Sozialpolitische Entscheidungen im Nachkriegsdeutschland. Alliierte und deutsche Sozialversicherungspolitik 1945–1957, Stuttgart 1980.
249. H. G. HOCKERTS, Integration der Gesellschaft. Gründungskrise und Sozialpolitik in der frühen Bundesrepublik, in: ZfSozialreform 32 (1986) 25–41.
250. H. G. HOCKERTS (Hrsg.), Drei Wege deutscher Sozialstaatlichkeit. NS-Diktatur, Bundesrepublik und DDR im Vergleich, München 1998.
251. R. HUDEMANN, Sozialpolitik im deutschen Südwesten zwischen Tradition und Neuordnung 1945–1953. Sozialversicherung und Kriegsopferversorgung im Rahmen französischer Besatzungspolitik, Mainz 1988.
252. U. LINDNER, Gesundheitspolitik in der Nachkriegszeit. Großbritannien und die Bundesrepublik Deutschland im Vergleich, München 2004.
253. G. METZLER, Konzeptionen politischen Handelns von Adenauer

bis Brandt. Politische Planung in der pluralistischen Gesellschaft, Paderborn u. a. 2005.
254. A. NÜTZENADEL, Stunde der Ökonomen. Wissenschaft, Politik und Expertenkultur in der Bundesrepublik 1949–1974, Göttingen 2005.
255. T. SCHANETZKY, Sachverständiger Rat und Konzertierte Aktion: Staat, Gesellschaft und wissenschaftliche Expertise in der bundesrepublikanischen Wirtschaftspolitik, in: VSWG 91 (2004) 310–331.
256. M. TJADEN-STEINHAUER, Die verwaltete Armut. Pauperismus in der Bundesrepublik. Vorgeschichte und Erscheinungsformen, Hamburg 1985.
257. L. WIEGAND, Der Lastenausgleich in der Bundesrepublik Deutschland 1949–1985, Frankfurt/M. 1992.
258. L. WIEGAND, Kriegsfolgengesetzgebung in der Bundesrepublik Deutschland, in: AfS 35 (1995) 71–90.

11. Soziale Strukturen, Milieus und Gruppen

11.1 Allgemeines

259. P. A. BERGER, Entstrukturierte Klassengesellschaft? Klassenbildung und Strukturen sozialer Ungleichheit im historischen Wandel, Opladen 1986.
260. K. M. BOLTE/S. HRADIL, Soziale Ungleichheit in der Bundesrepublik Deutschland, Opladen 1988.
261. D. BROCK, Soziale Ungleichheiten. Klassen und Schichten, in: 84: 608–622.
262. W. BÜHRER, Technologischer Wandel, Industrie- und Beschäftigungsstruktur in der Bundesrepublik Deutschland, in: AfS 35 (1995) 91–113.
263. R. GEISSLER, Die Sozialstruktur Deutschlands. Die gesellschaftliche Entwicklung vor und nach der Vereinigung, Opladen ³2002.
264. W. GLATZER u. a., Recent Social Trends in West Germany 1960–1990, Frankfurt/M./New York 1992.
265. S. HRADIL, Sozialstrukturanalyse in einer fortgeschrittenen Gesellschaft. Von Klassen und Schichten zu Lagen und Milieus, Opladen 1987.
266. S. HRADIL, Die „Single-Gesellschaft", München 1995.
267. INSTITUT FÜR MARXISTISCHE STUDIEN UND FORSCHUNGEN (Hrsg.),

Klassen- und Sozialstruktur der BRD 1950–1970, 3 Bde., Frankfurt/M. 1972–1974.
268. P. MARSCHALCK, Bevölkerungsgeschichte Deutschlands im 19. und 20. Jahrhundert, Frankfurt/M. 1984.
269. K. MEGERLE, Die Radikalisierung blieb aus. Zur Integration gesellschaftlicher Gruppen in der Bundesrepublik Deutschland während des Nachkriegsbooms, in: 69: 107–126.
270. H. P. MÜLLER, Sozialstruktur und Lebensstile. Der neuere theoretische Diskurs über soziale Ungleichheit, Frankfurt/M. 1992.
271. C. NONN, Die Ruhrbergbaukrise. Entindustrialisierung und Politik 1958–1969, Göttingen 2001.
272. K.-H. OPPENLÄNDER u. a., Wirtschaftliche Auswirkungen des technischen Wandels in der Industrie, Frankfurt/M. 1971.
273. PROJEKT KLASSENANALYSE, Materialien zur Klassenstruktur der BRD, 2 Bde., West-Berlin 1973/74.
274. B. SCHÄFERS, Sozialstruktur und sozialer Wandel in Deutschland, Stuttgart ^{7}2001.
275. H. TEGTMEYER (Hrsg.), Soziale Strukturen und individuelle Mobilität. Beiträge zur sozio-demographischen Analyse der Bundesrepublik, Wiesbaden 1979.
276. M. TJADEN-STEINHAUER/K.-H. TJADEN, Klassenverhältnisse im Spätkapitalismus, Stuttgart 1973.
277. M. VESTER u. a., Soziale Milieus im gesellschaftlichen Strukturwandel. Zwischen Integration und Ausgrenzung, Köln 1993 (überarbeitete Neuaufl. Frankfurt/M. 2001).
278. L. UHLMANN/G. HUBER, Technischer und struktureller Wandel in der wachsenden Wirtschaft, Frankfurt/M. 1971.

11.2 Lokale Milieus und Vereinskultur

279. J. FRIEDRICHS/R. KECSES/CHR. WOLF, Struktur und sozialer Wandel einer Mittelstadt. Euskirchen 1952–2002, Opladen 2002.
280. F. KRÖLL, Vereine im Lebensalltag einer Großstadt am Beispiel Nürnberg. Eine kultursoziologische Studie, Marburg 1987.
281. H. KÜHR/K. SIMON, Lokalpartei und vorpolitischer Raum, Melle 1982.
282. A. SCHULZE, Vereine in Stadthagen 1945–1970. Sozialkultur und stadtbürgerliches Engagement, Bielefeld 2004.

11.3 Arbeiter und Angestellte, proletarische Milieus, Arbeiterkultur

283. P. ALHEIT/H. HAACK/H.G. HOFSCHEN (Hrsg.), Gebrochene Modernisierung – der langsame Wandel proletarischer Milieus. Eine empirische Vergleichsstudie ost- und westdeutscher Arbeitermilieus in den fünfziger Jahren, 2 Bde., Bremen 1999.
284. G. BOLLENBECK u. a., Arbeiterkultur. Vom Ende zum Erbe?, Frankfurt/M.1989.
285. D. BROCK, Der schwierige Weg in die Moderne. Umwälzungen in der Lebensführung der deutschen Arbeiter zwischen 1850 und 1980, Frankfurt/M./New York 1991.
286. M. FRESE, „Samstags gehört Vati mir". Arbeit und Freizeit von Frauen und Männern in der gewerkschaftlichen Diskussion der frühen Bundesrepublik Deutschland (1949–1965), in: Westfälische Forschungen 45 (1995) 73–101.
287. H. KERN/M. SCHUMANN (Hrsg.), Industriearbeit und Arbeiterbewußtsein. Eine empirische Untersuchung über den Einfluß der aktuellen technischen Entwicklung auf die industrielle Arbeit und das Arbeiterbewußtsein, 2 Bde., Frankfurt/M. 1970.
288. J. KOCKA, Die Angestellten in der deutschen Geschichte 1850–1980. Vom Privatbeamten zum angestellten Arbeitnehmer, Göttingen 1981.
289. T. KÖSSLER, Abschied von der Revolution. Kommunisten und Gesellschaft in Westdeutschland 1945–1968, Düsseldorf 2005.
290. K. LAUSCHKE, Schwarze Fahnen an der Ruhr. Die Politik der IG Bergbau und Energie während der Kohlenkrise 1958–1968, Marburg 1984.
291. K. LAUSCHKE/TH. WELSKOPP (Hrsg.), Mikropolitik im Unternehmen. Arbeitsbeziehungen und Machtstrukturen in industriellen Großbetrieben des 20. Jahrhunderts, Essen 1994.
292. A. LEHMANN, Das Leben in einem Arbeiterdorf. Eine empirische Untersuchung über die Lebensverhältnisse von Arbeitern, Stuttgart 1976.
293. J. MOOSER, Abschied von der ‚Proletarität'. Sozialstruktur und Lage der Arbeiterschaft in der Bundesrepublik in historischer Perspektive, in: 55: 143–186.
294. J. MOOSER, Arbeiterleben in Deutschland 1900–1970. Klassenlagen, Kultur und Politik, Frankfurt/M. 1984.
295. M. OSTERLAND u. a., Materialien zur Lebens- und Arbeitssituation der Industriearbeiter in der BRD, Frankfurt/M. 1973.
296. E. SCHUDLICH, Die Abkehr vom Normalarbeitstag. Entwicklung

der Arbeitszeiten in der Industrie der Bundesrepublik seit 1945, Frankfurt/M./New York 1987.
297. D. SÜSS, Kumpel und Genossen. Arbeiterschaft, Betrieb und Sozialdemokratie in der bayerischen Montanindustrie 1945 bis 1976, München 2003.
298. K. TENFELDE (Hrsg.), Arbeiter im 20. Jahrhundert, Stuttgart 1991.

11.4 Handwerk, Landwirtschaft und dörfliche Milieus

299. P. ERKER, Revolution des Dorfes? Ländliche Bevölkerung zwischen Flüchtlingszustrom und landwirtschaftlichem Strukturwandel, in: 50: 367–426.
300. P. EXNER, Ländliche Gesellschaft und Landwirtschaft in Westfalen 1919–1969, Paderborn 1997.
301. F. LENGER, Sozialgeschichte des deutschen Handwerkers seit 1800, Frankfurt/M. 1988.
302. D. MÜNKEL (Hrsg.), Der lange Abschied vom Agrarland. Agrarpolitik, Landwirtschaft und ländliche Gesellschaft zwischen Weimar und Bonn, Göttingen 2000.
303. A. SCHEYBANI, Handwerk und Kleinhandel in der Bundesrepublik Deutschland. Sozioökonomischer Wandel und Mittelstandspolitik 1949–1961, München 1996.

11.5 Mittelstand, Unternehmer, Wirtschaftseliten

304. V. R. BERGHAHN, Unternehmer und Politik in der Bundesrepublik, Frankfurt/M. 1985.
305. W. BÜHRER, Der Bundesverband der Deutschen Industrie 1949–1999, Paderborn u. a. 2002.
306. P. ERKER/T. PIERENKEMPER (Hrsg.), Deutsche Unternehmer zwischen Kriegswirtschaft und Wiederaufbau. Studien zur Erfahrungsbildung von Industrie-Eliten, München 1999.
307. H. JOLY, Großunternehmer in Deutschland. Soziologie einer industriellen Elite, 1933–1989, Leipzig 1998.
308. H. A. WINKLER, Zwischen Marx und Monopolen. Der deutsche Mittelstand vom Kaiserreich zur Bundesrepublik Deutschland, Frankfurt/M. 1991.
309. D. ZIEGLER (Hrsg.), Großbürger und Unternehmer. Die deutsche Wirtschaftselite im 20. Jahrhundert, Göttingen 2000.

11.6 Adel, Bürgertum, Bürgerlichkeit und Akademiker

310. E. CONZE, Der Edelmann als Bürger? Standesbewusstsein und Wertewandel im Adel der frühen Bundesrepublik, in: 63: 347–371.
311. U. HOFFMANN-LANGE, Eliten, Macht und Konflikt in der Bundesrepublik, Opladen 1992.
312. H. SIEGRIST, Ende der Bürgerlichkeit? Die Kategorien ‚Bürgertum' und ‚Bürgerlichkeit' in der westdeutschen Gesellschaft und Geschichtswissenschaft der Nachkriegsperiode, in: GG 20 (1994) 549–583.
313. K. TENFELDE, Stadt und Bürgertum im 20. Jahrhundert, in: 92: 317–353.
314. H.-U. WEHLER, Deutsches Bürgertum nach 1945: Exitus oder Phönix aus der Asche, in: GG 27 (2001) 617–634.

11.7 Kirchlichkeit und kirchliche Milieus

315. W. DAMBERG, Abschied vom Milieu? Katholizismus im Bistum Münster und in den Niederlanden 1945–1980, Paderborn u.a. 1997.
316. K. GABRIEL, Die Katholiken in den 50er Jahren: Restauration, Modernisierung und beginnende Auflösung eines konfessionellen Milieus, in: 87: 418–430.
317. K. GABRIEL, Zwischen Aufbruch und Absturz in die Moderne. Die Katholische Kirche in den 60er Jahren, in: 88: 528–543.
318. K. GABRIEL, Christentum zwischen Tradition und Postmoderne, Freiburg/Basel/Wien ^{6}1998.
319. M. GRESCHAT, Protestantismus und Evangelische Kirche in den 60er Jahren, in: 88: 544–581.
320. C. KLESSMANN, Kontinuitäten und Veränderungen im protestantischen Milieu, in: 87: 403–417.
321. G. SCHMIDTCHEN, Protestanten und Katholiken. Soziologische Analyse konfessioneller Kultur, Bern/München 1973 (^{2}1979).

11.8 Beamtenschaft, Militär, Polizei

322. D. BALD, Militär und Gesellschaft 1945–1990. Die Bundeswehr der Bonner Republik, Baden-Baden 1994.
323. D. BALD, Reform des Militärs in der Ära Adenauer, in: GG 28 (2000) 204–232.

324. G. FÜRMETZ/H. REINKE/K. WEINHAUER (Hrsg.), Nachkriegspolizei. Sicherheit und Ordnung in Ost- und Westdeutschland, Hamburg 2001.
325. B.-O. MANIG, Die Politik der Ehre. Die Rehabilitierung der Berufssoldaten in der frühen Bundesrepublik, Göttingen 2004.
326. ST. NOETHEN, Alte Kameraden und neue Kollegen. Polizei in Nordrhein-Westfalen 1945–1953, Essen 2003.
327. C. RAUH-KÜHNE/M. RUCK (Hrsg.), Regionale Eliten zwischen Diktatur und Demokratie. Baden und Württemberg 1930–1952, München 1993.
328. M. RUCK, Korpsgeist und Staatsbewußtsein. Beamte im deutschen Südwesten 1928–1972, München 1996.
329. K. WEINHAUER, Schutzpolizei in der Bundesrepublik. Zwischen Bürgerkrieg und Innerer Sicherheit. Die turbulenten sechziger Jahre, Paderborn u. a. 2003.

12. Zuwanderung von Gastarbeitern und neue Formen der Immigration

330. K. J. BADE, Ausländer, Aussiedler, Asyl in der Bundesrepublik Deutschland, Hannover [3]1994.
331. F. DUNKEL/G. STRAMAGLIA-FAGGION, Zur Geschichte der Gastarbeiter in München. „Für 50 Mark einen Italiener", München 2000.
332. A. EDER (Hrsg.), „Wir sind auch da!" Über das Leben von und mit Migranten in europäischen Großstädten, Hamburg 2003.
333. J. FIJALKOWSKI, Gastarbeiter als industrielle Reservearmee?, in: AfS 24 (1984) 399–456.
334. S. HAUG, Kettenmigration am Beispiel italienischer Arbeitsmigranten in Deutschland 1955–2000, in: AfS 42 (2002) 123–143.
335. F. HECKMANN, Die Bundesrepublik: Ein Einwanderungsland? Zur Soziologie der Gastarbeiterbevölkerung als Einwandererminorität, Stuttgart 1981.
336. U. HERBERT, Geschichte der Ausländerbeschäftigung in Deutschland 1880 bis 1980. Saisonarbeiter, Zwangsarbeiter, Gastarbeiter, Berlin u. a. 1986.
337. K. HUNN, „Nächstes Jahr kehren wir zurück..." Die Geschichte der türkischen „Gastarbeiter" in der Bundesrepublik, Göttingen 2005.
338. M. MATTES, „Gastarbeiterinnen" in der Bundesrepublik. Anwer-

bepolitik, Migration und Geschlecht in den 50er bis 70er Jahren, Frankfurt/M./New York 2005.
339. E. MORANDI, Italiener in Hamburg. Migration, Arbeit und Alltagsleben vom Kaiserreich bis heute, Frankfurt/M. u. a. 2004.
340. J. MOTTE/R. OHLIGER/A. VON OSWALD (Hrsg.), 50 Jahre Bundesrepublik – 50 Jahre Einwanderung. Nachkriegsgeschichte als Migrationsgeschichte, Frankfurt/M. 1999.
341. R. MÜNZ/W. SEIFERT/R. ULRICH, Zuwanderung nach Deutschland. Strukturen, Wirkungen, Perspektiven, Frankfurt/M. ²1999.
342. A. VON OSWALD, Volkswagen, Wolfsburg und die italienischen Gastarbeiter, in: AfS 42 (2002) 55–79.
343. C. PAGENSTECHER, Ausländerpolitik und Immigrantenidentität. Zur Geschichte der „Gastarbeit" in der Bundesrepublik Deutschland, Berlin 1994.
344. C. PALLASKE, Migranten aus Polen in der Bundesrepublik Deutschland in den Achtziger- und Neunzigerjahren, in: AfS 42 (2002) 237–256.
345. K. SCHÖNWÄLDER, Einwanderung und ethnische Pluralität. Politische Entscheidungen und öffentliche Debatten in Großbritannien und in der Bundesrepublik von den 1950er bis in die 1970er Jahre, Essen 2001.
346. B. SONNENBERGER, Gastarbeit oder Einwanderung? Migrationsprozesse in den Fünfziger- und Sechzigerjahren am Beispiel Südhessen, in: AfS 42 (2002) 81–104.
347. A. TREIBEL, Migration in modernen Gesellschaften. Soziale Folgen von Einwanderung, Gastarbeit und Flucht, Weinheim 1999.
348. D. WIERLING (Hrsg.), Heimat finden. Lebenswege von Deutschen, die aus Russland kommen, Hamburg 2004.

13. Geschlechterordnung und Familie

349. H. ALBERS, Zwischen Hof, Haushalt und Familie. Bäuerinnen in Westfalen-Lippe (1920–1960), Paderborn 2001.
350. B. AULENBACHER/M. GOLDMANN (Hrsg.), Transformationen im Geschlechterverhältnis, Frankfurt/M. 1994.
351. H. BERTRAM (Hrsg.), Die Familie in Westdeutschland. Stabilität und Wandel familiarer Lebensformen, Opladen 1991.
352. G.-F. BUDDE (Hrsg.), Frauen arbeiten. Weibliche Erwerbstätigkeit in Ost- und Westdeutschland nach 1945, Göttingen 1997.

353. S. BUSKE, Fräulein Mutter und ihr Bastard. Eine Geschichte der Unehelichkeit in Deutschland 1900 bis 1970, Göttingen 2004.
354. A. DELILLE/A. GROHN, Blick zurück aufs Glück. Frauenleben und Familienpolitik in den 50er Jahren, Berlin 1985.
355. M. DÖRR, „Wer die Zeit nicht miterlebt hat..." Frauenerfahrungen im Zweiten Weltkrieg und in den Jahren danach, Frankfurt/M. 1998.
356. H. FEHRENBACH, Of German Mothers and „Negermischlingskinder". Race, Sex, and the Postwar Nation, in: 89: 164–186.
357. U. FREVERT, Frauen-Geschichte. Zwischen Bürgerlicher Verbesserung und Neuer Weiblichkeit, Frankfurt/M. 1986.
358. E. HEINEMAN, What Difference does a Husband make? Women and Marital Status in Nazi and Postwar Germany, Berkeley 1999.
359. M. HÖHN, GIs and Fräuleins. The German-American Encounter in 1950s West Germany, Chapel Hill/London 2002.
360. W. KOLBE, Elternschaft und Wohlfahrtsstaat. Schweden und die Bundesrepublik im Vergleich 1945–2000, Frankfurt/M./New York 2002.
361. A. KUHN (Hrsg.), Frauen in der Nachkriegszeit, 3 Bde., Düsseldorf 1984/86.
362. KULLER, Familienpolitik im föderativen Sozialstaat. Die Formierung eines Politikfeldes in der Bundesrepublik 1949–1975, München 2004.
363. R. G. MOELLER, Geschützte Mütter. Frauen und Familien in der westdeutschen Nachkriegspolitik, München 1997.
364. W. MÜLLER u. a. (Hrsg.), Strukturwandel der Frauenarbeit 1880–1980, Frankfurt/M./New York 1983.
365. R. NAVE-HERZ (Hrsg.), Wandel und Kontinuität der Familie in der Bundesrepublik Deutschland, Stuttgart 1988.
366. M. NIEHUSS, Familie, Frau und Gesellschaft. Studien zur Strukturgeschichte der Familie in Westdeutschland 1945–1960, Göttingen 2001.
367. C. VON OERTZEN, Teilzeitarbeit und die Lust am Zuverdienen. Geschlechterpolitik und gesellschaftlicher Wandel in Westdeutschland 1948–1969, Göttingen 1999.
368. U. POIGER, Krise der Männlichkeit. Remaskulinisierung in beiden deutschen Nachkriegsgesellschaften, in: 77: 227–266.
369. L. RÖLLI-ALKEMPER, Familie im Wiederaufbau. Katholizismus und bürgerliches Familienideal in der Bundesrepublik Deutschland 1945–1965, Paderborn 2000.
370. K.-J. RUHL, Verordnete Unterordnung. Berufstätige Frauen zwi-

schen Wirtschaftswachstum und konservativer Ideologie in der Nachkriegszeit (1945–1963). München 1994.
371. C. SACHSE, Der Hausarbeitstag. Gerechtigkeit und Gleichberechtigung in Ost und West 1939–1994, Göttingen 2002.
372. K. SCHULZ, Der lange Marsch der Provokation. Die Frauenbewegung in der Bundesrepublik und in Frankreich 1968–1976, Frankfurt/M./New York 2002.
373. K. SCHWARZ, Erwerbstätigkeit der Frau und Kinderzahl, in: Zeitschrift für Bevölkerungswissenschaft 7 (1981) 59–86.
374. K. SCHWARZ, Umfang der Frauenerwerbstätigkeit nach dem Zweiten Weltkrieg. Erwerbsbeteiligung und Arbeitszeiten, in: Zeitschrift für Bevölkerungswissenschaft 11 (1985) 241–260.
375. G. STAUPE/L. VIETH (hrsg. für das Deutsche Hygiene-Museum), Die Pille. Von der Lust und von der Liebe, Berlin 1996.

14. Generationen, Generationalität, Jugendrevolten

376. F. BOLL, Jugend im Umbruch vom Nationalsozialismus zur Nachkriegsdemokratie, in: AfS 37 (1997) 482–520.
377. W. BUCHER/K. POHL (Hrsg.), Schock und Schöpfung. Jugendästhetik im 20. Jahrhundert, Darmstadt/Neuwied 1986.
378. H. BUDE, Deutsche Karrieren. Lebenskonstruktionen sozialer Aufsteiger aus der Flakhelfer-Generation, Frankfurt/M. 1987.
379. H. BUDE, Das Altern einer Generation. Die Jahrgänge 1938 bis1948, Frankfurt/M. 1997.
380. M. BUDDRUS, Totale Erziehung für den totalen Krieg. Hitlerjugend und nationalsozialistische Jugendpolitik, München 2003.
381. TH. ETZEMÜLER, 1968 – ein Riss in der Geschichte? Gesellschaftlicher Umbruch und 68er-Bewegungen in Westdeutschland und Schweden, Konstanz 2005.
382. H. FEND, Sozialgeschichte des Aufwachsens. Bedingungen des Aufwachsens und Jugendgestalten im Zwanzigsten Jahrhundert, Frankfurt/M. 1988.
383. W. FISCHER-ROSENTHAL/P. ALHEIT (Hrsg.), Biographien in Deutschland. Soziologische Rekonstruktionen gelebter Gesellschaftsgeschichte, Opladen 1995.
384. H. FOGT, Politische Generationen. Empirische Bedeutung und theoretisches Modell, Opladen 1982.

385. D. FOITZIK, Jugend ohne Schwung? Jugendkultur und Jugendpolitik in Hamburg 1945–1949, Hamburg 2002.
386. I. GILCHER-HOLTEY (Hrsg.), 1968. Vom Ereignis zum Gegenstand der Geschichtswissenschaft, Göttingen 1998.
387. I. GILCHER-HOLTEY, Die 68er Bewegung. Deutschland – Westeuropa – USA, München 2001.
388. TH. GROSSBÖLTING, Bundesdeutsche Jugendkulturen zwischen Milieu und Lebensstil. In: Mitteilungsblatt des Instituts für soziale Bewegungen 31 (2004) 59–80.
389. TH. GROTUM, Die Halbstarken. Zur Geschichte einer Jugendkultur der 50er Jahre, Frankfurt/M./New York 1994.
390. U. HERBERT, „Generation der Sachlichkeit". Die völkische Studentenbewegung der frühen zwanziger Jahre, in: Ders., Arbeit, Volkstum, Weltanschauung. Über Fremde und Deutsche im 20. Jahrhundert, Frankfurt/M. 1995, 234–242.
391. S. HÜBNER-FUNK, Loyalität und Verblendung. Hitlers Garanten der Zukunft als Träger der zweiten deutschen Demokratie, Potsdam 1998.
392. K. HURRELMANN/D. ULICH (Hrsg.), Handbuch der Sozialisationsforschung, Weinheim 1980.
393. A. KENKMANN, Wilde Jugend. Lebenswelt großstädtischer Jugendlicher zwischen Weltwährungskrise, Nationalsozialismus und Währungsreform, Essen 1995.
394. C. LEGGEWIE, Die 89er. Porträt einer Generation, Hamburg 1995.
395. D. MOSES, Die 45er. Eine Generation zwischen Faschismus und Krieg, in: Neue Sammlung 40 (2001) 498–520.
396. U. PREUSS-LAUSITZ u. a., Kriegskinder, Konsumkinder, Krisenkinder. Zur Sozialisationsgeschichte seit dem Zweiten Weltkrieg, Weinheim/Basel 1983.
397. K. MAASE, BRAVO Amerika. Erkundungen zur Jugendkultur der Bundesrepublik in den fünfziger Jahren, Hamburg 1992.
398. U. G. POIGER, Jazz, Rock, and Rebels. Cold War Politics and American Culture in a Divided Germany, Berkeley 2000.
399. J. RASCHKE, Soziale Bewegungen. Ein historisch-systematischer Grundriß, Frankfurt/M. 1985.
400. J. REULECKE, „Ich möchte einer werden so wie die…" Männerbünde im 20. Jahrhundert, Frankfurt/M./New York 2000.
401. J. REULECKE (Hrsg.), Generationalität und Lebensgeschichte im 20. Jahrhundert, München 2003.
402. G. ROSENTHAL, „… wenn alles in Scherben fällt" – Von Leben und Sinnwelt der Kriegsgeneration, Opladen 1987.

403. R. ROTH/D. RUCHT (Hrsg.), Neue soziale Bewegungen in der Bundesrepublik Deutschland, Bonn ²1991.
404. R. ROTH/D. RUCHT (Hrsg.), Jugendkulturen, Politik und Protest. Vom Widerstand zum Kommerz?, Opladen 2000.
405. A. SCHILDT/D. SIEGFRIED (Hrsg.), Between Marx and Coca-Cola. Youth Cultures in Changing European Societies, 1960–1980, Oxford/New York 2006.
406. R. SCHÖRKEN, Luftwaffenhelfer und Drittes Reich. Die Entstehung eines politischen Bewußtseins, Frankfurt/M. 1987.
407. R. SCHÖRKEN, Jugend 1945. Politisches Denken und Lebensgeschichte, Frankfurt/M. 1990.
408. R. SCHÖRKEN, Die Niederlage als Generationserfahrung. Jugendliche nach dem Zusammenbruch der nationalsozialistischen Herrschaft, Weinheim/München 2004.
409. D. SIEGFRIED, „Time is on my Side". Politik und Konsum in der westdeutschen Jugendkultur der 60er Jahre, Göttingen 2006.
410. B. WEISBROD, Generation und Generationalität in der Neueren Geschichte, in: PolZG 8 (2005) 3–9.
411. J. ZINNECKER, Jugendkultur 1940–1985, Opladen 1987.

15. Bildung, Ausbildung und Forschung

412. C. FÜHR/K.-L. FURCK (Hrsg.), Handbuch der deutschen Bildungsgeschichte. Bd. VI/1: 1945 bis zur Gegenwart. Bundesrepublik Deutschland, München 1998.
413. T. GASS-BOLM, Das Gymnasium 1945–1980. Bildungsreform und gesellschaftlicher Wandel in Westdeutschland, Göttingen 2005.
414. H. KÖHLER, Der relative Schul- und Hochschulbesuch in der Bundesrepublik Deutschland 1952–1975, Berlin 1978.
415. P. LUNDGREEN, Sozialgeschichte der deutschen Schule im Überblick. Teil II: 1918–1980, Göttingen 1981.
416. MAX-PLANCK-INSTITUT FÜR BILDUNGSFORSCHUNG (Hrsg.), Projektgruppe Bildungsbericht, Bildung in der Bundesrepublik Deutschland. Daten und Analysen, Bd. 1: Entwicklungen seit 1950, Stuttgart 1980.
417. J. RADKAU, Aufstieg und Krise der deutschen Atomwirtschaft 1945–1975. Verdrängte Alternativen in der Kerntechnik und der Ursprung der nuklearen Kontroverse, Reinbek 1983.
418. B.-A. RUSINEK, Das Forschungszentrum. Eine Geschichte der

KFA Jülich von ihrer Gründung bis 1980, Frankfurt/M./New York 1996.
419. M. SZÖLLÖSI-JANZE, Die Geschichte der Arbeitsgemeinschaft der Großforschungseinrichtungen 1958–1980, Frankfurt/M./New York 1990.

16. Regionen, Regionalität

420. D. BRIESEN, Warum Bundeslandgeschichte? Reflexionen am Beispiel einer „Wirtschafts- und Gesellschaftsgeschichte des Rheinlandes und Westfalens 1955–1995", in: Comparativ. Leipziger Beiträge zur Universalgeschichte 5 (1995), H. 4, 102–111.
421. G. BRUNN (Hrsg.), Region und Regionsbildung in Europa. Konzeptionen und empirische Befunde, Baden-Baden 1996.
422. G. BRUNN/J. REULECKE, Kleine Geschichte von Nordrhein-Westfalen 1946–1996, Stuttgart 1996.
423. J. HARTMANN (Hrsg.), Handbuch der deutschen Bundesländer, Frankfurt/M./New York ²1994.
424. K. ROHE, Vom sozialdemokratischen Armenhaus zur Wagenburg der SPD. Politischer Strukturwandel in einer Industrieregion nach dem Zweiten Weltkrieg, in: GG 13 (1987) 508–534.
425. TH. SCHLEMMER/H. WOLLER (Hrsg.), Bayern im Bund, Bd. 1: Die Erschließung des Landes 1949 bis 1973, München 2001.
426. TH. SCHLEMMER/H. WOLLER (Hrsg.), Bayern im Bund, Bd. 2: Gesellschaft im Wandel 1949–1973, München 2002.
427. B. ULRICH, Bremer Spätbürger. Städtische Tradition und bürgerlicher ‚Geist' nach 1945, in: 63: 222–254.
428. B. WEISBROD (Hrsg.), Von der Währungsreform zum Wirtschaftswunder. Wiederaufbau in Niedersachsen, Hannover 1998.

17. Konsum und Lebensstile

429. A. ANDERSEN, Der Traum vom guten Leben. Alltags- und Konsumgeschichte vom Wirtschaftswunder bis heute, Frankfurt/M./New York 1997.
430. P. ASSION (Hrsg.), Transformationen der Arbeiterkultur, Marburg 1986.

431. H. BERGHOFF (Hrsg.), Konsumpolitik. Die Regulierung des privaten Verbrauchs im 20. Jahrhundert, Göttingen 1999.
432. H. BERGHOFF/J. VOGEL (Hrsg.), Wirtschaftsgeschichte als Kulturgeschichte. Dimensionen eines Perspektivenwechsels, Frankfurt/M./New York 2004.
433. F.-J. BRÜGGEMEIER/J. I. ENGELS (Hrsg.), Natur- und Umweltschutz nach 1945. Konzepte, Konflikte, Kompetenzen, Frankfurt/M./New York 2005.
434. D. CREW (Hrsg.), Consuming Germany in the Cold War, Oxford/New York 2003.
435. A. DOERING-MANTEUFFEL, Dimensionen von Amerikanisierung in der deutschen Gesellschaft, in: AfS 35 (1995) 1–34.
436. R. EXO, Die Entwicklung der sozialen und ökonomischen Struktur der Ersparnisbildung in der Bundesrepublik Deutschland, Berlin 1967.
437. M. HESSLER, Mrs. Modern Woman. Zur Sozial- und Kulturgeschichte der Haushaltstechnisierung, Frankfurt/M./New York 2001.
438. J. HOHENSEE, Der erste Ölpreisschock 1973/74. Die politischen und gesellschaftlichen Auswirkungen der arabischen Erdölpolitik auf die Bundesrepublik Deutschland und Westeuropa, Stuttgart 1996.
439. W. KÖNIG, Geschichte der Konsumgesellschaft, Stuttgart 2000.
440. K. MAASE, Lebensweise der Lohnarbeiter in der Freizeit, Frankfurt/M. 1984.
441. M. PRINZ (Hrsg.), Der lange Weg in den Überfluss. Anfänge und Entwicklung der Konsumgesellschaft seit der Vormoderne, Paderborn 2003.
442. W. RUPPERT (Hrsg.), Fahrrad, Auto, Fernsehschrank. Zur Kulturgeschichte der Alltagsdinge, Frankfurt/M. 1993.
443. A. SCHILDT, „Mach mal Pause!" Freie Zeit, Freizeitverhalten und Freizeit-Diskurse in der westdeutschen Wiederaufbaugesellschaft der 1950er Jahre, in: AfS 33 (1993) 357–406.
444. A. SCHILDT, Sozialkulturelle Aspekte der westdeutschen Integration in den ersten beiden Nachkriegsjahrzehnten. Überlegungen zu einem geschichtswissenschaftlichen Forschungsfeld, in: Wissenschaftszentrum Nordrhein-Westfalen. Kulturwissenschaftliches Institut. Jahrbuch 1994, Essen 1995, 131–144.
445. A. SCHILDT, Die „kostbarsten Wochen des Jahres". Urlaubstourismus der Westdeutschen, in: H. Spode (Hrsg.), Goldstrand und Teutonengrill. Kultur- und Sozialgeschichte des Tourismus in Deutschland 1945–1989, Berlin 1996.

446. H. SCHRÖTER, Die Amerikanisierung der Werbung in der Bundesrepublik Deutschland, in: JbWG 1997/I, 93–115.
447. H. SIEGRIST/H. KAEBLE/J. KOCKA (Hrsg.), Europäische Konsumgeschichte. Zur Gesellschafts- und Kulturgeschichte des Konsums (18. bis 20. Jahrhundert), Frankfurt/M./New York 1997.
448. D. STORBECK (Hrsg.), Moderner Tourismus. Tendenzen und Aussichten, Trier 1988.
449. TH. SÜDBECK, Motorisierung, Verkehrsentwicklung und Verkehrspolitik in der Bundesrepublik Deutschland der 1950er Jahre. Umrisse der allgemeinen Entwicklung und zwei Beispiele: Hamburg und das Emsland, Stuttgart 1994.
450. K. VOY/W. POLSTER/C. THOMASBERGER (Hrsg.), Gesellschaftliche Transformation und materielle Lebensweise, Marburg 1991.
451. M. WILDT, Am Beginn der ‚Konsumgesellschaft'. Mangelerfahrung, Lebenshaltung, Wohlstandshoffnung in Westdeutschland in den fünfziger Jahren, Hamburg 1994.

18. Medien, Öffentlichkeit, kulturelle Trends

452. Arbeiterkultur seit 1945 – Ende oder Veränderung, Tübingen 1991.
453. H. BAUSCH, Rundfunkpolitik nach 1945. Erster Teil: 1945–1962, München 1980.
454. K. BERG/M.-L. KIEFER (Hrsg.), Massenkommunikation. Eine Langzeitstudie zur Mediennutzung und Medienbewertung, Mainz 1978.
455. K. BERG/M.-L. KIEFER (Hrsg.), Massenkommunikation II. Eine Langzeitstudie zur Mediennutzung und Medienbewertung 1964–1980, Frankfurt/M./Berlin 1982.
456. K. BERG/M.-L. KIEFER (Hrsg.), Massenkommunikation V. Eine Langzeitstudie zur Mediennutzung 1964–1995, Baden-Baden 1996.
457. H. BEST (Hrsg.), Vereine in Deutschland, Bonn 1993.
458. F.-J. BRÜGGEMEIER, Zurück auf dem Platz. Deutschland und die Fußball-Weltmeisterschaft 1954, München 2004.
459. P. DUDEK/H.-G. JASCHKE, Entstehung und Entwicklung des Rechtsextremismus in Deutschland. Zur Tradition einer besonderen politischen Kultur, 2 Bde., Opladen 1984.
460. K. DUSSEL, Vom Radio- zum Fernsehzeitalter. Medienumbrüche in sozialgeschichtlicher Perspektive, in: 88: 673–692.

461. M. ESTERMANN/E. LERSCH (Hrsg.), Buch, Buchhandel und Rundfunk 1945–1949, Wiesbaden 1997.
462. W. FAULSTICH (Hrsg.), Die Kultur der 50er Jahre, München 2002.
463. W. FAULSTICH (Hrsg.), Die Kultur der 60er Jahre, München 2003.
464. W. FAULSTICH (Hrsg.), Die Kultur der 70er Jahre, München 2004.
465. W. FAULSTICH (Hrsg.), Die Kultur der 80er Jahre, München 2005.
466. L. FISCHER (Hrsg.), Literatur in der Bundesrepublik Deutschland bis 1967, München 1986.
467. H. GLASER, Kulturgeschichte der Bundesrepublik Deutschland, Bd. 1: Zwischen Kapitulation und Währungsreform 1945–1948, Bd. 2: Zwischen Grundgesetz und Großer Koalition 1949–1967, Bd. 3: Zwischen Protest und Anpassung 1968–1989, München 1985, 1986, 1989.
468. H. GLASER /L. VON PUFENDORF/M. SCHÖNEICH (Hrsg.), So viel Anfang war nie. Deutsche Städte 1945–1949, Berlin 1989.
469. J. HERMAND, Die Kultur der Bundesrepublik Deutschland 1965–85, München 1988.
470. K. HICKETHIER (unter Mitarbeit von P. HOFF), Geschichte des deutschen Fernsehens, Stuttgart/Weimar 1998.
471. W. KÖHLER (Hrsg.), Der NDR. Zwischen Programm und Politik, Hannover 1991.
472. A. KRUKE, Zwischen Verwissenschaftlichung und Medialisierung. Demoskopie und ihre Auswirkungen auf den politischen Markt der Bundesrepublik 1949–1990, Bonn 2006.
473. H. KÜHR/K. SIMON, Lokalpartei und vorpolitischer Raum, Melle 1982.
474. G. MEIER, Zwischen Milieu und Markt. Tageszeitungen in Ostwestfalen 1920–1970, Paderborn 1999.
475. J. u. R. MERRITT, Public Opinion in Occupied Germany. The OMGUS-Surveys, 1945–1949, Urbana Ill. 1970.
476. M. MEYEN, Hauptsache Unterhaltung. Mediennutzung und Medienbewertung in Deutschland in den 50er Jahren, Münster u. a. 2001.
477. A. SCHILDT, Hegemon der häuslichen Freizeit: Rundfunk in den 50er Jahren, in: 87: 458–476.
478. A. SCHILDT, Zwei Staaten – eine Hörfunk- und Fernsehnation. Überlegungen zur Bedeutung der elektronischen Massenmedien in der Geschichte der Kommunikation zwischen der Bundesrepublik und der DDR, in: 47: 58–71.
479. W. SCHIVELBUSCH, Vor dem Vorhang. Das geistige Berlin 1945–1948, München 1995.

480. B. SCHORB, Freizeit, Fernsehen und neue Medien 1960–1990, in: AfS 33 (1993) 425–457.
481. L. SEEGERS, Eduard Rhein und die Rundfunkprogrammzeitschriften (1931–1965), Potsdam 2001.
482. C. WEISCHER, Das Unternehmen ‚Empirische Sozialforschung'. Strukturen, Praktiken und Leitbilder der Sozialforschung in der Bundesrepublik Deutschland, München 2004.
483. J. WILKE (Hrsg.), Mediengeschichte der Bundesrepublik Deutschland, Köln u. a. 1999.

19. Mentalitäten und Wertewandel

484. H. BRAUN, Das Streben nach ‚Sicherheit' in den 50er Jahren. Soziale und politische Ursachen und Erscheinungsweisen, in: AfS 28 (1978) 279–306.
485. A. GALLUS/M. LÜHE, Öffentliche Meinung und Demoskopie, Opladen 1998.
486. R. INGLEHART, Kultureller Umbruch. Wertewandel in der westlichen Welt, Frankfurt/M. 1989.
487. H. KLAGES/P. KMIECIAK (Hrsg.), Wertewandel und gesellschaftlicher Wandel, Frankfurt/M./New York 1979.
488. H. KLAGES (Hrsg.), Traditionsbruch als Herausforderung. Perspektiven der Wertewandelgesellschaft, Frankfurt/M. 1993.
489. H. KLAGES /H. J. HIPPLER/W. HERBERT (Hrsg.), Werte und Wandel. Ergebnisse und Methoden einer Forschungstradition, Frankfurt/ M. 1992.
490. P. KMIECIAK, Wertstrukturen und Wertwandel in der Bundesrepublik Deutschland. Grundlagen einer interdisziplinären empirischen Wertforschung mit einer Sekundäranalyse von Umfragedaten, Göttingen 1976.
491. H.-O. LUTHE/H. MEULEMANN (Hrsg.), Wertewandel – Faktum oder Fiktion?, Frankfurt/M./New York 1988.
492. F. P. LUTZ, Empirisches Datenmaterial zum historisch-politischen Bewusstsein, in: Bundeszentrale für Politische Bildung (Hrsg.), Bundesrepublik Deutschland. Geschichte – Bewußtsein, Bonn 1989, 150–169.
493. E. NOELLE-NEUMANN/E. PIEL (Hrsg.), Eine Generation später. Bundesrepublik Deutschland 1953–1979, München 1983.
494. D. OBERNDÖRFER/H. RATTINGER/K. SCHMITT (Hrsg.), Wirtschaftli-

cher Wandel, religiöser Wandel und Wertwandel. Folgen für das politische Verhalten in der Bundesrepublik, Berlin 1985.
495. A. SCHILDT, Bürgerliche Gesellschaft und kleinbürgerliche Geborgenheit – zur Mentalität im westdeutschen Wiederaufbau der 50 Jahren, in: Th. Althaus (Hrsg.), Kleinbürger. Zur Kulturgeschichte des begrenzten Bewusstseins, Tübingen 2001, 295–312.

Register

Personenregister

ABELSHAUSER, W. 81
ABENDROTH, W. 33
ADENAUER, K. 23, 77, 81
ALBERS, H. 90
ALHEIT, P. 88
ANDERSEN, A. 96
ARTICUS, S. 69

BADE, K. J. 92
BALD, D. 95
BAUER, F. J. 79
BAUERKÄMPER, A. 108
BAVAJ, R. 70, 84
BECK, U. 78, 84, 86
BEHRENBECK, S. 75
BEHRENS, S. VON 73
BELL, D. 83
BENDEL, R. 73
BENZ, W. 71, 73
BERGER, P. A. 20, 80
BERGHAHN, V. R. 93
BERGHOFF, H. 84
BEST, H. 95
BETHLEHEM, S. 80
BEYME, K. VON 72, 79
BOLL, F. 72
BOLTE, M. 32
BONSS, W. 78, 84
BOURDIEU, P. 12, 85, 88, 99
BRAUN, H. 68, 88
BRIESEN, D. 108
BROCK, D. 80
BROSZAT, M. 70, 76
BRÜGGEMEIER, F.-J. 76, 87
BRUNN, G. 107, 108
BUCHER, W. 96
BUDDE, G.-F. 101
BUDDRUS, M. 104
BUDE, H. 104, 106
BÜHRER, W. 31, 80, 93

BURGHARDT, U. 72

CONZE, W. 67, 69, 70, 76, 77

DAHRENDORF, R. 32, 70
DAMBERG, W. 105
DEPPE, F. 90
DEUTSCH, K. W. 92
DIEHL, J. M. 73
DITT, K. 96
DOERING-MANTEUFFEL, A. 30, 77, 81, 86, 97
DÖRR, M. 75
DÖRRE, K. 90
DRESCHER, J. 100
DUDEK, P. 95
DÜLMEN, R. VAN 76
DUNKEL, F. 92
DURTH, W. 72

ECHTERNKAMP, J. 72
EDDING, F. 73
EDER, A. 73, 92
EDINGER, L. J. 93
EICHMÜLLER, A. 80
ENDRES, R. 73
ENGELS, J. I. 87
ERKER, P. 5, 72, 75, 84, 93
ETZEMÜLLER, TH. 67
EXNER, P. 20, 90

FEND, H. 80, 102
FIJALKOWSKI, J. 91
FOITZIK, D. 72, 104
FOURASTIÉ 83
FRANTZIOCH, M. 73, 79
FRANZEN, K. E. 73
FREI, N. 76, 94
FRERICH, J. 79
FRESE, M. 81, 82, 84

FREVERT, U. 102
FREY, M. 79
FREYER, H. 67
FRÖHLICH, G. 85
FÜHR, C. 99
FURCK, K.-L. 99
FÜRMETZ, G. 91

GABRIEL, K. 5
GALLUS, A. 69
GASS-BOLM, T. 100
GEHLEN, A. 67
GEISSLER, R. 23, 85, 89, 90, 92, 100
GILCHER-HOLTEY, I. 81
GOCH, S. 96, 107
GRAF BLÜCHER, V. 105
GREINER, B. 97
GRIES, R. 72
GROEHLER, O. 5, 71
GROSSBÖLTING, TH. 96
GROSSER, TH. 79
GROTUM, T. 97
GUTSCHOW, N. 72

HABERMAS, J. 83, 86
HÄRING, D. 79
HARLANDER, T. 90
HARTMANN, J. 108
HARTMANN, M. 93
HECKMANN, F. 91
HEINEMAN, E. 72
HELDMANN, PH. 81
HENKE, K.-D. 71, 76
HERBERT, U. 71, 75, 86, 91, 94, 103, 104
HERBERT, W. 100
HERLYN, U. 88
HERRMANN, U. 105
HESSLER, M. 97
HETTLING, M. 76
HICKETHIER, K. 106
HIPPLER, H. J. 100
HIRSCHFELD, M. 73
HOCKERTS, H. G. 95, 97, 99, 108
HOFFMANN, D. 79, 80
HOFFMANN-LANGE, U. 93
HOHENSEE, J. 45
HÖHN, M. 96
HOLTMANN, E. 79
HRADIL, S. 86, 90
HUBER, G. 80
HÜBNER-FUNK, S. 104
HUNN, K. 92

IMMERFALL, S. 85
INGLEHART, R. 100

JACOBMEYER, W. 73
JARAUSCH, K. 86, 108
JASCHKE, H.-G. 95
JOLY, H. 94

KAELBLE, H. 79, 81, 84
KAMINSKY, A. K. 72
KASCHUBA, W. 89
KENKMANN, A. 72, 99, 104
KERSTING, F.-W. 105
KLAGES, H. 100, 101
KLESSMANN, C. 12, 78, 81, 108
KMIECIAK, P 100
KOCKA, J. 76, 84, 90
KÖHLE, K. 99
KÖHLER, H. 99
KOHLI, M. 103
KOHUT, T. A. 104
KOLBE, W. 109
KÖNIG, W. 84
KÖNIGSEDER, A. K. 73
KRAUSE, M. 71
KRAUSS, M. 74, 79
KROHN, C.-D. 74
KRUKE, A. 69
KULLER, C. 72
KÜSTER, T. 100

LAMMERS, K.-C. 81
LAUSCHKE, K. 88, 107
LAVSKY, H. 73
LEGGEWIE, C. 106
LEH, A. 5
LEHMANN, A. 72
LEMBERG, E. 73
LEPSIUS, M. R. 69, 77, 99
LINDNER, U. 102, 109
LÜDTKE, A. 97
LÜHE, M. 69
LUNDGREEN, P. 99
LUTHE, H.-O. 100
LÜTHINGER, P. 79

MAASE, K. 97
MANIG, B.-O. 95
MANNHEIM, K. 102
MARSSOLEK, I. 97
MATTES, M. 92, 101
MEGERLE, K. 95
MEIER, G. 26, 107

METZLER, G. 99
MEULEMANN, H. 100
MEYER, G. 95
MOELLER, R. G. 72, 81
MOOSER, J. 19, 20, 22, 23, 25, 35, 80, 88, 89
MORSEY, R. 68
MÖRTH, J. M. 85
MÖSSLANG, M. 99
MOTTE, J. 92
MÜHLEN, P. VON ZUR 74
MÜLLER, H. P. 85
MÜLLER, K. D. 72
MÜLLER, W. 99
MÜNKEL, D. 90
MÜNZ, R. 92

NAUMANN, K. 95
NAVE-HERZ, R. 102
NEULOH, O. 69
NEUMANN, V. 75
NIEHUSS, M. 72, 101
NIETHAMMER, L. 3, 70, 74, 75
NOELLE-NEUMANN, E. 100
NOETHEN, ST. 91
NOLTE, P. 69, 70, 87, 89
NONN, C. 107
NÜTZENADEL, A. 99

OERTZEN, C. VON 101
OPPENLÄNDER, K.-H. 80
OSTERLAND, M. 89
OSWALD, A. VON 92
OVERMANS, R. 71, 72

PAGENSTECHER, C. 91
PALLASKE, C. 92
PAULUS, J. 82, 102
PFEIL, E. 4
PIEL, E. 100
PLATO, A. VON 5, 74, 93
POHL, K. 96
POLSTER, W. 80
POPITZ, H. 22, 87
PRINZ, M. 70, 81, 87, 91

RADKAU, J. 80
RAPHAEL, L. 66, 67, 68
RATTINGER, H. 100
RAUH-KÜHNE, C. 3, 74, 94
RAUTENBERG, H.-W. 80
REICHARDT, S. 85

REICHOW, H. B. 26
REINKE, H. 91
REULECKE, J. 108
RHEIN, E. 107
RÖDDER, A. 68, 83
ROHE, K. 75
RÖLLI-ALKEMPER, L. 102
ROSENTHAL, G. 104
ROTHENBERGER, K.-H. 72
RUCK, M. 94, 99
RUDLOFF, W. 98, 99
RUDOLPH, H. 73
RUSINEK, B.-A. 71

SACHSE, C. 101
SALDERN, A. VON 72, 88, 90, 97
SALZBORN, S. 80
SCHÄFERS, B. 78
SCHANETZKY, T. 99
SCHELSKY, H. 67, 88, 105
SCHEYBANI, A. 80
SCHILDT, A. 26, 70, 71, 72, 74, 79, 80, 81, 83, 84, 86, 87, 90, 94, 97, 98, 100, 106, 109
SCHISSLER, H. 82
SCHLEMMER, TH. 74, 125
SCHMELZ, A. 80
SCHMIDT, W. 95
SCHMIDTCHEN, G. 100
SCHMITT, K. 100
SCHÖNWÄLDER, K. 92
SCHÖRKEN, R. 72, 104
SCHRAUT, S. 79
SCHRÖDER, I. 99
SCHRÖTER, H. 97
SCHUDLICH, E. 84
SCHULZ, G. 79
SCHULZE, A. 95
SCHULZE, G. 84, 85
SCHULZE, R. 73
SCHULZE, W. 67, 76
SCHÜTZE, Y. 102
SCHWARTZ, M. 79, 80
SCHWARZ, H.-P. 77, 78
SEEGERS, L. 107
SIEGFRIED, D. 81, 96, 109
SIEGRIST, H. 84, 94, 96, 98, 108
SIMMEL, G. 78
SMITH, L. 72
SOMMER, K.-L. 72
STEINERT, J.-D. 73
STICKLER, M. 80
STIENS, G. 107

STRAMAGLIA-FAGGION, G. 92
STÜBER, G. 72
SÜDBECK, TH. 78
SÜSS, D. 22, 75, 88
SYWOTTEK, A. 78, 79, 86
SZÖLLÖSI-JANZE, M. 100

TANNER, J. 96
TENBRUCK, F. 29, 51
TENFELDE, K. 76, 89
TEPPE, K. 82
TJADEN, K.-H. 89
TJADEN-STEINHAUER, M. 89
TRÄNKLE, M. 24, 102
TREIBEL, A. 92
TRITTEL, G. J. 72

UHLMANN, L. 80
ULICZKA, M. 79

VESTER, M. 85, 88
VOGEL, J. 84
VOLKMANN, H.-E. 71
VOLLNHALS, C. 74

WAGNER, G. 79, 90
WAGNER, P. 94, 73
WAGNER-KYORA, G. 90
WEBER, H. 76
WEHLER, H.-U. 76, 78, 85
WEINHAUER, K. 91, 94, 96
WEISBROD, B 106
WEISCHER, C. 69
WELSKOPP, T. H. 88
WEYER, J. 69
WIEGAND, L. 73
WIERLING, D. 92
WIGGERSHAUS, R. 69
WILDT, M. 72, 78, 94, 96, 97
WILKE, J. 106
WILLENBACHER, B. 11, 72
WILLMS, A. 80
WINKLER, H.-A. 76
WOLLER, H. 71

ZAPF, W. 93
ZAHN, E. 98
ZINNECKER, J. 72, 102, 104, 105

Ortsregister

Bayern 4, 46
Berlin 12, 55, 107
Bremen 88
Britische Zone 4, 8, 10, 11

Celle 7

Dortmund 7
Duisburg 7

Frankfurt 40, 107
Frankreich 1, 47
Französische Zone 9, 11

Gelsenkirchen 107
Göttingen 107
Griechenland 33
Großbritannien 1, 91, 109

Hamburg 7, 107
Heidelberg 7
Herne 7

Hessen 4

Israel 5
Italien 33, 47

Jugoslawien 1, 33

Kassel 7, 16
Köln 1, 7, 107
Königsberg 1

Mainz 47
München 7, 107
Münster 81, 107

Neu-Gablonz 16
Niedersachsen 4, 107

Oldenburg 7
Österreich 47

Polen 1, 14, 59

Portugal 33
Preußen 1

Ruhrgebiet 46

Saarbrücken 16
SBZ/DDR 4, 14, 108
Schleswig 107
Schleswig-Holstein 4
Skandinavien 47, 109
Sowjetunion 1, 59
Spanien 3, 33, 47

Starnberger See 7

Tschechoslowakei 4
Türkei 33, 59

USA 1, 14, 71, 81
US-Zone 3, 4, 8, 10, 11, 68, 74

Wilhelmshaven 16
Würzburg 7

Sachregister

„1968" 53, 81
„Adenauer-Ära" 23, 77, 81
Akkordarbeit 34
„Amerikanisierung" 78, 93, 97, 98, 108
„Antiautoritäre Rebellion" 53
„Anti-Baby-Pille" 36, 38
„Anwerbestopp" 35, 92
Arbeiter, Arbeiterschaft, Proletarier 7, 9, 15, 17, 18, 19–23, 25, 28–32, 34–37, 40, 41, 46, 52, 54–57, 61, 65, 75, 80, 87–93
– Arbeiterbewegung 75, 89
– Arbeiterkultur, Arbeiterbewegungskultur 89
– Arbeiterquartiere 7, 39, 41
– Arbeitskämpfe 22, 33
– Arbeitskräftemangel 43
– Arbeitslosigkeit, Erwerbslosigkeit, Arbeitskräfteabbau 12, 17, 18, 23, 28, 30, 31, 34, 56, 57, 58, 60, 64, 65, 98
– Arbeitswelt, Wandlungsprozesse des A., Strukturveränderungen 21, 30, 31, 34, 42, 80, 85
– Arbeitszeiten, Arbeitszeitverkürzung, Überstunden 22, 24, 25, 26, 29, 34, 40, 42, 45, 51, 84
Armut 23, 33, 60, 87, 98
Asyl, Asylbewerber 59, 91, 92
Aufbruchs- und Mobilisierungspotenziale 71
Ausgebombte 5, 11
Ausländer 34, 35, 58, 59, 89, 91

Ausländerfeindlichkeit, Rassismus, Fremdenhass, -feindlichkeit 34, 35, 58, 59, 87
Aussiedler 14, 59, 91, 92
Auswanderung, Auswanderungswelle 5, 14
Automobile Gesellschaft 44

„Babyboom" 35, 39
Bauern 4, 9, 19, 20, 36, 80
Beschäftigungsstand 30
Bevölkerungsentwicklung, Demographie 4, 6, 13, 16, 35, 54, 100
– Bevölkerungsgewinn, Bevölkerungswachstum 4, 11, 35, 54
– Bevölkerungsverlust 4
Bildung, Bildungsexpansion, Bildungsniveau 18, 24, 28, 52, 56, 58, 64, 65, 92, 93, 98, 99, 100, 105, 108
Bildungsbürgertum 28, 94, 103
„Bildungskatastrophe" 99
Bürgerinitiativen 57, 58
Bürgerkriegsflüchtlinge 92
Bürgerlichkeit 76, 93, 95
Bürgertum 31, 75, 93, 94, 103

Chancengleichheit 65

Demokratisierung 2, 77
„Digitale Revolution" 85
Displaced Persons (DPs) 5, 73
Doppelrolle Hausfrau und Mutter 102
Dorf, Dörfliche Gemeinden, Dorfgesellschaft 4, 9, 17, 20, 21, 69, 90

Drogen 53

Ehe, Eheschließungen, Heirat 13, 18, 21, 35–39, 54, 55, 101, 102
Eliten 3, 32, 74, 77, 92, 93, 94, 103
Entmilitarisierung 2
Entnazifizierung 2, 3, 9, 74
„Entwurzelte" 5, 14
„Erlebnisgesellschaft" 84
Erziehung 13, 100, 101, 102
„Europäisierung" 98
Evakuierte 5

Familie 6, 11, 15, 16, 18, 20, 22, 26, 27, 31, 35, 36, 38, 39, 40, 43, 44, 48, 55, 56, 58, 60, 72, 75, 86, 98, 101, 102, 103
Fernsehen 27, 47, 48, 49, 50, 51, 61, 62, 63, 85, 90, 106
Film 11, 13, 39, 48, 49
Flüchtlinge 2, 4, 5, 11, 12, 13, 14, 15, 16, 17, 18, 21, 59, 68, 73, 79, 80, 91, 92, 94, 98, 108
Forstwirtschaft 19, 30, 56
Frauen 6, 13, 44, 45, 55, 72, 102
– Demographie 54
– Erwerbstätigkeit 18, 22, 31, 35–38, 55, 57, 80
– Rolle der Frau, Frauenbewegung 38, 55, 56, 101, 102
– Hausfrau 27, 37, 102
– „Trümmerfrauen" 10
„Frauenhäuser" 55
Freizeit 22, 24, 25, 26, 27, 29, 40, 41, 42, 47, 49, 51, 52, 61, 63, 64, 66, 78, 80, 84, 85, 89, 102

Gastarbeiter 31, 33, 34, 35, 42, 58, 91, 92, 101
Geburtenüberschuss 36
Generation, Generationeller Wandel, Konstruktion von Generation 6, 7, 17, 18, 20, 21, 23, 29, 30, 39, 43, 46, 52, 53, 57, 58, 64, 68, 69, 79, 94, 100–106
Geschlechterverhältnisse 55, 56, 101
Gesundheitsverhältnisse 10
Gewerkschaften 9, 10, 22, 53, 57, 75, 88
Gleichberechtigung, Emanzipation 13, 37, 38, 55, 56, 83, 102
Großsiedlungen 41

„Halbstarkenbewegung" 29, 97, 105
„Hamsterfahrten" 9
Handel 36
Handwerk, Handwerker 19, 20, 22, 30, 43,
HJ-/Flakhelfergeneration 6, 104, 105
Hochschulen, Universitäten 12, 28, 52, 65, 68, 91, 100, 107
Homosexualität 38
Hunger 8, 9, 10, 11, 42, 72

Immigration 4, 33, 35, 58, 91
– Arbeitsimmigration 17, 18, 58
Individualisierung 45, 54, 83, 86
Industrie 8, 9, 12, 16, 19, 21, 24, 25, 30, 31, 33, 36, 40, 55, 56, 58, 66, 67, 69, 75, 82, 84, 87, 90, 93, 94, 105, 107
„Informationsgesellschaft" 85
Infrastruktur 8, 41
Integration von Flüchtlingen 4, 5, 14, 17, 79, 91, 94, 95, 98
Internierungslager 3

Jugendkultur 6, 29, 53, 64, 82, 96, 106
– Politisierung in der Jugendkultur 53, 96
Jugendliche Randgruppen 33

Katholizismus 102
Kinderbetreuung 55
Kino 27, 47, 49
Kirchen 5, 21, 43, 53, 73, 95, 105
Klasse, Klassenbewusstsein 12, 19, 20, 21, 31, 33, 74, 86, 87, 88, 89, 90, 92, 99, 101
Kohleversorgung 9
„Kommunikationsgesellschaft" 85
Konfession 5, 21, 29, 70, 73, 91, 94
Konsumgesellschaft 24, 29, 33, 43, 79, 82, 84, 96
Krankheiten 10, 22, 86
Kredite 20, 24, 44, 96
Kriegsbeschädigte 2, 73
Kriegsgefangene 2, 10, 72
Kultur 11, 12, 17, 27, 28, 29, 52, 53, 62, 64, 74, 76, 78, 79, 80, 82, 84, 85, 86, 88, 89, 90, 91, 92, 96, 97, 103, 106
– Gegenkultur 53, 55
– Massenkultur 29, 53, 90, 97
– Populärkultur 53
– Subkultur 96, 98
KZ-Häftlinge 10

Sachregister

Landwirtschaft 9, 18, 19, 24, 90
Lebenserwartung 54
Lebensmittelkarten 9, 13
Lebensstile 29, 33, 54, 61, 66, 78, 84, 85, 90, 96
Lehrer 2, 22, 28, 29, 53, 91
Löhne, Lohnentwicklung, Lohngefälle, Lohnniveau, Gehalt 9, 22, 23, 32, 34, 36, 41, 43, 51, 55, 59, 89
Luxus 24, 42, 44

Massenarbeitslosigkeit 23
Massenautomobilisierung 25
Massenkonsum 88
Massenmotorisierung 44, 45, 46, 78
Massenspeisungen 9
Medien 37, 50, 51, 53, 62, 63, 64, 68, 85, 89, 97, 106
– Massenmedien 26, 35, 42, 47, 49, 62, 68, 106
– Mediennutzung, Medienkonsum 26, 50, 62, 63, 64, 85
Mentalität 101, 105
Migrationswelle 5
Milieu 17, 20, 21, 26, 54, 57, 60, 70, 74, 85, 87, 88, 90, 95, 96, 101, 105
– Arbeitermilieu/proletarisches M. 20, 21, 69, 75, 87, 88, 89, 90
– Milieuauflösung, Erosion traditioneller Milieus 57, 66, 70, 86, 91
Militär 71, 72, 92, 95, 97
Mitläufer 3
Mobilisierung 8
Mobilität 20, 21, 98
Mode 29
Moderne 40, 70, 78, 81–87, 106–108
Modernisierung 7, 42, 44, 47, 61, 77–90, 108
Musik 27, 29, 50, 51, 53, 63

Nahrung 9, 10, 24, 42, 59, 72
Neue Soziale Bewegungen 53, 55, 57, 66, 81, 96, 105
Nichteheliche Lebensgemeinschaften 55
„Nivellierte Mittelstandsgesellschaft" 88
„Null-Bock-Generation" 64

Obdachlosigkeit 87, 98
Öffentlicher Dienst 20, 56

Öffentlich-Rechtliche Anstalten 27, 50, 63, 69
Ölkrise 45, 57

Parteien 10, 17, 53, 57, 58, 95
Personal Computer (PC) 56, 61, 85
Pflegebedürftigkeit 54
Pluralisierung von Lebens- und Wohnstilen 54, 61
Pluralismus 83, 101
„Postmoderne" 83
Primärer Sektor 19, 30
Proletarisches Milieu 21, 69, 75, 87–90

Rebellion 30, 53, 81, 100
Regionalität 107
Remigranten, Remigration 5, 14, 73
Renten, Rentenreform, Rentner 23, 97, 98
Reurbanisierung 40
Rezession 30, 35, 81
„Risikogesellschaft" 86
Rundfunk 2, 11, 20, 26, 27, 29, 47, 48, 50, 51, 61–63, 69, 106

Säuglingssterblichkeit 10
Scheidungen, Scheidungswelle 6, 13, 38, 54, 55
Schicht 15, 22, 25, 28, 29, 31–34, 36, 40, 43, 57, 60, 61, 64, 74, 85, 88–90, 92, 93, 98, 101
„Schlüsselkinder" 37
Schule 2, 8, 12, 28, 29, 31, 33, 36, 42, 45, 52, 53, 64, 65, 91, 100
Schwarzmarkt 9, 97
Segregationsprozesse in Städten 16
Segregationstendenzen 58
Sekundärer Sektor 19, 30
Sexualität 38
„Single-Gesellschaft" 86
Soldaten 1, 2, 6, 50, 73, 95, 104
Sozialdemokratie 75
Soziale Mobilität 20, 98
Soziale Not 8, 11, 72, 86
Soziale Probleme 33, 72, 98
Soziale und kulturelle Unterschiede 76, 79
Soziale Ungleichheit 12, 22, 32, 59, 60, 86, 88, 89, 99
Sozialer Abstieg 33, 88
Sozialer Status 6, 32, 33, 45, 58
Sozialhilfe 33, 60

Sparen 24, 43, 46, 97
Sport 12, 27, 29, 42, 48, 62, 64
Streik 22, 33, 65
- „Wilde Streiks" 33
Strukturwandel 30, 31, 42, 56, 83
Studenten 53, 81, 96
Studentenbewegung 53, 81, 96
„Stunde Null" 71
Suburbanisierung 39–42
Suchtkranke 98

Tageszeitungen 2, 11, 26, 49–51, 55, 63, 64, 106
Technik, Technisierung 18, 24
Teilzeitarbeit 38, 101
Telefon 51, 61
Tertiärer Sektor 19, 20, 30, 36, 39, 56, 80, 83,
Theater 11, 28, 49, 64
Tourismus 45, 46, 62

Überalterung 103
Urlaub 45–47, 61, 62
USA 1, 14, 29, 53, 63, 69, 71, 81, 97

Veränderung der Arbeitswelt 21, 31, 42, 80, 85
Verarmung 12, 23
Vereine 27, 42, 95
Verkehr 8, 20, 24–26, 39, 41, 42, 44–46, 72
„Verkehrsinfarkt" 26, 45
Vertriebene 2, 4, 5, 11–18, 21, 68, 73, 79, 80, 91, 94, 98, 108

Verwestlichung 81, 86
Volkseinkommen 22, 59
Vollbeschäftigung 17, 31, 52, 98

Währungsreform 10, 12, 23, 76, 81
Wehrmachtstote 1
Weibliche Emanzipation 55, 102
Weltwirtschaftskrise 17, 23, 74, 81, 94, 103
Werbung 13, 35, 44, 63, 97
Wertewandel 77, 83, 99–101
„Westernisierung" 86
Wiederaufbauplanung 7
Wirtschaftsboom 17, 81, 83, 95
Wissen 100
Wohlstand 13, 22–26, 30, 32, 37, 39, 41, 47, 59, 60, 79, 83, 86, 88, 97, 98
Wohnen, Wohnverhältnisse 4, 7–11, 13–17, 20, 24, 26, 27, 34, 39–42, 54, 60, 61, 71, 72, 79, 87, 98
- Massenwohnungsbau 15, 16, 79
- Sozialer Wohnungsbau 15, 16, 40, 41, 61, 79
- Wohnungszwangsgemeinschaften 26

Zerstörungsgrad der Städte 7
Zivile Gesellschaft 86, 95
Zivile Opfer 2
Zwangsarbeit, Zwangsarbeiter 4, 5, 9, 10, 73
Zwangsmigration 70
„Zwei-Drittel-Gesellschaft" 60

Enzyklopädie deutscher Geschichte
Themen und Autoren

Mittelalter

Agrarwirtschaft, Agrarverfassung und ländliche Gesellschaft im Mittelalter (Werner Rösener) 1992. EdG 13
Adel, Rittertum und Ministerialität im Mittelalter (Werner Hechberger) 2004. EdG 72
Die Stadt im Mittelalter (Frank Hirschmann)
Die Armen im Mittelalter (Otto Gerhard Oexle)
Frauen- und Geschlechtergeschichte des Mittelalters (Hedwig Röckelein)
Die Juden im mittelalterlichen Reich (Michael Toch) 2. Aufl. 2003. EdG 44

Gesellschaft

Wirtschaftlicher Wandel und Wirtschaftspolitik im Mittelalter (Michael Rothmann)

Wirtschaft

Wissen als soziales System im Frühen und Hochmittelalter (Johannes Fried)
Die geistige Kultur im späteren Mittelalter (Johannes Helmrath)
Die ritterlich-höfische Kultur des Mittelalters (Werner Paravicini) 2. Aufl. 1999. EdG 32

Kultur, Alltag, Mentalitäten

Die mittelalterliche Kirche (Michael Borgolte) 2. Aufl. 2004. EdG 17
Mönchtum und religiöse Bewegungen im Mittelalter (Gert Melville)
Grundformen der Frömmigkeit im Mittelalter (Arnold Angenendt) 2. Aufl. 2004. EdG 68

Religion und Kirche

Die Germanen (Walter Pohl) 2. Aufl. 2004. EdG 57
Die Slawen in der deutschen Geschichte des Mittelalters (Thomas Wünsch)
Das römische Erbe und das Merowingerreich (Reinhold Kaiser) 3., überarb. u. erw. Aufl. 2004. EdG 26
Das Karolingerreich (Klaus Zechiel-Eckes)
Die Entstehung des Deutschen Reiches (Joachim Ehlers) 2. Aufl. 1998. EdG 31
Königtum und Königsherrschaft im 10. und 11. Jahrhundert (Egon Boshof) 2. Aufl. 1997. EdG 27
Der Investiturstreit (Wilfried Hartmann) 2. Aufl. 2005. EdG 21
König und Fürsten, Kaiser und Papst nach dem Wormser Konkordat (Bernhard Schimmelpfennig) 1996. EdG 37
Deutschland und seine Nachbarn 1200–1500 (Dieter Berg) 1996. EdG 40
Die kirchliche Krise des Spätmittelalters (Heribert Müller)
König, Reich und Reichsreform im Spätmittelalter (Karl-Friedrich Krieger) 2., durchges. Aufl. 2005. EdG 14
Fürstliche Herrschaft und Territorien im späten Mittelalter (Ernst Schubert) 2. Aufl. 2006. EdG 35

Politik, Staat, Verfassung

Frühe Neuzeit

Bevölkerungsgeschichte und historische Demographie 1500–1800 (Christian Pfister) 2. Aufl. 2007. EdG 28
Umweltgeschichte der Frühen Neuzeit (Reinhold Reith)

Gesellschaft

Bauern zwischen Bauernkrieg und Dreißigjährigem Krieg (André Holenstein) 1996. EdG 38
Bauern 1648–1806 (Werner Troßbach) 1992. EdG 19
Adel in der Frühen Neuzeit (Rudolf Endres) 1993. EdG 18
Der Fürstenhof in der Frühen Neuzeit (Rainer A. Müller) 2. Aufl. 2004. EdG 33
Die Stadt in der Frühen Neuzeit (Heinz Schilling) 2. Aufl. 2004. EdG 24
Armut, Unterschichten, Randgruppen in der Frühen Neuzeit (Wolfgang von Hippel) 1995. EdG 34
Unruhen in der ständischen Gesellschaft 1300–1800 (Peter Blickle) 1988. EdG 1
Frauen- und Geschlechtergeschichte 1500–1800 (Heide Wunder)
Die deutschen Juden vom 16. bis zum Ende des 18. Jahrhunderts (J. Friedrich Battenberg) 2001. EdG 60

Wirtschaft
Die deutsche Wirtschaft im 16. Jahrhundert (Franz Mathis) 1992. EdG 11
Die Entwicklung der Wirtschaft im Zeitalter des Merkantilismus 1620–1800 (Rainer Gömmel) 1998. EdG 46
Landwirtschaft in der Frühen Neuzeit (Walter Achilles) 1991. EdG 10
Gewerbe in der Frühen Neuzeit (Wilfried Reininghaus) 1990. EdG 3
Kommunikation, Handel, Geld und Banken in der Frühen Neuzeit (Michael North) 2000. EdG 59

Kultur, Alltag, Mentalitäten
Renaissance und Humanismus (Ulrich Muhlack)
Medien in der Frühen Neuzeit (Andreas Würgler)
Bildung und Wissenschaft vom 15. bis zum 17. Jahrhundert (Notker Hammerstein) 2003. EdG 64
Bildung und Wissenschaft in der Frühen Neuzeit 1650–1800 (Anton Schindling) 2. Aufl. 1999. EdG 30
Die Aufklärung (Winfried Müller) 2002. EdG 61
Lebenswelt und Kultur des Bürgertums in der Frühen Neuzeit (Bernd Roeck) 1991. EdG 9
Lebenswelt und Kultur der unterständischen Schichten in der Frühen Neuzeit (Robert von Friedeburg) 2002. EdG 62

Religion und Kirche
Die Reformation. Voraussetzungen und Durchsetzung (Olaf Mörke) 2005. EdG 74
Konfessionalisierung im 16. Jahrhundert (Heinrich Richard Schmidt) 1992. EdG 12
Kirche, Staat und Gesellschaft im 17. und 18. Jahrhundert (Michael Maurer) 1999. EdG 51
Religiöse Bewegungen in der Frühen Neuzeit (Hans-Jürgen Goertz) 1993. EdG 20

Politik, Staat, Verfassung
Das Reich in der Frühen Neuzeit (Helmut Neuhaus) 2. Aufl. 2003. EdG 42
Landesherrschaft, Territorien und Staat in der Frühen Neuzeit (Joachim Bahlcke)
Die Landständische Verfassung (Kersten Krüger) 2003. EdG 67
Vom aufgeklärten Reformstaat zum bürokratischen Staatsabsolutismus (Walter Demel) 1993. EdG 23
Militärgeschichte des späten Mittelalters und der Frühen Neuzeit (Bernhard R. Kroener)

Staatensystem, internationale Beziehungen
Das Reich im Kampf um die Hegemonie in Europa 1521–1648 (Alfred Kohler) 1990. EdG 6
Altes Reich und europäische Staatenwelt 1648–1806 (Heinz Duchhardt) 1990. EdG 4

19. und 20. Jahrhundert

Bevölkerungsgeschichte und Historische Demographie 1800–2000 (Josef Ehmer) 2004. EdG 71
Migrationen im 19. und 20. Jahrhundert (Jochen Oltmer)
Umweltgeschichte des 19. und 20. Jahrhunderts (Frank Uekötter)
Adel im 19. und 20. Jahrhundert (Heinz Reif) 1999. EdG 55
Geschichte der Familie im 19. und 20. Jahrhundert (Andreas Gestrich) 1998. EdG 50
Urbanisierung im 19. und 20. Jahrhundert (Klaus Tenfelde)
Von der ständischen zur bürgerlichen Gesellschaft (Lothar Gall) 1993. EdG 25
Die Angestellten seit dem 19. Jahrhundert (Günter Schulz) 2000. EdG 54
Die Arbeiterschaft im 19. und 20. Jahrhundert (Gerhard Schildt) 1996. EdG 36
Frauen- und Geschlechtergeschichte im 19. und 20. Jahrhundert (Karen Hagemann)
Die Juden in Deutschland 1780–1918 (Shulamit Volkov) 2. Aufl. 2000. EdG 16
Die deutschen Juden 1914–1945 (Moshe Zimmermann) 1997. EdG 43

Gesellschaft

Die Industrielle Revolution in Deutschland (Hans-Werner Hahn) 2., durchges. Aufl. 2005. EdG 49
Die deutsche Wirtschaft im 20. Jahrhundert (Wilfried Feldenkirchen) 1998. EdG 47
Agrarwirtschaft und ländliche Gesellschaft im 19. Jahrhundert (Stefan Brakensiek)
Agrarwirtschaft und ländliche Gesellschaft im 20. Jahrhundert (Ulrich Kluge) 2005. EdG 73
Gewerbe und Industrie im 19. und 20. Jahrhundert (Toni Pierenkemper) 1994. EdG 29
Handel und Verkehr im 19. Jahrhundert (Karl Heinrich Kaufhold)
Handel und Verkehr im 20. Jahrhundert (Christopher Kopper) 2002. EdG 63
Banken und Versicherungen im 19. und 20. Jahrhundert (Eckhard Wandel) 1998. EdG 45
Technik und Wirtschaft im 19. und 20. Jahrhundert (Christian Kleinschmidt) 2007. EdG 79
Unternehmensgeschichte im 19. und 20. Jahrhundert (Werner Plumpe)
Staat und Wirtschaft im 19. Jahrhundert (Rudolf Boch) 2004. EdG 70
Staat und Wirtschaft im 20. Jahrhundert (Gerold Ambrosius) 1990. EdG 7

Wirtschaft

Kultur, Bildung und Wissenschaft im 19. Jahrhundert (Hans-Christof Kraus)
Kultur, Bildung und Wissenschaft im 20. Jahrhundert (Frank-Lothar Kroll) 2003. EdG 65
Lebenswelt und Kultur des Bürgertums im 19. und 20. Jahrhundert (Andreas Schulz) 2005. EdG 75
Lebenswelt und Kultur der unterbürgerlichen Schichten im 19. und 20. Jahrhundert (Wolfgang Kaschuba) 1990. EdG 5

Kultur, Alltag und Mentalitäten

Kirche, Politik und Gesellschaft im 19. Jahrhundert (Gerhard Besier) 1998. EdG 48

Religion und Kirche

	Kirche, Politik und Gesellschaft im 20. Jahrhundert (Gerhard Besier) 2000. EdG 56
Politik, Staat, Verfassung	**Der Deutsche Bund 1815–1866 (Jürgen Müller) 2006. EdG 78** **Verfassungsstaat und Nationsbildung 1815–1871 (Elisabeth Fehrenbach) 1992. EdG 22** **Politik im deutschen Kaiserreich (Hans-Peter Ullmann) 2., durchges. Aufl. 2005. EdG 52** **Die Weimarer Republik. Politik und Gesellschaft (Andreas Wirsching) 2000. EdG 58** **Nationalsozialistische Herrschaft (Ulrich von Hehl) 2. Aufl. 2001. EdG 39** **Die Bundesrepublik Deutschland. Verfassung, Parlament und Parteien (Adolf M. Birke) 1996. EdG 41** **Militär, Staat und Gesellschaft im 19. Jahrhundert (Ralf Pröve) 2006. EdG 77** Militär, Staat und Gesellschaft im 20. Jahrhundert (Bernhard R. Kroener) **Die Sozialgeschichte der Bundesrepublik Deutschland bis 1989/90 (Axel Schildt) 2007. EdG 80** **Die Sozialgeschichte der DDR (Arnd Bauerkämper) 2005. EdG 76** **Die Innenpolitik der DDR (Günther Heydemann) 2003. EdG 66**
Staatensystem, internationale Beziehungen	**Die deutsche Frage und das europäische Staatensystem 1815–1871 (Anselm Doering-Manteuffel) 2. Aufl. 2001. EdG 15** **Deutsche Außenpolitik 1871–1918 (Klaus Hildebrand) 2. Aufl. 1994. EdG 2** **Die Außenpolitik der Weimarer Republik (Gottfried Niedhart) 2., aktualisierte Aufl. 2006. EdG 53** **Die Außenpolitik des Dritten Reiches (Marie-Luise Recker) 1990. EdG 8** Die Außenpolitik der BRD (Ulrich Lappenküper) **Die Außenpolitik der DDR (Joachim Scholtyseck) 2003. EDG 69**

Hervorgehobene Titel sind bereits erschienen.

Stand: (Oktober 2006)

www.ingramcontent.com/pod-product-compliance
Lightning Source LLC
Chambersburg PA
CBHW070309230426
43664CB00015B/2699